"十三五"国家重点出版物出版规划项目

智慧物流：现代物流与供应链管理丛书

物流系统建模与仿真

Logistics System Simulation Modeling

鲁晓春　黄帝　编著

本书是编者在多年教学经验基础上精心完成的一本教材。本书的特点是将数学模型与计算机仿真建模有机融合，避免单纯的数学模型推导，使没有编程基础的读者也能轻松掌握仿真建模技术。

本书包含两个部分，第一部分介绍如何使用 Excel 构建离散事件的物流系统仿真模型，具体内容包括物流系统仿真的基本原理，如何使用 Excel 产生均匀分布随机数、正态分布随机数等，如何构建概率仿真模型，如何构建泊松到达过程仿真模型，如何构建基于排队论系统的仿真模型，如何构建库存仿真模型等。尽管 Excel 的功能很强大，但是现在一些专业仿真软件可以完成更多的仿真工作，因此，本书第二部分介绍了 Flexsim 仿真建模方法，内容包括 Flexsim 仿真软件的基础知识和操作方法，如何使用 Flexsim 进行生产系统、仓储作业或资源限制的物流系统的仿真建模，尤其增加了在 2016 版之后出现的过程流建模内容。

本书适用于普通高等院校物流管理与工程专业的本科生及研究生学习，也可供从事物流管理工作的企业管理人员参考。

图书在版编目（CIP）数据

物流系统建模与仿真/鲁晓春，黄帝编著. —北京：机械工业出版社，2018.6（2024.1 重印）
ISBN 978-7-111-60324-5

Ⅰ. ①物… Ⅱ. ①鲁… ②黄… Ⅲ. ①物流-系统建模-高等学校-教材 ②物流-系统仿真-高等学校-教材 Ⅳ. ①F253.9

中国版本图书馆 CIP 数据核字（2018）第 139256 号

机械工业出版社（北京市百万庄大街 22 号　邮政编码 100037）
策划编辑：易　敏　责任编辑：易　敏　陈文龙　王小东
责任校对：孙丽萍　责任印制：单爱军
北京虎彩文化传播有限公司印刷
2024 年 1 月第 1 版第 5 次印刷
184mm×230mm ・19.25 印张・400 千字
标准书号：ISBN 978-7-111-60324-5
定价：49.80 元

电话服务　　　　　　　　　　网络服务
客服电话：010-88361066　　　机　工　官　网：www.cmpbook.com
　　　　　010-88379833　　　机　工　官　博：weibo.com/cmp1952
　　　　　010-68326294　　　金　　书　　网：www.golden-book.com
封底无防伪标均为盗版　　　　机工教育服务网：www.cmpedu.com

前　言

计算机仿真是一种借助计算机并利用系统模型对实际系统进行研究的方法，一些学术论文或者著作又称之为计算机模拟。在物流系统分析、建模时，借助计算机仿真技术，建立物流系统模型进行量化分析，可为人们认识物流系统提供一种新的手段和方法，所以很多高校开设了物流系统仿真（或者物流系统模拟）等类似课程。

本书是作者在北京交通大学对物流管理专业本科生及研究生十多年授课经验的基础上编写而成的。

在开设物流系统仿真课程的过程中，本书作者为了选择教材，对众多国内外同类教材进行过比较和筛选，发现普遍存在两类教材：

一类教材是面向计算机专业编写的，教材重点是计算机仿真的理论、离散事件系统仿真的算法。有些教材有相当多的内容在重复概率统计理论，学生在学习时，不知道这些内容与仿真建模有什么关系；还有些教材的目标则是培养仿真软件开发者，用 C 语言或 Java 等通用计算机语言进行仿真建模。

另一类教材则是教学生如何使用一些物流仿真软件，教会学生进行软件操作，对于仿真建模原理涉及不多。

作者感到上述两类教材对于经管类专业学生均不太适用，一是经管类专业学生的编程基础比较薄弱，他们不是软件开发者，应该让学生不需要有深厚的计算机编程基础，也能够具备物流系统的仿真建模能力。另一方面，如果在课程中不讲授计算机仿真理论，仅仅学习专业仿真软件的操作、使用，这种学习不具有可持续性和发展性，计算机仿真理论的学习是保证学生能够具有研究能力和建模能力的基础。

基于以上考虑，经过十多年教学经验的积累，作者编写了本教材。

为了避免学生陷于计算机编程语言的困扰，本书用 Excel 作为基础工具，教授计算机仿真的基本理论和仿真建模方法；为了避免理论的枯燥，在教材中给出了一些有趣的仿真模型，例如生日问题、公主选驸马问题。这样做的好处显而易见：一方面，用 Excel 作为仿真建模工具，实现了建模学习的零门槛，大大降低了学习难度，书中的例子也大大增加了仿真建模的趣味性，学生既可以掌握仿真建模的理论，又能够培养建模能力；另一方面，使用 Excel 作为建模工具，学生对 Excel 逐步精通，这为后面进行仿真分析打下良好的基础。计算机仿真的数据分析非常重要，仿真建模仅仅完成了一部分工作，最终的数据分析才是重中之重，所以，本书对于计算机仿真建模能力和数据分析能力的培养都大有裨益。

尽管 Excel 在学习物流仿真的原理时非常有效，但是也有局限。Excel 只适合构建简单的仿真模型，对于复杂的仿真模型则需要借助专业的仿真软件。本书在第五章之后，将介绍如何采用 Flexsim 仿真软件进行物流系统建模。Flexsim 仿真软件简单、易学，既可以通过参数设置构建模型，也可以通过编写简单的脚本程序建模，适合本科生的学习，对于其他一些初学者也是很好的专业仿真软件。

本书的特点是将概率论、随机过程、仿真原理等理论知识与计算机建模的实践相结合，避免用数学推导代替仿真建模。在撰写本书时，作者对数学模型和计算机仿真模型的关系是这样看待的：①在建立计算机仿真模型时，必须以数学模型为指导，以运筹学、随机过程等数学模型为计算机仿真提供建模依据，没有数学模型的计算机仿真模型是没有任何意义的；②计算机仿真模型完成后，必须与数学模型进行相互验证，如果二者不能很好吻合，那么数学模型和计算机仿真模型二者必然有一个存在问题，或者二者均存在问题。从研究物流系统的线路图、技术路线来看，其数学模型和计算机仿真模型需要相互验证，二者缺一不可。如果将解决物流系统问题视作爬山，依靠运筹学、概率论、随机过程建立数学模型是沿山的北坡攀登，而建立计算机仿真模型则是从山的南坡攀登，二者最终应该在山顶汇合，这样才能认为问题得到完美解决。

本书的教学内容建议按照 32 课时安排，教学内容分为两部分，第一部分是第 1~4 章，共 16 学时；第二部分是第 5~6 章，共 16 学时。第一部分的主要内容是学习使用 Excel 进行计算机仿真建模，其中第 1、2 章，建议教学学时为 6 学时；第 3 章建议教学学时为 4 学时；第 4 章建议教学学时为 6 学时。第二部分的主要内容是学习使用 Flexsim 进行仿真建模，建议每章教学学时均为 8 学时。本书没有对 Flexsim 的基本操作进行介绍，以避免把本书写成一本软件操作手册，但在教学时，建议教师结合 Flexsim 随机帮助文件、软件使用手册，给学生补充一些 Flexsim 的基本概念和基本操作。

本书中使用到了 Crystal Ball 软件，该软件是 Oracle 公司的仿真软件，该软件可以在 Excel 中进行蒙特卡罗模拟，软件下载地址为：https://www.oracle.com/cn/products/applications/crystalball/overview/index.html，读者可以到该网站下载试用版。

本书用到的 Flexsim 仿真软件是美国 Flexsim 公司的产品，读者可以到网站 https://www.flexsim.com/es/ 下载试用版。

本书第 2~5 章由鲁晓春编写，第 1、6 章由黄帝编写。另外，黄帝还负责各章的习题及全书的修改、补充完善工作。

在本书的撰写过程中，我们得到了北京交通大学的北京物流信息化研究基地、北京交通大学物流管理与技术北京市重点实验室、国家自然科学基金（项目编号：71390334）、北京市社科基金（项目编号：17JDGLB014）的支持，在此表示感谢。

鲁晓春

2018 年 7 月

为方便教学，本书作者提供了 PPT 和教学大纲等资源，使用本书作教材的授课教师可登录机械工业出版社教育服务网（www.cmpedu.com）注册下载，或联系本书编辑（cmp9721@163.com）。

目　　录

前言

第1章　概述 ... 1
1.1　建模与仿真的概念 ... 2
1.2　解析模型与仿真模型 ... 3
1.3　仿真模型的优势 ... 5
1.4　仿真模型的应用领域 ... 5
1.5　仿真建模的三种方法 ... 6
本章习题 ... 8
参考文献 ... 9

第2章　随机数与计算机仿真建模初步 ... 10
2.1　随机数和蒙特卡罗模拟 ... 10
2.2　蒙特卡罗模拟进行计算机仿真的原理 ... 11
2.3　线性同余随机数生成法 ... 13
2.4　利用Excel产生均匀分布随机数 ... 17
2.5　利用Excel产生三角分布随机数 ... 36
2.6　利用Excel产生正态分布随机数 ... 37
2.7　利用Excel产生指数分布随机数 ... 38
2.8　利用Excel产生泊松分布随机数 ... 39
2.9　利用Excel产生经验分布随机数 ... 48
本章习题 ... 50

参考文献 ... 50

第3章　排队论仿真建模 ... 51
3.1　排队论概述 ... 52
3.2　建立到达和服务过程的模型 ... 55
3.3　等待时间悖论 ... 61
3.4　单队列单服务台排队系统仿真建模 ... 62
3.5　单队列双服务台排队系统仿真建模 ... 78
3.6　仿真统计分析 ... 84
本章习题 ... 88
参考文献 ... 88

第4章　库存系统仿真建模 ... 89
4.1　库存模型的基本要素 ... 90
4.2　恒定库存量模型 ... 92
4.3　确定型库存模型（一）：经济订货批量模型——EOQ模型 ... 103
4.4　确定型库存模型（二）：允许缺货的EOQ模型 ... 108
4.5　确定型库存模型（三）：有数量折扣的EOQ模型 ... 111
4.6　确定型库存模型（四）：生产批量模型 ... 114
4.7　确定型库存模型（五）：联合补货模型 ... 116

4.8 随机库存模型（一）：单周期模型——
报童模型 ………………………… 120

4.9 随机库存模型（二）：(R, Q)
模型 ……………………………… 134

4.10 不同订货批量下最佳库存水平策略
仿真模型 ………………………… 138

本章习题 ……………………………… 147

参考文献 ……………………………… 147

第5章 Flexsim仿真建模基础 ……… 148

5.1 Flexsim 基础模型 ………………… 149

5.2 标签（Labels） ………………… 180

5.3 全局工具（Global Modeling Tools） … 188

5.4 用户事件（User Events） ………… 199

5.5 时间表（Time Tables） ………… 206

5.6 任务序列（Task Sequence） …… 211

5.7 过程流（Process Flow） ………… 225

本章习题 ……………………………… 261

参考文献 ……………………………… 262

第6章 Flexsim建模研究 ……………… 263

6.1 资源限制的物流系统模型 ………… 263

6.2 仓储作业模型 ……………………… 273

6.3 允许返工的产品生产系统模型 …… 283

6.4 具有操作员的产品生产系统 ……… 289

本章习题 ……………………………… 297

参考文献 ……………………………… 298

第 1 章

概　　述

本章简介

本章主要介绍仿真的基本概念、原理和工具方法，使读者对物流系统的仿真有初步的了解。

本章要点

- 计算机仿真的应用范围和优点
- 计算机仿真的基本概念和原理
- 物流系统仿真的一般工具方法

系统一词，来源于古希腊语，是由部分构成整体的意思。一般系统论的创始人贝塔朗菲认为："亚里士多德的论点'整体大于它的各个部分的总和'是基本的系统问题的一种表述。"钱学森说："什么叫系统？系统就是由许多部分所组成的整体，所以系统的概念就是要强调整体，强调整体是由相互关联、相互制约的各个部分所组成的。"我们通常把系统定义为由若干要素以一定结构形式联结构成的具有某种功能的有机整体[1]。

系统思想简单来说就是把事物诸因素联系起来作为一个整体或系统来进行分析和综合的思想。系统思想要求人们注重系统（事物）的整体性（从整体上把握事物）、边界性（事物存在一定的空间和时间界限）和组织性（事物各要素之间的关系和联系）[2,3]。而将系统思想应用到物流管理领域，就有了物流系统的概念。物流系统是指在一定的时间和空间里，由所需输送的物料和包括运输工具、仓储设施设备、输送设备、搬运装卸设备、流通加工设备、操作人员以及通信联系等若干相互制约的动态要素构成的具有特定功能的有机整体。

随着科学技术的进步，计算机发挥着越来越强大的作用，利用计算机强大的建模工具，人们可以展现出一个个灵活的虚拟世界。在这个虚拟世界里，人们可以创造所能想到的一切。

这些虚拟的世界都是通过计算机模型实现的，这些计算机模型可以多种多样，例如，可以是模拟企业在未来一年的成本与收入而建立的 Excel 电子表格，也可以是研究用户消费的市场模型，甚至是对战场攻防布置等军事系统的模型。

在这些模型中，本书将讨论仿真模型及建模理论、方法，并进一步探讨其在物流系统中的应用。

1.1 建模与仿真的概念

建模是解决现实问题的一种方法，在许多情况下，因为某些原因只能通过建立反映现实世界的模型来解决现实问题。

在生活中，有两大类问题需要通过建模、仿真的方法解决，第一类问题是在现实生活中直接进行试验是不可能的，或者是得不偿失的问题，如测试车辆的安全性——碰撞试验，大楼的抗震性试验，航空、航天的仿真实验等。这类问题可以根据实际问题建立仿真模型，并利用模型进行试验，比较不同仿真结果，选择可行方案。

第二类问题是问题本身非常复杂（如经济问题、社会问题），并且存在非确定性的影响，已不能用数学运算达到准确的分析解（问题无法形式化），而需要通过计算机仿真，用数值运算得到数字解。

综合这两类问题，模型使得采用间接试验有了可能，也为模型求解提供了新的方法。在建模过程中，我们要对现实世界进行抽象处理，即忽视不相关的部分，保留重要的部分，使模型变得更为简单。现实世界转化为模型世界的过程如图 1-1 所示。在模型建好后或在模型构建的过程中，开始分析和了解原系统的结构和性能。为了检测模型的运行状况，需要将模型在不同的条件下运行，分析比较运行状况并根据运行情况进行优化。确定解决方案后，可以将其应用到现实世界中。建模的目标实际上就是在一个零风险、允许犯错、撤销、返回和重复的模型世界中找到解决实际问题的方法。

什么是仿真？仿真是一种重现系统外在表现的特殊模仿。上面所说的现实生活的模型经过抽象，转换为数学模型，在数学模型基础上，建立仿真模型，以再现现实生活中的管理和经济问题。

仿真在科学研究领域起着十分重要的作用，仿真过程主要由 3 步组成：建立模型、实验求解和结果分析。建立模型是对问题进行定量描述的过程，建立的仿真模型又会被分成不同的类型，如按照模型是否包含随机因素分，可以分为确定型模型和随机型模型；按照模型是否具有时变性，又可以分为动态模型和静态模型。

计算机仿真需要通过软件来实现，目前的仿真软件有多种，如用于建立离散事件流程

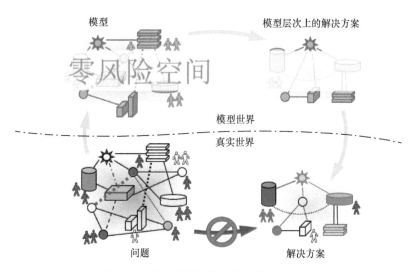

图1-1 现实世界转化为模型世界的过程

过程的 Arena、Flexsim、Witness 软件,用于系统动力学建模的 Vensim 软件,基于 Agent 建模的仿真软件 AnyLogic、Swarm、Repast,结合 Excel 使用的 Crystal Ball 等,这些软件为实现计算机仿真提供了很好的支持。

在现实当中,有的学者认为"仿真"和"模拟"两个词含义不同,一个偏重硬件,一个偏重软件,但在英语中,二者都是 Simulation,在现实当中使用时,二者并无太大差异,例如电子电路上的"模拟电路",其研究的内容是电路等硬件。也有的学者认为"仿真"更侧重于学术表达,而模拟则是日常用语,这种看法也并不全面,例如国家标准《飞行模拟器术语》(GJB 1849)中用的就是"模拟"一词。所以在本书中,不严格区分"仿真"与"模拟"这两个概念,因为在现实当中,这两个词表示的语境没有太大差异。

1.2 解析模型与仿真模型

上面谈到建模过程,那么通过计算机模型进行分析和求解是不是都属于仿真方法呢?一般而言,通过计算机模型进行分析的方法分为解析方法和仿真方法,模型自然可以分为解析模型与仿真模型,下面以 Excel 为例说明解析模型与仿真模型的区别。

1. 解析模型

Excel 是一个广泛使用的办公软件,其易于使用,有各种函数,支持 VBA 编程,可以将 VBA 程序作为宏函数加入到表格中,这使得 Excel 软件在企业管理、战略计划、销售预测、物流、营销策略和项目管理等领域得到了广泛应用。

Excel 所应用的建模技术相对简单，不能解决太复杂的问题。图 1-2 所示是 Excel 的建模模式，首先，将数据输入到单元格中，通过 Excel 函数或者更复杂的 VBA 程序等在另外的单元格输出。在各种插件的支持下（如 Crystal Ball、规划求解等），Excel 可以实现模型的参数化，进行蒙特卡罗模拟、仿真运算或小规模的运筹优化。

类似 Excel 这种采用数学方程（函数）进行求解的模型就是解析模型，使用解析模型可以精确地得到最终解，人们可以观测模型的每一步骤，最终的结果是否正确可以通过数学公式进行推导、判断，因而解析模型是一个透明的白盒。

图 1-2　Excel 的建模模式

然而，解析模型是基于数学公式的分析方法，它也存在着局限性：对于一些问题难以找到解决方案，甚至不存在可能的解。具有代表性的是动态系统问题，其特点如下：

1) 行为的非线性。行为的非线性一般是指出现于非线性系统中的某些特殊行为表现，如人类社会、自然界就是非线性系统，自然资源的利用与环境污染之间表现出非线性关系，与人类社会生产力增长也表现出非线性的特点。

2) "记忆性"。

3) 变量间的非直观影响。

4) 时间依赖性和因果依赖性。

5) 需要输入大量参数，而且很多变量为随机变量，具有不确定性。

在大多数情况下，上述动态系统问题无法建立精确的数学模型，或者即使建立了数学模型，也无法找到精确的最优解。例如火车站载货汽车车队装卸作业的优化问题就很难使用解析方法去建立模型，火车时间表、装卸时间、送货时间和车站站台容量具有约束限制，载货汽车到达及作业时间具有随机性，在特定的地点、日期和时间下，载货汽车车辆是否可用取决于一系列先前事件，将空闲载货汽车车辆发往火车站则又需要分析一系列的未来事件。

2. 仿真模型

解析模型用于表达不同变量间的静态依赖关系，而不能描述具有动态行为的系统，所以需要通过仿真模型来分析动态系统。

仿真模型可以构建和运行一个动态系统，观察系统状态变化的轨迹，仿真系统程序编写了一系列的从当前状态转换为未来状态的转换规则，规则可以包含多种形式：微分方程、状态图（Statechart Diagram）、流程图（Process diagram）、协同（Synergism）。仿真模型运行时可以生成动态可视化图，直观展示系统的变化状态。

仿真模型需要采用专业软件工具来实现，仿真程序也需要不断练习，才能建立很好的仿真模型。但是，当做出高质量的动态系统模型时，努力和付出都是值得的。

本书在第一部分将介绍如何使用 Excel 进行仿真建模，这里是通过 Excel 学习仿真建模的基本原理，但并不表明仅仅通过 Excel 就可以做出任何仿真模型。通过本书的学习将会发现，用 Excel 建立一个单队列或单服务台的排队论模型尚能实现，但是如果要建立两个以上服务台或者两个队列的模型，Excel 就很难完成建模任务。此外，Excel 当要构建一个复杂的仿真模型时，不可避免地需要借助一些插件进行仿真，这样也会造成模型运行缓慢，难以控制，最后因模型过于复杂而无法实现。

1.3 仿真模型的优势

仿真模型有 5 个主要优势：
1）仿真模型可以分析和解决用解析模型（如线性规划等）无法解决的问题。
2）在确定抽象模型（概念模型）后，建立一个仿真模型比建立一个解析模型更加容易。只需要按照系统的逻辑关系（事件流程顺序、对象逻辑关系）就可以开发一个可扩展的、增量式的、模型化的仿真模型。
3）仿真模型的结构比较直观，能够自然反映仿真对象的系统结构。仿真模型大都采用可视化语言，可以更好地实现模块内部与外部的交互。
4）在仿真模型中，可以在对实体对象进行统计、跟踪，而且也可以随时增加统计变量，进行统计分析。
5）采用动画方式显示仿真对象的系统行为，将动画运用到仿真模型演示、验证和调试中。

1.4 仿真模型的应用领域

仿真模型在广泛和多样化的应用领域中积累了大量的成功实例，随着新的建模方法和技术的出现以及计算机性能的改进，仿真模型将进入更多的领域。图 1-3 所示为仿真模型的应用领域。

如图 1-3 所示，在低层的是低抽象层次模型，即用最大化细节来代表真实世界的事物。在这一层次中，考虑的是物理模型的对象交互、速度、距离和时间，如一辆汽车的底盘在道路上的通过性能、地铁车站客流的到达与离开、大型体育活动的应急疏散过程、路口的交通信号灯控制以及战场上士兵的行为等，都属于这类低层次抽象建模问题。

在最上层的是高抽象层次模型，典型的如顾客人数和服务人员数这类集合对象（不只

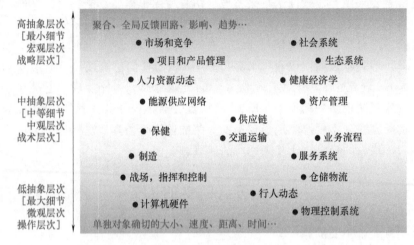

图 1-3 仿真模型的应用领域

是个体)。这些实体在高层次下相互交互,这可以帮助我们理解各类关系,例如公司在广告上的投入将如何影响销量,而不需要仿真中间环节。

其他的是处于中抽象层次模型,中层模型考虑的环节比上层模型要细,但是比低层模型考虑的要粗略。中层模型需要忽略一些细节性环节,但是又必须考虑某些作业环节。例如模拟一个急诊室,假设医院不能出现长时间排队的情况,医院管理人员关心患者从急诊室到 X 光室需要花费多长时间,避免出现患者长时间等待,这是一个中层模型,在这种情况下仿真模型可以不用考虑患者的病情这一细节。再例如,在商业企业或者一个呼叫中心的模型中,如果需要研究人员安排和服务水平问题,则在模型中需要模拟作业流程的操作顺序和作业时间,而不必考虑人员和设备的位置。在一个运输模型中,如果是中层模型,需要考虑载货汽车的行驶速度,但是在一个高层次的供应链模型中,则只需要将上述环节设为需要若干天延迟的一个到达过程。

选择正确的抽象层次对于模型建立是否成功至关重要,一旦决定了在抽象层次下模型中包含什么和保留什么时,选择抽象层次就变得容易。

在模型的开发过程中,偶尔反复考虑模型的抽象层次是很正常的,甚至是件好事情。在大多数案例中,总是从高抽象层次开始,并随着建模的需要逐渐加入细节。

1.5　仿真建模的三种方法

通常将现代仿真建模分为三种模型:离散事件模型、基于 Agent 模型和系统动力学模型。在仿真模型中,采用的建模方法映射了真实世界系统的模型框架,可以把建模方法视作建模的一种语言或一种术语，三种模型对应三种方法：

1. 离散事件系统建模

离散事件系统（Descrete Event System）是指随着时间的变化推进，系统状态的变量是在离散的时间点上瞬时改变[4]。例如对于一个库存系统，初始库存量为 1000 件，第一天出库了 200 件，第一天的库存量就变为了 800 件，第五天又有 300 件出库，则第五天的库存量为 500 件。如果以库存量作为变量进行观测，则在第一天、第五天这两个时间点上有变化，这种变化是非连续的、是离散的，这类系统的建模都属于离散系统建模问题。一般而言，离散事件系统建模的理论基础是排队论。

2. 基于 Agent 建模

通过对复杂系统中的各个实体（Agent）的属性、行为及其交互关系的刻画，自下而上地描述复杂系统的建模方法。

3. 系统动力学建模

系统动力学（System Dynamic）建模是以偏微分方程为理论基础的一种连续系统仿真建模方法，连续系统是指系统状态变量随事件连续变化。例如有一个大的储油罐，如果以存储油的液面高度作为变量进行观察，那么油的液面高度变化是连续进行的，中间不会出现跳变，这类系统都属于连续系统。系统动力学是连续系统建模的有力工具，其创始人为美国麻省理工学院（MIT）的福瑞斯特（J. W. Forrester）教授，1961 年，福瑞斯特发表的《工业动力学》（Industrial Dynamics）[5]成为管理学经典著作。目前，系统动力学应用范围非常广泛，几乎遍及各个领域[6,7]。

上面每一种方法都适用于其特定的抽象层次范围。如图 1-4 所示，系统动力学建模适

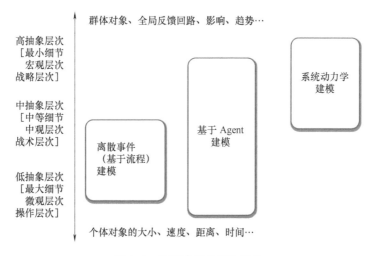

图 1-4　仿真建模的层次结构

合高层次抽象层次，通常用于战略建模；离散事件建模支持中等、中低等抽象层次；介于两者之间的基于 Agent 建模，既可以实现较低抽象层次的物理对象细节建模，也可以实现公司和政府等较高抽象层次的建模。

仿真建模方法的选择要根据研究的系统对象和建模目标来决定，如在图 1-5 所示的超市模型中，不同的建模目标将在很大程度上决定建模的方法：既可以将顾客视为实体，将超市收银员视为资源，利用流程图构建离散事件模型，也可以将顾客视为受广告、社交作用影响的 Agent，建立基于 Agent 模型，或是将销售视为受广告、服务质量、价格和顾客忠诚度影响的反馈变量，建立一个系统动力学模型。

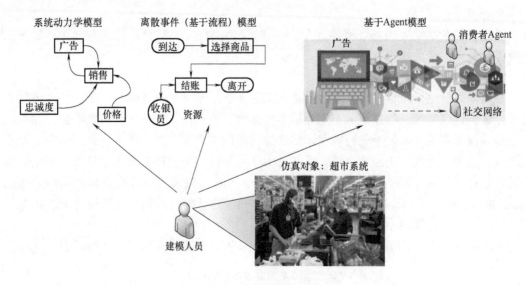

图 1-5　超市系统模型

有时，系统的不同部分适合采用不同的建模方法，多种方法可以混合建模，以满足人们的需求。

本章习题

1. 什么是仿真？
2. 仿真建模适用于哪些问题？
3. 仿真建模的基本原理是什么？
4. 仿真过程的主要步骤是什么？
5. 仿真模型与解析模型的区别是什么？
6. 仿真模型的优点是什么？
7. 仿真建模的方法有哪些？

参考文献

[1] 贝塔朗菲. 一般系统论基础 发展和应用 [M]. 林康义，魏宏森，等译. 北京：清华大学出版社，1987.

[2] 魏宏森，曾国屏. 系统论——系统科学哲学 [M]. 北京：清华大学出版社，1995.

[3] 切克兰德. 系统论的思想与实践 [M]. 左晓斯，史然，译. 北京：华夏出版社，1990.

[4] 冯允成，邹志红，周泓. 离散系统仿真 [M]. 北京：机械工业出版社，1998.

[5] FORRESTER J W. Industrial Dynamics [M]. Cambridge：Massachusetts Institute of Technology Press，1961.

[6] SENGE P M. The Fifth Discipline：The Art & Practice of The Learning Organization [M]. New York：Doubleday（Revised & Updated edition），2006.

[7] MEADOWS D H. Thinking in Systems：A Primer [M]. Washington：Chelsea Green Publishing，2008.

第 2 章

随机数与计算机仿真建模初步

🌀 本章简介

本章主要介绍蒙特卡罗模拟方法的基本原理和应用。首先通过模拟车辆到达过程说明如何使用蒙特卡罗模拟方法生成随机数,并介绍使用线性同余法生成随机数的具体过程。接着,介绍使用 Excel 软件生成均匀分布随机数的主要步骤,在此基础上,介绍如何利用均匀分布随机数,生成三角分布、正态分布、指数分布、泊松分布和经验分布随机数的具体方法。在介绍随机数生成方法时,通过两个概率论模型——生日模型和公主选驸马模型,初步介绍如何构建概率论仿真模型。

🌀 本章要点

- 蒙特卡罗模拟方法的基本原理
- 使用线性同余法生成连续和离散的随机数
- 使用 Excel 软件生成几种主要分布的随机数
- 利用均匀分布随机数构建概率论仿真模型

在计算机技术中,如果要对一个业务完整的业务过程进行仿真,需要对业务中的一些事件进行统计分析,确定这些事件发生的时间间隔和服务时间的概率分布,然后再完成对整个业务的仿真。

事实上,仿真中所有的事件时间都是通过服务和到达的时间间隔直接或者间接确定的,仿真的基本原理就是蒙特卡罗模拟方法。

2.1 随机数和蒙特卡罗模拟

从指定的概率分布生成一些事件的过程称为概率分布的抽样过程或者随机变数生成技

术,又称为蒙特卡罗模拟。

蒙特卡罗法的名称取自于摩纳哥(Monaco)内以赌博娱乐而闻名的一座城市——蒙特卡罗(Monte Carlo),这是因为这种模拟方法和赌博中采用的轮盘赌原理是相同的。

蒙特卡罗法不同于普通确定性数值方法,它是用来解决数学和物理问题非确定性的(概率统计的或随机的)数值方法。蒙特卡罗法(Monte Carlo Method,MCM),也称为统计试验方法,是理论物理学两大主要学科的合并,即随机过程的概率统计理论(用于处理布朗运动或随机游动实验)和位势理论,主要是研究均匀介质的稳定状态。它是用一系列随机数来近似解决问题的一种方法,是通过寻找一个概率统计的相似体并用实验取样过程来获得该相似体近似解的一种处理数学问题的手段。运用该近似方法所获得的问题的解,从本质上说,更接近于物理实验结果,而不是经典数值计算结果。

普遍认为当前所应用的蒙特卡罗法,其发展约可追溯至1944年,尽管在早些时候仍有许多未解决的实例。蒙特卡罗法的发展归功于核武器早期工作期间Los Alamos(美国国家实验室中子散射研究中心)的一批科学家。Los Alamos小组的基础工作促进了一次学科文化的迸发,并鼓励了蒙特卡罗法在各种问题中的应用。蒙特卡罗法的应用有两种途径:模拟和抽样。

蒙特卡罗模拟是指提供实际随机现象的数学上的仿真方法。一个典型的例子就是用随机游动来模仿中子进入反应堆中的锯齿形路径。

抽样是指通过研究少量随机的子集来演绎大量元素特性的方法。例如$f(x)$在$a<x<b$上的平均值,可以通过间歇性随机选取的有限个数的点的平均值来进行估计。这就是数值积分的蒙特卡罗方法。蒙特卡罗法已被成功地用于求解微分方程和积分方程、矩阵转置,计算多重积分。

采用蒙特卡罗法首先需要产生服从特定概率分布的随机数。本章首先介绍轮盘赌的原理,然后讨论如何采用计算机生成随机数模拟此过程。

2.2 蒙特卡罗模拟进行计算机仿真的原理

计算机仿真借助了蒙特卡罗模拟方法,基本原理如下:

假如某个库房有一些运输车辆到达需要卸载,经过统计,发现货物卸载的时间概率分布见表2-1,那么如何对车辆到达及货物卸载的过程进行模拟呢?

表2-1 货物卸载的时间概率分布

卸载时间/min	概率
10	0.30
20	0.45
30	0.25

利用蒙特卡罗模拟进行计算机仿真的思路如下：

1）需要将某种概率转换成相应的频率，即最终希望某个事件发生的分布概率按照某种指定的频率出现。例如表 2-1 中的货物卸载时间概率分布，从长远来看，希望生成货物卸载时间 10min 的概率为 30%，货物卸载时间 20min 的概率为 45%，货物卸载时间 30min 的概率为 25%，在模拟时，需要将上述概率转化为出现的频率。

2）除了获得正确的频率之外，计算机仿真过程应当独立，即生成的每一个卸载时间应当独立于它之前和之后的卸载时间。

以表 2-1 为例，为了使用轮盘赌方法，以满足上述两个性质，首先把赌轮分成 3 个区域，每种比例的区域对应一个分布的概率（见图 2-1）。例如第 1 个分区（S_1）分配赌轮 30% 的区域，这个区域对应 0.30 的概率和 10min 的卸载时间。第 2 个分区 S_2 覆盖 45% 的区域，对应 0.45 的概率和 20min 的卸载时间。最后，第 3 个分区 S_3 分配了余下的 25% 的区域，对应 0.25 的概率和 30min 的卸载时间。转动赌轮，如果指针落在分区 S_1，表示随机生成的卸载时间是 10min；如果落在分区 S_2，表示生成的卸载时间是 20min；如果落在分区 S_3，则是 30min。

如果赌轮是均匀的，那么从长远来看：①随机生成的卸载时间将与表 2-2 中指定的频率大致相同；②每转动一次赌轮的结果将与之前和之后的转动结果无关。

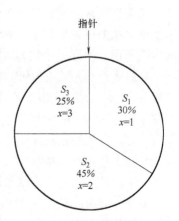

图 2-1 轮盘赌轮的分区

现在使用分区数来实现这种技术。假设赌轮上有 100 个数字，从 00 到 99，再假设分区后，每一个数字出现的概率相同，即 0.01。使用这种分区方法，给 10min 的卸载时间分配 30 个数字（比如 00~29）。由于每一个数字出现的概率都是 0.01，所以 30 个数字出现的概率是 0.30。同样，如果把 30~74 分配给 20min 的卸载时间，把数字 75~99 分配给 30min 的卸载时间，就得到了期望的概率，见表 2-2。

表 2-2 轮盘赌轮数字与卸载时间的概率关系

轮盘赌轮上的数字	卸载时间/min	期望的概率
00~29	10	0.30
30~74	20	0.45
75~99	30	0.25

转动赌轮，生成卸载时间，在这种方法中，数字直接决定卸载时间。换句话说，如果生成的数字在 00~29 之间，则设定卸载时间等于 10min；如果在 30~74 之间，设卸载时间为 20min；如果在 75~99 之间，则设为 30min。

通过上述的蒙特卡罗模拟方法，就可以对载货汽车到达的卸货过程进行仿真。

从上述的模拟过程可以看出，对轮盘分区和使用轮盘赌的过程等同于在00~99之间生成随机数。它的依据是在一系列随机数（在本例中是00~99）中，每一个随机数出现的概率相同（在本例中是0.01），每一个随机数独立于之前和之后的数字。

如果现在有一个过程，可以在00~99之间生成100个随机数，那么就可以使用生成的随机数，而不必转动赌轮来获得卸载时间。从技术上讲，随机数R_i被定义为从连续均匀分布中抽取的独立随机样本，分布的概率密度函数（PDF）为

$$f(x) = \begin{cases} 1 & 0 \leq x \leq 1 \\ 0 & \text{其他情况} \end{cases}$$

这样，每一个随机数将在0和1之间均匀分布。因此，这些随机数通常称为$U(0,1)$随机数，或者简称为均匀随机数。

现在将蒙特卡罗法的算法规范化，用该算法为离散型随机变量生成随机数，该过程包括两个步骤：

1）确定随机变量的累计概率分布（CDF）。
2）根据累计概率分布，确定随机数的分布区间，把随机数分配给随机变量的各个值。

采用蒙特卡罗法可以生成经验分布的随机数，而经验分布的随机数在建立仿真模型时非常有用。

2.3 线性同余随机数生成法

2.3.1 线性同余（0, 1）均匀分布随机数生成法

上述轮盘转动使指针指向不同的数就是产生随机数的过程，还可以按照许多不同的方法生成均匀随机数，例如投掷骰子可以产生1~6的均匀分布随机数。

由于仿真时必须使用随机数，所以需要在计算机上生成这些随机数，在计算机上生成随机数的函数称为随机数生成器。

大多数随机数生成器使用某种形式的同余关系，这类生成器有线性同余生成器、乘法生成器和混合生成器。线性同余生成器是目前使用最广泛的生成器。事实上，在计算机系统中，大多数内置的随机数功能使用的就是这种生成器。下面说明使用递归的方法来实现线性同余随机数生成器。

设已有整数序列：$x_1, x_2, x_3, \cdots, x_i$，若要生成$x_{i+1}$，使$x_{i+1}$为0~$m-1$之间的随机整数，则$x_{i+1}$的计算公式为

$$x_{i+1} = (ax_i + c) \text{MOD } m \quad (i = 0, 1, 2, \cdots) \tag{2-1}$$

当 $i=0$ 时,x_i 为 x_0,此时初始值 x_0 被称为起始值,a 称为常数乘法器,c 为增量,m 称为模数。这 4 个变量被称为生成器的参数。使用式(2-1)关系式,x_{i+1} 的值等于 ax_i+c 除以 m 的余数。然后使用下列方程生成 0 和 1 之间的随机数:

$$R_i = x_i/m \quad (i=1,2,3,\cdots)$$

例如,如果 $x_0=37$,$a=13$,$c=67$,$m=100$,算法按照以下步骤进行:

迭代 0

$x_0=37$,$a=13$,$c=67$,$m=100$

迭代 1 计算

$$\begin{aligned} x_1 &= (ax_0+c)\,\text{MOD}\,m \\ &= (13\times 37+67)\,\text{MOD}\,100 \\ &= 48 \end{aligned}$$

进一步得到第 1 个随机数 R_1:

$$R_1 = x_1/m = 48/100 = 0.48$$

迭代 2 计算

$$\begin{aligned} x_2 &= (ax_1+c)\,\text{MOD}\,m \\ &= (13\times 48+67)\,\text{MOD}\,100 \\ &= 91 \end{aligned}$$

同样可以得到第 2 个随机数 R_2:

$$R_2 = x_2/m = 91/100 = 0.91$$

其他迭代过程与上面相同,这样就可以得到一系列的随机数。

上述算法用 Excel 进行迭代,其步骤如下:

1)在 Excel 中输入初始值 x_0,参数 a 与 c,模数 m。

如图 2-2 所示,Excel 的 C1 单元格中输入 x_0 的值 37,C2 单元格中输入常数乘法器 a 的值 13,C3 单元格中输入增量 c 的值 67,C4 单元格中输入模数 m 的值 100。

	A	B	C
1	初始值	x0	37
2	常数乘法器	a	13
3	增量	c	67
4	模数	m	100

图 2-2 Excel 中输入线性同余参数

2)进行第 1 次迭代,计算 x_1 及 R_1。

根据式(2-1)的线性同余计算公式,在单元格 B9 中输入如下公式(见图 2-3):

第2章 随机数与计算机仿真建模初步

	A	B	C
1	初始值	x0	37
2	常数乘法器	a	13
3	增量	c	67
4	模数	m	100
5			
6			
7			
8	迭代次数	x	R
9	1	=MOD(C1*$C$2+$C$3,$C$4)	=B9/$C$4
10	2	=MOD(B9*$C$2+$C$3,$C$4)	=B10/$C$4
11	3	=MOD(B10*$C$2+$C$3,$C$4)	=B11/$C$4

图2-3 Excel 中输入线性同余计算公式

$$=\mathrm{MOD}(C1*\$C\$2+\$C\$3,\$C\$4) \tag{2-2}$$

式中，MOD 为 Excel 中取余的函数，函数 MOD(a, b) 就是计算 a 除以 b 的余数；$ 为单元格的绝对引用格式。

根据式 (2-2)，在单元格 C9 中输入如下公式（见图2-3）：

$$=B9/\$C\$4$$

经过以上步骤，可以计算得到第 1 次迭代的结果：$x_1 = 48$，$R_1 = 0.48$。

3）进行第 2 次迭代，计算 x_2 及 R_2。

在 B10 单元格中输入如下公式：

$$=\mathrm{MOD}(B9*\$C\$2+\$C\$3,\$C\$4)$$

在 C10 单元格中输入公式：

$$=B10/\$C\$4$$

这样就可以得到第 2 次迭代结果：$x_2 = 91$，$R_2 = 0.91$。

4）进行多次迭代。

其余迭代过程可以将 B10：C10 的公式自动填充到 B12：C19 得到前 11 次的迭代结果，如图2-4 所示。

用上述线性同余算法生成的每一个随机数都是 0 和 1 之间的小数，但需注意随机数不能等于 1。使用同余算法生成的随机数称为伪随机数，从技术性角度来讲，它们不是真正的随机数，因为一旦定义了递归关系，指定了生成器参数，就完成了这些数字的确定。不过，通过认真选择 a、c、m 和 x_0 的值，得到的伪随机数可以满足真实随机数的所有统计特性。

如果要在计算机模拟中有效地使用随机数生成器，除了统计特性以外，随机数生成器还必须具备其他几个重要特征：

1) 程序运行必须快速。
2) 程序不需要大量的内存。
3) 随机数应当可复制。
4) 程序必须有足够长的周期，即应当能够生成较长的序列，而不会出现的重复随机数。

在这个阶段，还有一个要点需要指出：大多数编程语言都具有内置的库函数，可以直接提供随机（或伪随机）数，大多数用户只需要了解特定系统的库函数就可以了，不必去设计随机数生成器。

迭代次数	x	R
1	48	0.480
2	91	0.910
3	50	0.500
4	17	0.170
5	88	0.880
6	11	0.110
7	10	0.100
8	97	0.970
9	28	0.280
10	31	0.310
11	70	0.700

图 2-4　采用 Excel 进行 11 次迭代计算结果

2.3.2　采用线性同余法生成 [0，99] 离散随机数

现在进一步研究蒙特卡罗方法，并利用线性同余法生成离散随机数。

随机数可以分为两类，一类称为连续随机数，一类称为离散随机数。上一小节得到随机数因为都是 0~1 之间的小数，数值是连续的，所以这样的随机数称之为连续随机数。而本节希望得到 0~99 之间的整数，这些随机数没有小数，得到的数值不是连续的，所以称之为离散随机数。

生成离散随机数的基本思路是利用前面线性同余得到 $U(0,1)$ 连续随机数，然后将其转换成 00~99 之间的整数，再用这些随机整数完成数字分区。如果 $U(0,1)$ 连续随机数乘以 100，它们将在 0~100 范围内均匀分布。因此，如果去掉数字的小数部分，结果将是 00~99 之间的整数，且生成这些数字的概率相等。如将随机数 0.72365 乘以 100，得出 72.365。截去该数的小数部分将得到整数随机数 72。在计算机上，完成这种转换的步骤如下：

1) 首先生成 $U(0,1)$ 随机数。
2) 用该数乘以 100，再用一个整型变量存储得出的乘积。
3) 截去数字的小数部分。

利用前面线性同余算法得到的 $U(0,1)$ 随机数，并按照上述步骤，可以生成 $U(0,100)$ 的随机数：

1) 在前面得到的 Excel 单元格 D8 中输入"随机数 (0-99)"，即增加一列 $U(0,100)$ 的随机数。
2) 在单元格 D9 中输入公式（见图 2-5）：

$$= \text{INT}(C9*100) \tag{2-3}$$

式中，INT() 函数为 Excel 中的取整函数。

第2章 随机数与计算机仿真建模初步

	A	B	C	D
8	迭代次数	x	R	随机数(0-99)
9	1	=MOD(C1*$C$2+$C$3,$C$4)	=B9/$C$4	=INT(C9*100)
10	2	=MOD(B9*$C$2+$C$3,$C$4)	=B10/$C$4	=INT(C10*100)
11	3	=MOD(B10*$C$2+$C$3,$C$4)	=B11/$C$4	=INT(C11*100)
12	4	=MOD(B11*$C$2+$C$3,$C$4)	=B12/$C$4	=INT(C12*100)

图 2-5 线性同余计算得到整型随机数公式

将 D9 中的公式依次自动填充至 D18，最终得到的 0~99 的整型随机数。

3) 结果如图 2-6 所示。

	A	B	C	D
8	迭代次数	x	R	随机数(0-99)
9	1	48	0.480	48
10	2	91	0.910	91
11	3	50	0.500	50
12	4	17	0.170	17
13	5	88	0.880	88
14	6	11	0.110	11
15	7	10	0.100	10
16	8	97	0.970	97
17	9	28	0.280	28
18	10	31	0.310	31

图 2-6 线性同余计算得到的 (0-99) 离散随机数

2.4 利用 Excel 产生均匀分布随机数

从上节的讨论可见，随机数在仿真中有着十分重要的作用。现在一些软件、编程语言都提供了生成随机数的函数，可以直接调用这些随机数生成函数。本节讨论如何用 Excel 中的命令产生各种随机数，并由此得到以某种概率分布的输入变量（不可控变量）的抽样值。

下面将讨论如何使用 Excel 产生连续随机数和离散随机数。

2.4.1 利用 Excel 产生在区间 (0, 1) 中连续均匀分布的随机数

(0, 1) 连续均匀分布的随机数是最常用到的随机数，在区间 (0, 1) 中均匀分布随机数的直方图如图 2-7 所示，图中，X 轴（横轴）为输入变量 0~1，Y 轴（纵轴）为出现该变量的概率 P（因为这是用计算机生成的随机数直方图，所以图形没有表现出理论上的完全均匀分布，但是大致可以看到是符合均匀分布的）。

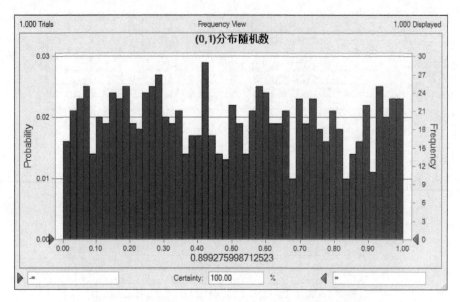

图 2-7　在区间（0，1）之间均匀分布随机数的直方图

前面介绍了采用线性同余方法得到（0，1）之间的连续随机数，在 Excel 中，可以直接使用随机函数，得到（0，1）之间的连续随机数。在 Excel 的单元格中只需要输入下述公式：

$$=\text{RAND}(\ )$$

便可得到在区间（0，1）中连续均匀分布的随机数。

2.4.2　利用 Excel 产生区间（a，b）连续均匀分布的随机数

均匀分布一般由两个参数 a 和 b 定义，它们分别表示分布的下限和上限。若一个随机变量在区间（a，b）上等概率取任意值（随机数），则称该随机变量服从（a，b）连续均匀分布。图 2-8 所示为在区间（4，12）上连续均匀分布随机数的直方图（或分布图）。图中，X 轴（横轴）为输入变量，Y 轴（纵轴）为该变量的概率 P。从该图可以看出，在区间（4，12）中，各随机数出现的概率相等。

在 Excel 中，没有直接可以使用的函数来产生（a，b）区间连续均匀分布随机数函数，但可以在单元格中输入下述公式：

$$=a+(b-a)*\text{RAND}(\ )$$

便可得到在区间（a，b）的连续均匀分布的随机数。根据概率与数理统计可知，（a，b）连续均匀分布随机数其概率密度为 $1/(b-a)$，因此，区间（4，12）连续均匀分布随机数的概率密度为 $1/8$。

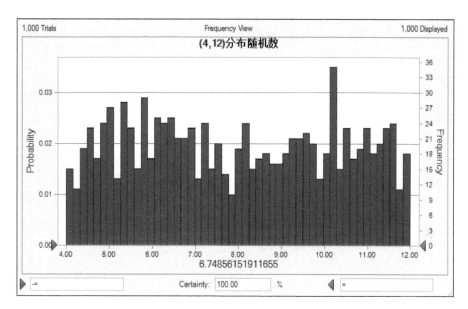

图 2-8　在区间（4，12）上连续均匀分布随机数的直方图

2.4.3　利用 Excel 产生区间 $[a,b]$ 离散均匀分布的随机数

若一个随机变量在区间 $[a,b]$ 上以相同概率取若干不同的整数（包括 a 和 b），则称该随机变量服从 $[a,b]$ 离散均匀分布。例如投掷一个质地均匀的骰子，每次得到的点数服从区间 $[1,6]$ 上的离散均匀分布。在 Excel 2007 以上版本中，可以直接使用函数 RANDBETWEEN 来生成区间 $[a,b]$ 离散均匀分布随机数，在单元格中输入公式：

=RANDBETWEEN(a,b)

例如，要模拟投掷骰子的过程，随机生成 1、2、3、4、5、6 整数，那么在 Excel 中输入：

=RANDBETWEEN(1,6)

对于 Excel 2003，没有 RANDBETWEEN 函数，但是可以在单元格中输入下列公式，近似产生 $[a,b]$ 离散均匀分布随机数：

=ROUND(a+(b-a)*RAND(),0)

本节给出两个仿真模型进一步说明 Excel 如何应用均匀分布随机数进行仿真建模。

1. 生日相同的模型

生日相同的问题在学习概率时经常作为一个例子介绍，问题如下：

假设一个班上有 40 名同学，那么至少有两个同学生日为同一天的概率为多少？

(1) 问题分析

生日问题是一个经典的概率问题,在很多文献[2-4]及英文维基百科[注]中都被谈到。现分析如下:

一年按 365 天计,假设一个班级有 k 名同学。

现在先采用第一种方法来考虑这个问题:假设,这个班级的每个人可以自己选择生日。现让这个班级 k 人随机站成一排,每个人依次选择一个日期作为自己的生日,注意,每次只能有一个人选择生日。

首先,第一名,甲同学选择生日。甲同学可以选择 365 天中任意一天为自己的生日,其不重复的概率为 365/365,将此事件记为事件 1,事件 1 的概率记为 $P(n=1)=1$。

第二名,乙同学开始选择生日,为了不与甲同学生日相同,乙同学只有 364 天可选,故其生日不重复的概率为 364/365,将该事件记为事件 2,事件 2 的概率为 $P(n=2|n=1)=364/365$,可以看到这是一个条件概率。

第三名,丙同学开始选择生日,为了不与甲、乙两人的生日相同,丙同学只有 363 天可选,故其生日不重复的概率为 363/365,将该事件记为事件 3,事件 3 的概率为 $P(n=3|n=2,n=1)=363/365$。

依此类推,第 k 名同学要与前面其他人生日不相同,只有 $365-(k-1)$ 天可选,生日不相重的概率为 $[365-(k-1)]/365$,将该事件记为事件 k,事件 k 的概率为 $P(n=k|n=k-1,\cdots n=2,n=1)=[365-(k-1)]/365$。

由此可知,全班生日不相同的概率是所有事件的交集,根据条件概率可知:

$$P(n=k,\cdots,n=2,n=1)=P(n=1)P(n=2|n=1)\cdots P(n=k|n=k-1,\cdots n=2,n=1)$$

$$=\frac{365}{365}\times\frac{364}{365}\times\cdots\times\frac{365-(k-1)}{365}$$

$$=\frac{365\times 364\times\cdots\times[365-(k-1)]}{365^k}\left(\frac{365-k}{365-k}\times\cdots\times\frac{2}{2}\times\frac{1}{1}\right)$$

$$=\frac{365!}{365^k(365-k)!}$$

全班至少有两人生日相同的概率为

$$1-P(n=k,\cdots,n=2,n=1)=1-\frac{365!}{365^k(365-k)!} \qquad (2-4)$$

上述计算也可以按照下面第二种方法来考虑。

现在用第二种排列组合方法考虑生日问题:假设,在一个公共车总站,共停了 365 辆公共汽车(代表 365 天),从中选出 k 辆公共汽车,每辆公共汽车的编号代表一个生日。

[注] https://en.wikipedia.org/wiki/Birthday_problem。

第2章 随机数与计算机仿真建模初步

公共汽车按随机顺序驶往某学校,因这 k 辆公共汽车是从 365 辆车中随机选出来的,故有 C_{365}^k 种组合方式,又因 k 辆公共汽车是按随机顺序到达,故有 $k!$ 种排列方式。当公共汽车到达后,班级的 k 个同学每人按固定顺序对应登上自己的那一辆公共汽车,即每个人得到一个生日,那么全班每个人登上公共汽车的方案共有

$$C_{365}^k k! = \frac{365!}{k!(365-k)!}k! = \frac{365!}{(365-k)!}$$

需要注意的是,这种思考方法是将公共汽车到达顺序视作随机的,但全班同学上车的顺序是固定的,故公共汽车到达顺序有 $k!$ 排列方式,而全班上车顺序只有一种排列顺序。

上式计算得到全班同学生日不相同的样本数量。

接下来考虑全班 k 名同学,每个同学的生日都有 365 种可能(可以随意登上 365 辆公共汽车),所以总体样本数为 365^k,因此,全班同学生日不相同的概率为 $\dfrac{365!}{365^k(365-k)!}$。

最后得到生日相同的概率为 $1 - \dfrac{365!}{365^k(365-k)!}$,可见计算结果与前面相同。

如果一个班级 40 名同学,根据上式或式(2-4),40 人生日相同的概率是

$$1 - P(n=40, \cdots, n=2, n=1) = 1 - \frac{365!}{365^{40} \times (365-40)!} \approx 89.12\%$$

(2)Excel 计算分析

上述生日问题可以用 Excel 迭代计算,步骤如下:

1)生成每个同学 ID。在 Excel 中新建一个表,在 A5 到 A44 单元格填充生成 40 个同学的 ID。具体步骤是先在 A5 单元格输入"1",然后,单击 Excel 工具栏上的"填充"-"序列"菜单,出现如图 2-9 所示的窗口,在"序列产生在"选项中选择"列",在"类型"选项中保持"等差序列",在"步长值"选项中输入"1",同时在"终止值"选项中输入"40",这样快速生成 40 个 ID。

2)生日不相同的可选天数。如图 2-10 所示,如果要保证每个同学的生日不相同,并且每个同学可以自由选择自己的出生日期,在单元格 B5~B44 中计算每个同学可以选择的天数。如果要保证每个同学的生日都不相同,则第 1 名同学有 365 天可选择;ID 为 2 的同学生日有 364 天可选择;ID 为 3 的同学有 363 天可选择;以此类推,ID 为 k 的同学生日选择的余地为 $365-(k-1)$ 天可选择。

在 B5 单元格输入公式:

=365 - A5 +1

可以得到 ID 为 1 的同学的生日不同可选择天数。

向下扩展 B5 单元格公式至 B44,得到 40 名同学的生日不同可选天数。

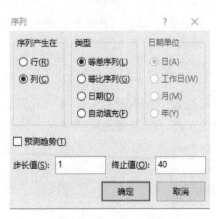

图 2-9　生成同学 ID

B5 | 365

	A	B	C
4	同学ID	可选天数	
5	1	365	
6	2	364	
7	3	363	
8	4	362	
9	5	361	
10	6	360	
11	7	359	
12	8	358	
13	9	357	
14	10	356	
44	40	326	

图 2-10　设定各个同学不同生日可选天数

3）计算每个同学生日不相同的条件概率。如图 2-11 所示，从 D5 ~ D44 单元格中计算每个同学生日不相同的条件概率。ID 为 1 的学生，其生日不相同的条件概率为 365/365，可在 D5 单元格中输入公式：

=B5/365

SUM | =B14/365

	A	B	C	D
4	同学ID	可选天数		生日不相同的条件概率
5	1	365		100.000%
6	2	364		99.726%
7	3	363		99.452%
8	4	362		99.178%
9	5	361		98.904%
10	6	360		98.630%
11	7	359		98.356%
12	8	358		98.082%
13	9	357		97.808%
14	10	356		=B14/365
44	40	326		89.315%

图 2-11　ID 为 10 的同学生日不相同的条件概率

以此类推，得到每个学生生日不相同的条件概率，如图 2-11 所示，ID 为 10 的学生，在 D14 单元格中输入公式：

=B14/365

可以得到第 10 名同学生日与其他人不相同的条件概率。

4）计算全班 40 个同学生日不相同的条件概率。现计算 40 个同学生日不相同的概率，只需将每个同学生日不相同的条件概率相乘即可，在 B1 中输入公式 PRODUCT 函数（见图 2-12）

=PRODUCT(D5:D44)

B1 =PRODUCT(D5:D44)

	A	B	C	D
1	40个同学生日不相同的概率	=PRODUCT(D5:D44)		
2				
3				
4	同学ID	可选天数		生日不相同的条件概率
5	1	365		100.000%
6	2	364		99.726%
7	3	363		99.452%
8	4	362		99.178%
9	5	361		98.904%
10	6	360		98.630%
11	7	359		98.356%
12	8	358		98.082%
13	9	357		97.808%
14	10	356		97.534%
44	40	326		89.315%
45				

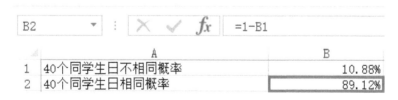

图 2-12　40 个同学生日不相同的概率

5）计算 40 个同学生日相同的概率。由于“班上 40 个同学生日不相同”和“40 个同学生日相同”为互斥概率，在 B2 单元格中输入：

=1-B1

可以得到全班生日相同的概率，如图 2-13 所示。根据图 2-13 的 Excel 计算结果可以看出，全班 40 个同学生日相同的概率为 89.12%。

B2 =1-B1

	A	B
1	40个同学生日不相同概率	10.88%
2	40个同学生日相同概率	89.12%

图 2-13　全班 40 个同学生日相同概率

（3）Excel 仿真建模

前面的分析是根据概率论得到的计算结果，现在学习如何通过 Excel 仿真，对上述结果进行验证，建模思路如下：

首先，像上面一样，生成同学的 ID，序号为 1 ~ 40。然后，利用 Excel 的随机函数 RANDBETWEEN 随机生成 1 ~ 365 之间的随机数（代表每个人的生日）。最后，采用条件计数函数 COUNTIF 对出现的相同生日进行判断，并计数。

具体步骤如下：

1）随机生成每个同学的生日。在 Excel 中用 RANDBETWEEN 随机成 40 个均匀分布随机数，用此随机数表示某个同学的生日。如图 2-14 所示，在 F5 单元格中输入公式：

=RANDBETWEEN(1,365)

将 F5 单元格公式向下复制（自动填充）至其他单元格，生成相应的生日，如图 2-14 所示。

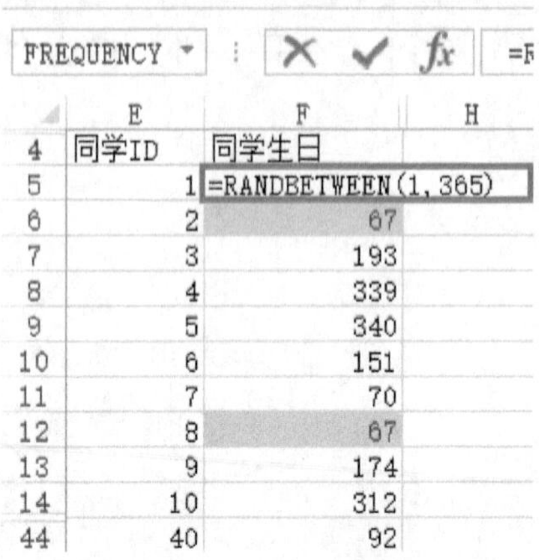

	E	F	H
4	同学ID	同学生日	
5	1	=RANDBETWEEN(1, 365)	
6	2	67	
7	3	193	
8	4	339	
9	5	340	
10	6	151	
11	7	70	
12	8	67	
13	9	174	
14	10	312	
44	40	92	

图 2-14　产生生日随机数

2）判断生日是否相同。利用 COUNTIF 函数依次判断每个同学的生日与其他同学生日是否相同。

第 1 个同学生日是第 1 个生成的，其他同学生日都是在他之后生成的，所以第 1 个同学生日生成后，找不到与其生日相同的人（其他人生日还未产生），所以在 G5 单元格中输入 0，如图 2-15 所示。

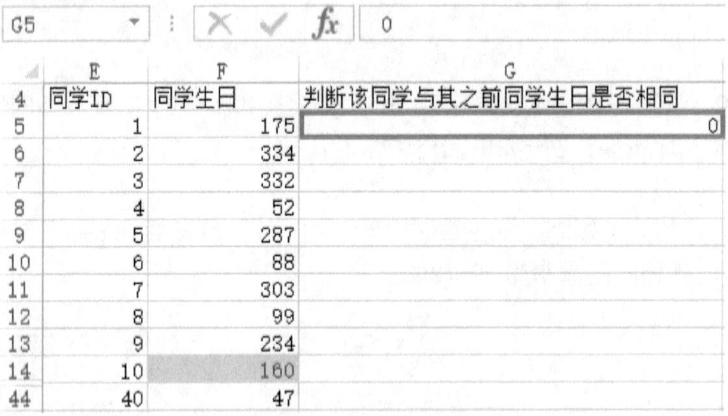

	E	F	G
4	同学ID	同学生日	判断该同学与其之前同学生日是否相同
5	1	175	0
6	2	334	
7	3	332	
8	4	52	
9	5	287	
10	6	88	
11	7	303	
12	8	99	
13	9	234	
14	10	160	
44	40	47	

图 2-15　第 1 位同学没有人与其生日相同

从第 2 个同学开始，情况稍微复杂。每个同学需要与前面同学的生日进行比较，看看有多少同学与自己相同生日，在 Excel 中可以用 COUNTIF 函数实现此功能。以第 5 个同学为例，如图 2-16 所示，在 G9 单元格中输入公式：

=COUNTIF($F$5:F8,"="&F9)

该公式是判断 F5 ~ F8 这些单元格中的数是否有与 F9 中的数相同的，每有 1 人的生日

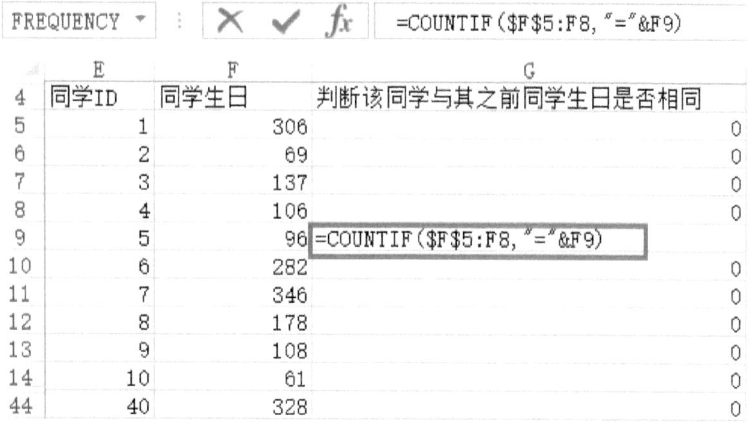

第2章　随机数与计算机仿真建模初步

图 2-16　判断第 5 个同学与其之前的同学生日是否相同

相同，COUNTIF 函数在 G9 中增加计数 1 次，如果没有相同的则不增加计数。

3）计算 40 个同学中生日相同的次数。在 Excel 的 G1 单元格中用求和公式：

$$=\mathrm{SUM}(G5:G44)$$

即可计算得到 40 个同学中生日相同的次数（见图 2-17）。

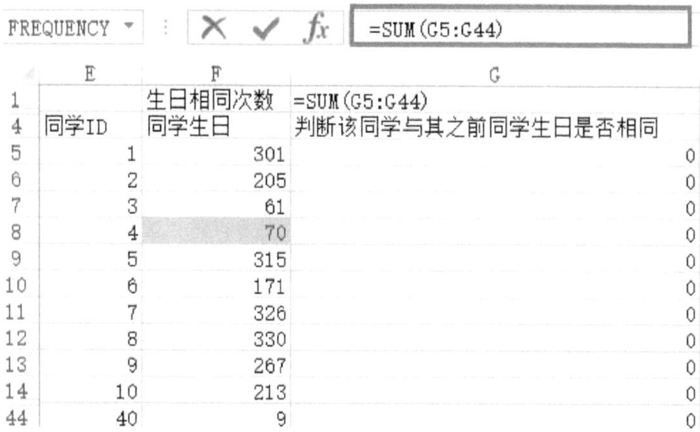

图 2-17　计算 40 个同学中生日相同的次数

4）判断 40 个同学中是否有生日相同的情况。在 G2 单元格中输入公式：

$$=\mathrm{IF}(G1,\mathrm{TRUE},\mathrm{FALSE})$$

判断 40 个同学中是否有生日相同的情况（见图 2-18），如果有生日相同的同学，结果记为 TRUE，否则，记为 FALSE。初步运行结果如图 2-19 所示。

FREQUENCY ▾ : ✕ ✓ fx =IF(G1,TRUE,FALSE)

	E	F	G
1		生日相同次数	3
2		相同生日	=IF(G1,TRUE,FALSE)
3			
4	同学ID	同学生日	判断该同学与其之前同学生日是否相同
5	1	155	0
6	2	236	0
7	3	221	0
8	4	219	0
9	5	147	0
10	6	134	0
11	7	351	0
12	8	155	1
13	9	173	0
14	10	354	0
44	40	87	0

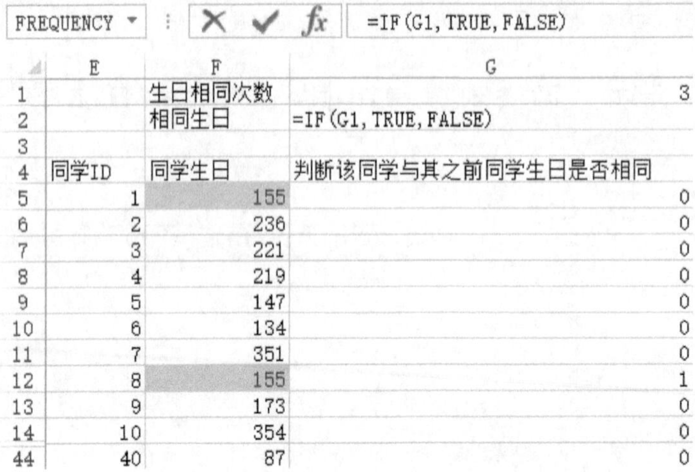

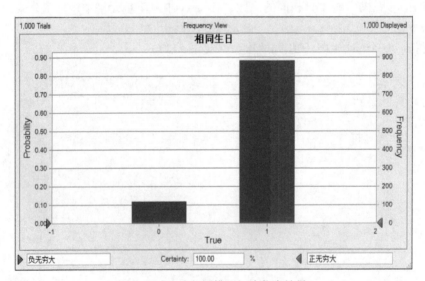

图 2-18　判断该班同学是否有生日相同的情况

图 2-19　生日相同模型初步仿真结果

5）利用 Crystal Ball 对 40 个同学生日相同的情况进行仿真。具体步骤如下：

首先，按照图 2-20 所标号的顺序依次操作。

① 选择 Crystal Ball。

② 在工具栏单击定义预测（Define Forecast）按钮。

③ 在定义预测：单元 F2（Define Forecast：Cell F2）的对话框名称（Name）中输入“相同生日”。

第2章 随机数与计算机仿真建模初步

图 2-20 Crystal Ball 仿真步骤

④ 在单位（Units）中输入"= G2"。

⑤ 单击确定（OK）按钮。

然后，运行 Crystal Ball，单击工具栏的启动（Start）按钮（见图 2-21）。

图 2-21 运行 Crystal Ball

根据以上仿真结果，可以看出仿真结果 True 出现的概率为 88.80%（见图 2-22），即一个班 40 个同学中有相同生日的概率为 88.80%，这一结果和前面的数学分析结果相近。

通过以上 Excel 模型，结合 Crystal Ball 工具进行仿真，得出了以下结论：如果一个班上有 40 名同学，那么该班至少有两个同学生日为同一天的概率为 88.80%，结果和前面的分析一致。

27

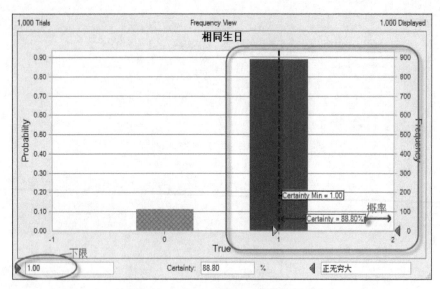

图 2-22　生日相同模型最终仿真结果

2. 公主选驸马模型

波斯公主选驸马是一个最优选择算法的问题，这个问题非常有趣，在一些企业面试题中也曾经出现过，该问题叙述如下：

在古代波斯王国，有位波斯公主到了待嫁的年龄，国王准备为其挑选一位驸马，有来自各个国家的 100 位王子作为候选人，这些王子和公主从未见过面。100 位王子按顺序从公主面前逐一经过，每位候选王子经过公主时，公主要么选他为驸马，要么不选。如果选中该王子，该王子就成为波斯公主的如意郎君，其余候选王子就都遣散回家，选驸马活动结束；如果不选该王子，这名候选王子就离开王宫，下一候选王子登场。公主不可以反悔，也不可以选择多名王子。如果前 99 位王子公主都没有看中，她必须选择第 100 位王子为驸马。

请给公主设计最优选择算法，让她有最高概率选到 100 人中最英俊的王子为驸马。

此问题由数学家 Merrill M. Flood 在 1949[①]首次提出，这个问题被他取名为"未婚妻问题"（fiancée problem），此问题也称为秘书问题（Secretary problem），是一个终止优化理论（Optimal Stopping Theory）。

（1）问题分析

上述问题的最优方法是公主先不着急做出决定，先观察若干王子，不做任何选择，也

[①] 见维基百科 https://en.wikipedia.org/wiki/Secretary_problem。

就是先放弃若干名王子，然后根据前面观察的情况，从第 k 名王子开始，选择最优秀的王子为驸马。

用数学语言表述：假设共有 n 个候选王子，若先拒绝掉前 k 个王子，在其余 $n-k$ 个王子中找出最优秀的王子，如何确定 k？

假设波斯公主拒绝了前 k 个候选王子，最优候选王子出现在此后第 r 个位置上 $(k<r\leqslant n)$，要想让此最优秀的王子有幸正好被波斯公主选中，就必须得满足前 k 个人中出现次优人选，即 No.2 候选人出现在前 k 个人中。

上面的这段话不太容易理解，现在用具体数据来说明上面这段话的含义：

假设 $k=20$，$r=30$，其含义就是放弃前 20 个候选王子，最佳候选人为第 30 个王子。如果是这种情形，那么要在最初的 20 人中，出现排序为 No.2 的候选人，这 20 人中，一定都不能出现排序为 No.1 的候选人。直至第 30 人出现，他才是 No.1 的最佳候选人。

现对上述算法进行数学推导：

对于前 $r-1$ 个人，再将 No.2 候选人排除，其排列有 $(r-2)!$ 种；对于后面的 $n-r$ 个人，其排列有 $(n-r)!$ 种。对于前面的 $r-1$ 个人，需要从 $n-1$ 个人中挑选，所以有 C_{n-1}^{r-1} 种组合方式。No.2 的候选人可以出现在 $1, 2, \cdots, k$ 的任何一个位置，所以上面的这种情况有 k 种可能，因此，当最优秀的王子 No.1 出现在第 r 个候选人的位置上时，其可能的情况有

$$C_{n-1}^{r-1} k(r-2)!(n-r)! = k\frac{(n-1)!}{r-1}$$

考虑所有可能的 r，r 可以从 $k+1$ 变化到 n，因此其可能性有

$$\sum_{r=k+1}^{n} k\frac{(n-1)!}{r-1}$$

对于 n 个候选王子，任意排列的总可能性有 $n!$ 种，最后，便得到了拒绝前 k 个王子之后能选中最佳驸马的总概率 $P(k)$ 为

$$\begin{aligned}P(k) &= \frac{1}{n!}\sum_{r=k+1}^{n}\frac{k(n-1)!}{r-1} \\ &= \frac{k}{n}\sum_{r=k+1}^{n}\frac{1}{r-1} \\ &= \frac{k}{n}\sum_{r=k}^{n-1}\frac{1}{r}\end{aligned} \quad (2\text{-}5)$$

令 $x=k/n$，$t=r/n$，$dt=1/n$，并且假设 n 充分大，则式（2-5）可以写成

$$P(k) = x\int_{x}^{1}\frac{1}{t}dt = -x\ln x$$

对 $P(k)$ 中 x 进行求导，并令导数为 0，可以解出 x 的最优值，即 $x=1/e$，故 $k=n/e$。

回到上面的初始假设，若有 100 位候选王子，则 $n=100$，$k=100/e$，$P(k=37)\approx 0.37$，也就是说，波斯公主要放弃最初的 100/e（≈37）名王子，但是要记录下前 37 位王子中英俊程度最高者，在之后出现的候选人中，如果出现一位王子英俊程度超越前 37 位的，那就立刻选此人为驸马。如果一直到第 99 位王子离开了，38～99 位候选人的英俊程度也没超过前 37 位，那么就只好选择第 100 位王子为驸马，这种方法选出最英俊王子的概率为 0.37。

（2）Excel 仿真建模

现采用 Excel 对上述问题进行仿真验证，仿真建模步骤如下：

1）模型布局。创建新的 Excel 工作表，在 A1～D1 单元格中分别输入"候选人 ID""英俊程度""前 37 名最大值"以及"排名"，如图 2-23 所示。

	A	B	C	D
1	候选人ID	英俊程度	前37名最大值	排名
2	1			
3	2			
4	3			
97	96			
98	97			
99	98			
100	99			
101	100			

图 2-23　模型布局

2）生成候选人 ID。在 A2：A101 中生成 1～100 的数列，为候选人 ID，如图 2-23 所示。

3）随机生成王子英俊程度。模型用 0～1 之间的随机数来表示各位王子的英俊程度，随机数越大说明候选人越英俊，反之亦然。如图 2-24 所示，在 B2 单元格中输入公式：

$$=\mathrm{RAND}(\ )$$

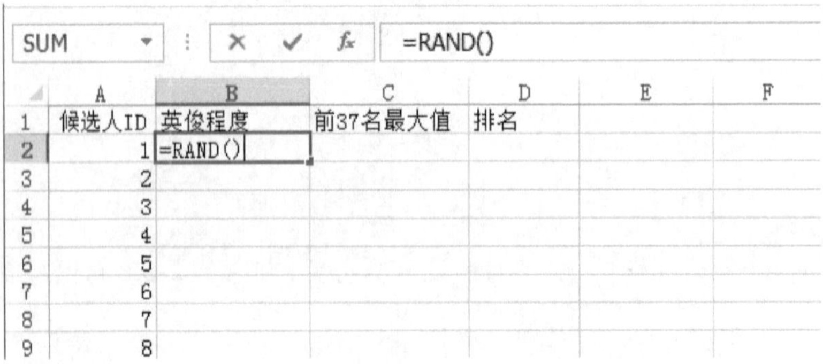

	A	B	C	D
1	候选人ID	英俊程度	前37名最大值	排名
2	1	=RAND()		
3	2			
4	3			
5	4			
6	5			
7	6			
8	7			
9	8			

图 2-24　用随机数生成王子英俊程度

4）初步筛选。对候选人进行初步筛选，根据上文所述，公主要记住前 37 人中最英俊的候选人，然后从第 38 人开始分别与其比较英俊度，做出选择。如图 2-25 所示，在 C2 单元格中输入公式：

=MAX(B2:B38)

这样得到前 37 人的最大英俊度。

如图 2-26 所示，在 C39 单元格中输入公式：

=IF(B39 > $C$2,TRUE,FALSE) (2-6)

	A	B	C
1	候选人ID	英俊程度	前37名最大值
2	1	0.5552353	=MAX(B2:B38)
3	2	0.1685315	
35	34	0.5107280	
36	35	0.6218772	
37	36	0.4025360	
38	37	0.8886450	
39	38	0.7298943	FALSE
40	39	0.3651380	FALSE
41	40	0.5575570	FALSE
97	96	0.2022502	FALSE
98	97	0.0172903	FALSE
99	98	0.8129046	FALSE
100	99	0.5823069	FALSE
101	100	0.5646160	FALSE

图 2-25 前 37 名英俊程度最大值

式（2-6）表示如果第 38 人的英俊程度比前 37 人英俊程度要高，则选择该王子为驸马，否则不选。公式中分别用 TRUE 和 FALSE 表示是否选择，$C$2 表示将 C2 单元格作为绝对引用地址。将上述公式从 C39 单元格自动填充至 C100。

C39 fx =IF(B39>$C$2,TRUE,FALSE)

	A	B	C	D	E
38	37	0.695696819			
39	38	0.545178501	=IF(B39>$C$2, TRUE, FALSE)		
40	39	0.17281402			
41	40	0.428980678			

图 2-26 初步选择

5）第 100 位王子的处理。选择的过程中，可能出现第 38 ~ 99 人都没有合适人选，没有选出驸马，这时，按照规则，必须选第 100 位王子为驸马，因此，如图 2-27 所示，在 C101 单元格中输入公式：

=IF(OR(C39:C100),FALSE,TRUE)

6）确定驸马英俊度排名。按照上述方法，一定可以在 100 人中选出一位驸马，但是这位驸马的英俊程度在这 100 人中可以排在第几位？这位驸马是最优的还是次优的？这需要进一步验证。所以，需要看看每位王子的英俊程度以及排名。

首先，需要得到每位王子的英俊程度排名，在 D2 单元格中输入公式：

=RANK(B2,$B$2:$B$101) (2-7)

将 D2 中的公式复制（自动填充）到 D3：D101 单元格中，得出每一位王子的英俊度的排名，如图 2-28 所示。

7）利用 Crystall Ball 对模型进行仿真如下：

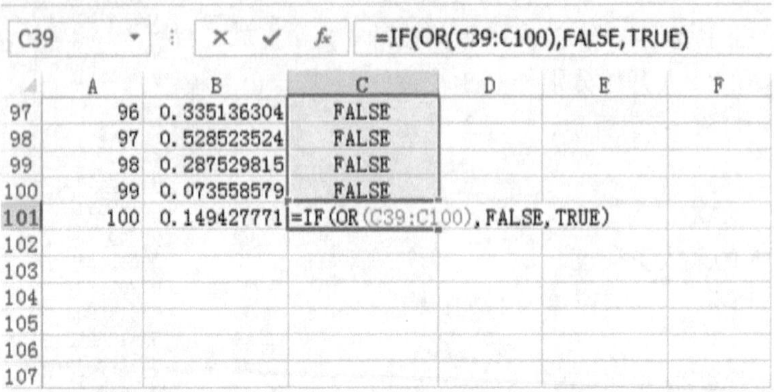

图2-27 第100位王子的处理

图2-28 英俊程度排名

① 安装 Crystall Ball。

② 在 E1 单元格中输入"挑出的王子",并在 E2 中输入公式:
$$=MATCH(TRUE,\$C\$39:\$C\$101,0)$$
匹配出第一次出现 TRUE 的位置,如图2-29 所示。

③ 在 F1 单元格中输入"王子 ID",并在 F2 中输入公式:
$$=E2+37$$
得出被选的王子 ID,如图2-30 所示。

④ 在 G1 单元格输入"王子排名",并在 G2 单元格中输入公式:
$$=VLOOKUP(F2,\$A\$1:\$D\$101,4)$$
匹配出王子在 100 名候选人中的排名,如图2-31 所示。

⑤ 在工作界面找到 Crystal Ball 菜单,单击单义变量(Define Forecast)按钮,定义变量,如图2-32 所示。

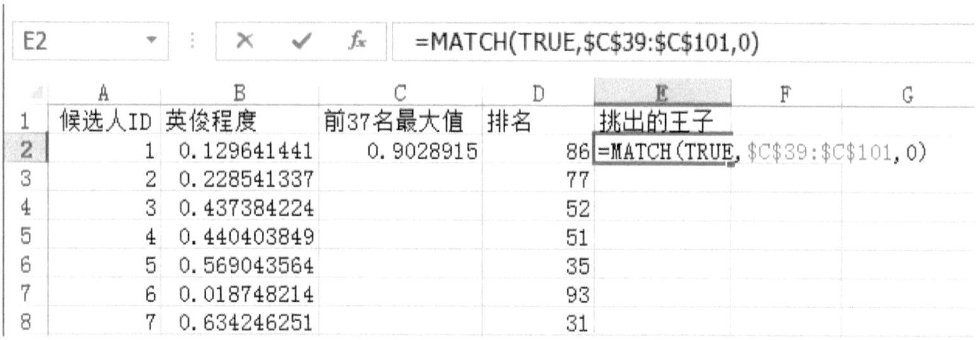

E2　=MATCH(TRUE,$C$39:$C$101,0)

	A	B	C	D	E	F	G
1	候选人ID	英俊程度	前37名最大值	排名	挑出的王子		
2	1	0.129641441	0.9028915	86	=MATCH(TRUE, $C$39:$C$101, 0)		
3	2	0.228541337		77			
4	3	0.437384224		52			
5	4	0.440403849		51			
6	5	0.569043564		35			
7	6	0.018748214		93			
8	7	0.634246251		31			

图 2-29　确定王子在后 67 名候选人中的位置

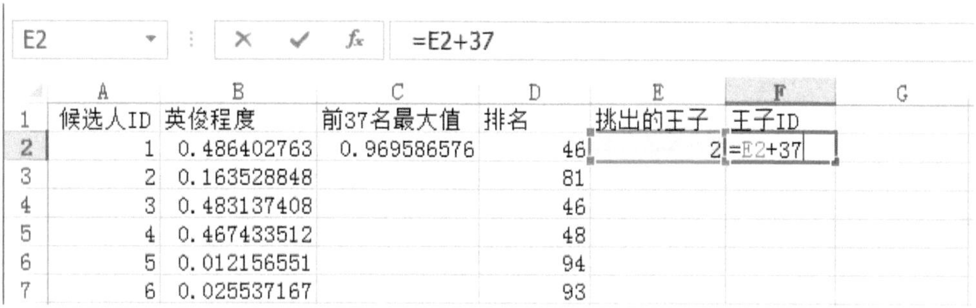

E2　=E2+37

	A	B	C	D	E	F	G
1	候选人ID	英俊程度	前37名最大值	排名	挑出的王子	王子ID	
2	1	0.486402763	0.969586576	46	2	=E2+37	
3	2	0.163528848		81			
4	3	0.483137408		46			
5	4	0.467433512		48			
6	5	0.012156551		94			
7	6	0.025537167		93			

图 2-30　获得王子 ID

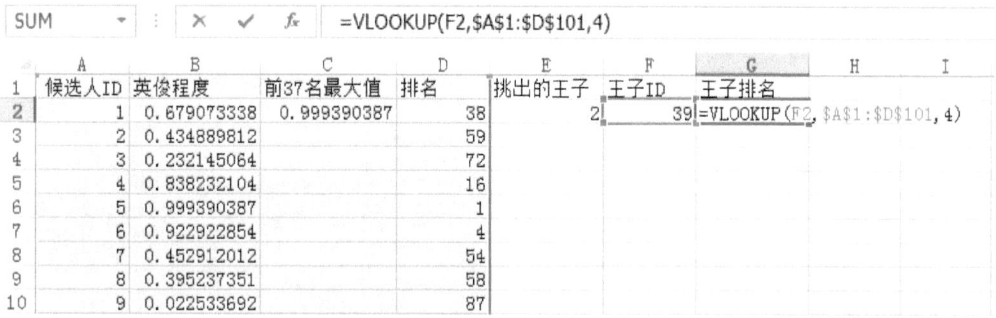

SUM　=VLOOKUP(F2,$A$1:$D$101,4)

	A	B	C	D	E	F	G	H	I
1	候选人ID	英俊程度	前37名最大值	排名	挑出的王子	王子ID	王子排名		
2	1	0.679073338	0.999390387	38	2	39	=VLOOKUP(F2, $A$1:$D$101, 4)		
3	2	0.434889812		59					
4	3	0.232145064		72					
5	4	0.838232104		16					
6	5	0.999390387		1					
7	6	0.922922854		4					
8	7	0.452912012		54					
9	8	0.395237351		58					
10	9	0.022533692		87					

图 2-31　确定王子排名

⑥ 按照完成对弹出对话框的设置，单击确定，如图 2-33 所示。

⑦ 设置仿真参数及仿真。选中 B103 单元格，更改试验次数（Trials）为 1000 次，进行 1000 次仿真试验，单击“Start”按钮，进行仿真，如图 2-34 所示。

图 2-32 定义变量

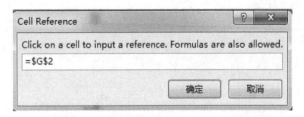

图 2-33 完成变量定义

图 2-34 仿真参数设置

⑧ 仿真结果分析。通过 1000 次仿真，得到以下结果，更改上、下限，将下限改为 0，上限改为 1，按下"Enter"键，在 Certainty 中就会显示公主选择的王子的英俊程度在所有候选人中排名第一的概率，如图 2-35 所示，概率为 36.10%。

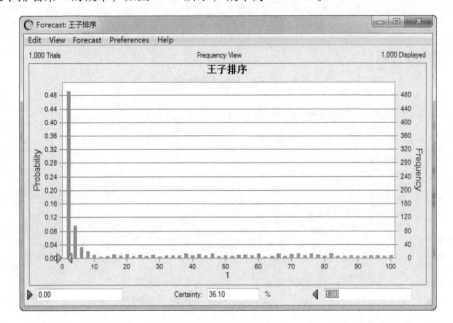

图 2-35 仿真结果

第2章 随机数与计算机仿真建模初步

为了进一步验证假设的正确性，另外对从第 20 名开始选择，以及从第 40 名开始选择的情况进行仿真，得到的仿真结果如图 2-36、图 2-37 所示。

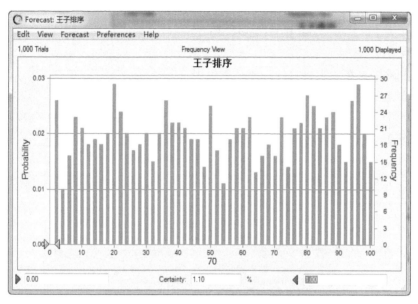

图 2-36 从第 20 名开始选择的仿真结果

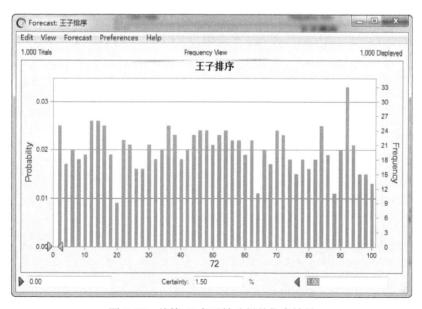

图 2-37 从第 40 名开始选择的仿真结果

从仿真结果可以看出，当公主分别从第 20 名、第 40 名开始选择时，所选择王子的英俊程度排名第 1 的概率分别为 1.10%、1.50%，远小于 36.10%，因此可以判定假设成立。

2.5 利用 Excel 产生三角分布随机数

除去用到均匀分布的随机数外，还经常用到正态分布、三角分布、经验分布随机数。

三角分布是一种常见的分布，主要用于工程项目的风险性成本计算。只使用"最小值""最可能值"和"最大值"3 组数据，就能足够精确地刻画出某个工程项目的风险性成本的概率分布。利用三角分布的随机数，可以得到三角分布输入变量的抽样值。

设某随机变量 X 的最小值为 a，最大值为 b，最可能值为 c，则可用具有这 3 个参数 (a、b、c) 的三角分布来描述该变量，如图 2-38 所示。X 为输入变量，P 为出现该变量的概率。

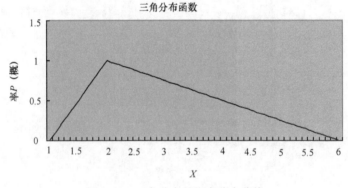

图 2-38 三角分布的概率分布曲线

利用 Excel 中的公式产生参数为 a、b、c 的三角分布随机数（其中，a 为最小值，b 为最大值，c 为最可能值）的步骤如下（见图 2-39）：

第一步：输入参数为 a、b、c 的值，并对 c 标准化。

在 Excel 的单元格中输入参数，例如在单元格 A5：C5 中分别输入 a、b、c 的值。

用下式对 c 标准化：

$$=(c-a)/(b-a)$$

用单元格 B8 表示标准化后的 c，根据公式，在该单元格中输入下述公式：

$$=(\$C\$5-\$A\$5)/(\$B\$5-\$A\$5)$$

即得到标准化后的 c 值。

第二步：产生在区间 (0, 1) 中均匀分布的随机数。在单元格 B11 中输入下述公式：

$$=\text{RAND}()$$

第2章 随机数与计算机仿真建模初步

	A	B	C
1		三角分布随机数的产生	
2			
3		参数	
4	a	b	c
5	1	6	2
6			
7		第一步：对c标准化：	
8		=($C$5-$A$5)/($B$5-$A$5)	
9			
10		第二步：产生区间(0, 1)中均匀分布的随机数：	
11		=RAND()	
12			
13		第三步：产生三角分布随机数：	
14		=$A$5+($B$5-$A$5)*IF(B11<=$B$8,SQRT(B11*$B$8),1-SQRT((1-$B$8)*(1-B11)))	
15			

图 2-39 三角分布随机数的产生

即得到在区间（0，1）中均匀分布的一个随机数。

第三步：产生三角分布的随机数。

用单元格 B14 表示一个服从三角分布的随机数，在单元格 B14 中输入下述公式：

$$=\$A\$5+(\$B\$5-\$A\$5)*IF(B11<=\$B\$8,SQRT(B11*\$B\$8),$$
$$1-SQRT((1-\$B\$8)*(1-B11))) \qquad (2-8)$$

便可得到服从参数 a、b、c 的三角分布的一个随机数。式（2-8）中，SQRT(B11*$B$8) 表示（B11*$B$8）的积的二次方根。

2.6 利用 Excel 产生正态分布随机数

正态分布是最常见的一种分布，如人群的身高、体重和智商等。采用 Excel 可以很容易生成符合正态分布的随机数。

正态分布密度函数（10，2^2）如图 2-40 所示。图中，X 为输入变量，P 为出现该变量的概率。

在 Excel 的单元格中输入下述公式：
=NORMINV(RAND(),10,2)

便可得到均值为 $\mu=10$、标准方差为 $\sigma=2$ 的正态分布随机数。

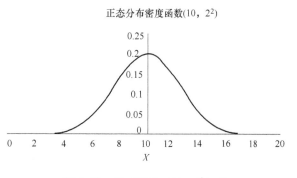

图 2-40 概率服从（10，2^2）的正态分布曲线

2.7 利用Excel产生指数分布随机数

指数分布也是一种常见的统计分布,如电子元器件的使用寿命、排队系统中顾客到达的时间间隔等。Excel没有指数分布随机数生成函数,但是可以通过对指数分布累计分布函数的逆变换生成指数分布随机数。

在Excel中与指数分布有关的函数为EXPONDIST,其语法如下:

= EXPONDIST(x, LAMBDA, TRUE) 给出 $F_X(x) = P(X \leq x) = 1 - e^{-\lambda x}$ ($x > 0$) 指数分布随机变量 X (累计) 概率分布的值。

= EXPONDIST(x, LAMBDA, FALSE) 给出 $f_X(x) = \lambda e^{-\lambda x}$ ($x > 0$) 指数分布随机变量 X 的密度函数值。

假设有个库房,经过统计分析,发现货车平均到达时间间隔服从均值为40min的指数分布,请确定到达时间间隔为10min的概率和累计概率。

因货车到达时间间隔平均值为40min,因此 $1/\lambda = 40$,则 $\lambda = 0.025$。

在Excel中输入如下函数公式:

= EXPONDIST(10,0.025,FALSE)

可求出到达时间间隔小于或者等于10min的概率为0.01947。

在Excel中输入如下公式:

= EXPONDIST(10,0.025,TRUE)

可求出到达时间间隔小于或者等于10min的累计概率为0.2212。

指数分布概率密度函数(PDF)如下:

$$f(x) = \lambda e^{-\lambda x} \quad (x \geq 0)$$

图2-41为 $\lambda = 1$ 时的指数分布概率密度函数。

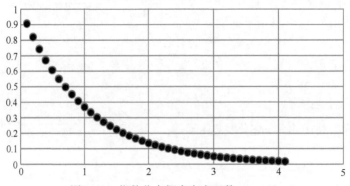

图2-41 指数分布概率密度函数 ($\lambda = 1$)

对指数分布的概率密度函数（PDF）进行积分，可以得到指数分布的累计分布函数（CDF）：

$$P(x) = \int_0^x \lambda e^{-\lambda t} dt \quad (x \geq 0)$$
$$= 1 - e^{-\lambda x} \tag{2-9}$$

式中，$P(x)$ 为概率值，值域为 $(0, 1)$；x 为希望得到的随机数，定义域为 $(0, +\infty)$。

如果要得到随机数 x，对式（2-9）进行逆变换，即得到随机数 x 为

$$x = \frac{-1}{\lambda} \mathrm{LN}[1 - P(x)]$$

由于概率 $P(x)$ 可以用 $(0, 1)$ 的均匀分布随机数生成，故在 Excel 的单元格中输入下述公式：

```
= -1/λ * LN(1 - RAND())
```

即可得到到达速率为 λ 的指数分布随机数。

2.8 利用 Excel 产生泊松分布随机数

1. 泊松分布定义

泊松分布的随机数在仿真中较为常见，如某公司电话客服系统每分钟收到的呼叫次数、每小时到达某公共汽车站的乘客数等。但在 Excel 中没有泊松分布随机数函数，也无法像指数分布那样，通过逆变换得到随机数。要生产泊松分布随机数，首先要知道泊松分布随机变量的定义，其定义如下：

定义：满足以下条件的变量 X 是期望为 λ 的泊松分布随机变量[1]：

$$p_i = P\{X = i\} = e^{-\lambda} \frac{\lambda^i}{i!} \quad i = 0, 1, \cdots \tag{2-10}$$

由式（2-10）可知，$p_{i+1} = e^{-\lambda} \frac{\lambda^{i+1}}{(i+1)!}$ $(i \geq 0)$，故可得当 $X = i$ 时，其概率 p_i 符合：

$$p_{i+1} = p_i \frac{\lambda}{i+1} \quad (i \geq 0)$$

2. 产生泊松分布随机数算法

泊松分布随机数无法利用 Excel 中现成的函数生成，如果产生期望为 λ 的泊松分布随机数，其算法如下：

第 1 步：令 $i = 0$，$a = e^{-\lambda}$，$b = 1$。

第 2 步：生成随机数 $U(0, 1)$，并且 $b = b * U$。

第3步：如果 $b<a$，则令 $X=i$，得到符合泊松分布的随机数 i，计算结束。

第4步：如果 $b \geq a$，则返回第2步。

3. 生成泊松分布随机数

在 Excel 中，采用上述算法生成泊松分布随机数需要编写自定义函数——宏，具体实现方法如下：

1）第1步，在 Excel 工具栏中添加"开发工具"。如图 2-42 所示，在 Excel 的"文件"菜单中打开"选项"，从中选择"自定义功能区"，并在"主选项卡"中选中"开发工具"，添加了"开发工具"的 Excel 工具栏如图 2-43 所示。

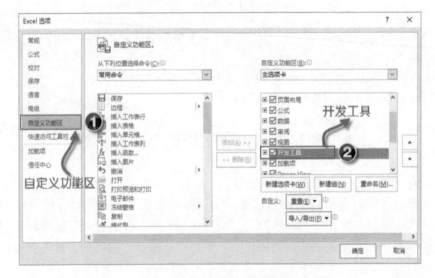

图 2-42 在 Excel 工具栏中添加开发工具

图 2-43 添加了"开发工具"的工具栏

2）第2步，输入泊松分布参数。下面要根据上面的泊松分布算法来得到一个泊松分布随机数，然后再利用自定义函数——宏生成 200 个泊松分布随机数。

假设泊松分布参数 $\lambda = 100$（期望为100），在 A1、B1 单元格中输入参数名称"lanmd"及数值"100"，如图 2-44 所示。

第2章 随机数与计算机仿真建模初步

按照上面的算法,需要得到常数项 a, $a = e^{-\lambda}$, 在 A2 单元格中输入名称 "a", 在 B2 单元格中输入函数:

$$= \text{EXP}(-B1)$$

这样计算得到 $a = e^{-\lambda}$, 即 $a = e^{-100}$。

	A	B
1	lanmd	100
2	a	=EXP(-B1)
3	泊松分布随机数X	

图 2-44 泊松分布参数 $\lambda = 100$

在 A3 单元格中输入 "泊松分布随机数 X", B3 单元格暂时不输入函数,完成泊松分布随机数算法后,再在 B3 单元格中输入公式。

3) 第 3 步,生成一个泊松分布随机数。

① 建立模型标题栏。

在 Excel 第 5 行,输入模型变量的标题,在 A5~D5 列,分别输入 "i" "随机数 U" "概率 b∗U" "是否为泊松分布随机数"。

② 生成 0~499 整数序列 i。

③ 在第 A 列,自 A6~A505 填充生成 0~499 个序列,这样 $i = 0 \sim 499$。

④ 生成 (0, 1) 分布随机数 U。

自 B6~B505,输入公式 "= RAND()",生成 (0, 1) 随机数,即 $U(0, 1)$;

⑤ 计算 "概率 b∗U"。

在 C6 单元格中输入:

$$= 1 * B6$$

在 C7 单元格输入:

$$= B7 * C6$$

将 C7 单元格公式自动填充至其余单元格 C8:C505, 这样就得到 "概率 b∗U"。

⑥ 判断 i 是否为泊松分布随机数。

根据前面的算法可知,只有当变量 $b < a$ 时, i 才是泊松分布的随机数。在单元格 D6 中输入公式:

$$= \text{IF}(C6 < \$B\$2, \text{TRUE}, \text{FALSE}) \tag{2-11}$$

式 (2-11) 中, C6 单元格存放的就是 $b * U$, B2 单元格存放的就是 a, 如果 $b * U < a$, 则 D6 单元格为 TRUE,表示 i 为泊松分布随机数;否则为 FALSE。将 D6 单元格公式自动填充至 D7:D505,就得到对 i 数列的判断。公式输入见表 2-3。

表 2-3 生成一个泊松分布随机数

	A	B	C	D
5	i	随机数 U	概率 b∗U	是否为泊松分布随机数
6	0	= RAND()	= 1 ∗ B6	= IF(C6 < $B$2, TRUE, FALSE)

（续）

	A	B	C	D
7	1	=RAND()	=B7*C6	=IF(C7<\$B\$2,TRUE,FALSE)
8	2	=RAND()	=B8*C7	=IF(C8<\$B\$2,TRUE,FALSE)

⑦ 得到符合泊松分布的一个随机数。

在 B3 单元格中输入：

$$=\text{MATCH}(\text{TRUE},\text{D6}:\text{D505},0)-1$$

这样就得到了符合泊松分布的一个随机数，模型运行结果如图 2-45 所示。

	A	B	C	D
1	lanmd	100		
2	a	3.7201E-44		
3	泊松分布随机数X	96		
4				
5	i	随机数U	概率b*U	是否为泊松分布随机数
6	0	0.21357319	0.213573185	FALSE
7	1	0.93427898	0.199536937	FALSE
91	85	0.88185585	2.41958E-38	FALSE
92	86	0.23835723	5.76724E-39	FALSE
93	87	0.28111084	1.62123E-39	FALSE
94	88	0.72076934	1.16853E-39	FALSE
95	89	0.48114653	5.62236E-40	FALSE
96	90	0.5597079	3.14688E-40	FALSE
97	91	0.13305715	4.18715E-41	FALSE
98	92	0.11318204	4.7391E-42	FALSE
99	93	0.09308135	4.41122E-43	FALSE
100	94	0.40453809	1.78451E-43	FALSE
101	95	0.67052827	1.19656E-43	FALSE
102	96	0.27079588	3.24024E-44	TRUE
103	97	0.54596135	1.76905E-44	TRUE
104	98	0.19969453	3.53269E-45	TRUE

图 2-45　泊松分布随机数生成模型运行结果

4）第 4 步，得到一系列泊松分布随机数

得到一个泊松分布的随机数显然不够，而且，很难说明该随机数是符合泊松分布的。如图 2-45，仅仅得到 96，不能说这个数是符合泊松分布的，应该产生一系列的随机数，才能检验这些随机数是否符合泊松分布。

产生一系列随机数最简单的方法是按下功能键 F9，这时可以观察到 B3 单元格中的随机数发生了变化，不断重复这个过程，将每次得到的随机数手动记录下来。但是，如果想

得到 200 个随机数,用这种方法显然不可行。

假如要产生 200 个泊松分布随机数,需要编写 Excel 自定义函数——宏(或者 VBA)来实现,具体方法如下:

1)首先,在单元格 H6:H205 中建立 200 个序号,布局如图 2-46 所示。在 I6:I205 中将生成 200 个泊松分布随机数,将 I5 命名为 PoissonRandNum(泊松分布随机数)。

	A	B	C	D	E F G	H	I	J	K	L
4										
5	i	随机数U	概率b*U	是否为泊松分布随机数		序号	PoissonRandNum		生成泊松分布随机数	
6	0	0.47244	0.47243517	FALSE		1	89			
7	1	0.87539	0.41356598	FALSE		2	93			
91	85	0.01822	6.6792E-37	FALSE		86	105			
92	86	0.08679	5.7972E-38	FALSE		87	95			
93	87	0.3746	2.1716E-38	FALSE		88	81			
94	88	0.68358	1.4845E-38	FALSE		89	110			
95	89	0.67303	9.991E-39	FALSE		90	97			
96	90	0.84662	8.4585E-39	FALSE		91	86			
97	91	0.91516	7.7409E-39	FALSE		92	107			
200	194	0.86962	9.8532E-86	TRUE		195	89			
201	195	0.54865	5.406E-86	TRUE		196	100			
202	196	0.53694	2.9027E-86	TRUE		197	114			
203	197	0.26184	7.6003E-87	TRUE		198	93			
204	198	0.12903	9.807E-88	TRUE		199	101			
205	199	0.22377	2.1945E-88	TRUE		200	92			

图 2-46 观测 200 个泊松分布随机数布局

2)在 Excel 中加入按钮控件。如图 2-47 所示,在开发工具中,选择"插入">"表单控件">"按钮",将按钮命名为"生成泊松分布随机数"。

3)在 Excel 工具栏中找到"开发工具"下的"录制宏"工具按钮,并单击此按钮。

4)在弹出的窗口中,输入宏名为 poissonRand,并单击确定,如图 2-48 所示。

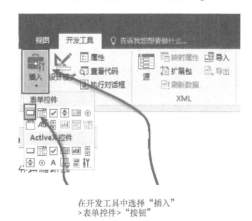

在开发工具中选择"插入"
>表单控件>"按钮"

图 2-47 在 Excel 中加入按钮控件

图 2-48 输入宏名

5）按一下功能键 F9，刷新泊松分布随机数，然后单击"开发工具">"停止录制"，这样在 Excel 中就将 F9 的动作录制下来了，成为宏。

单击"开发工具">"查看代码"，如图 2-49 所示，可以查看宏代码，并看到图 2-50 的 VBA 编辑窗口。

图 2-49　查看宏代码

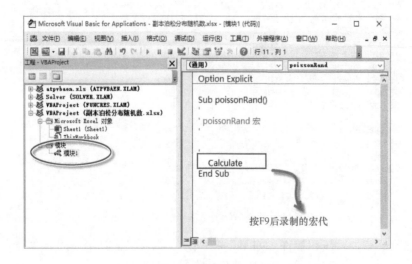

图 2-50　VBA 编辑窗口

在 VBA 编辑窗口中，选择左边的"工程">"VBAProject"子窗口中的"模块">"模块 1"，这时可以看到右边的代码窗口出现了录制的宏——Sub pissonRand()，此子程序（宏）只有一条语句：

Calculate

Calculate 就是按 F9 后在 Excel 内部执行的语句，现在要在这条语句的基础上增加一些新的代码，完成的代码如下：

```
Sub poissonRand()
    Dim pRandNum As Range
    Dim i As Integer
    Set pRandNum = Range("I6:I205")
    For i = 1 To 200
        Calculate
```

```
    pRandNum(i) = Cells(3,2).Value
  Next i
End Sub
```

上面的这段代码就是在单元格 I6：I205 内产生 200 个随机数，每一个随机数都存储在 pRandNum 这个数组当中，语句"Set pRandNum = Range（"I6：I205"）"将 pRandNum 与单元格 I6：I205 对应，而 I6：I205 的位置可以参看图 2-46，这些单元格存放的就是泊松分布随机数。

函数"Cells（3，2）.Value"为单元格第 3 行第 2 列的值，即 B3 单元格的值，对照图 2-46 可知，B3 单元格存放每一次生成的泊松分布随机数。

6）为按钮指定宏。在上一步编写了宏程序，可以将得到的泊松分布随机数写入单元格 I6：I205 中，现在需要将该函数与按钮控件绑定，做法如下：

① 用鼠标选择按钮控件，如图 2-51 所示的 ❶。

② 单击鼠标右键，在快捷菜单中选择"指定宏"，如图 2-51 所示的 ❷。

③ 在弹出的窗口中，出现了"poissonRand"的宏名，用鼠标选择该宏，如图 2-51 所示的 ❸。

完成上述工作后，单击按钮"生成泊松分布随机数"，就可以自动完成 200 个泊松分布随机数。对于这 200 个随机数，可以用数据透视表来观测它们的分布直方图，确定是否符合泊松分布。

图 2-51　指定按钮的宏为 poissonRand

上面介绍了如何利用 Excel 产生泊松分布随机数，在后面会讲到泊松到达过程，实际上，如果到达时间间隔符合指数分布，那么统计在单位时间内的到达人数，这样也可以得到泊松分布的随机数。

4. Excel 中的泊松分布函数

除了随机数的生成，Excel 所包含的函数还可以对泊松分布和指数分布随机变量的概率进行计算。

Excel 中使用 POISSON 函数来计算泊松分布的概率，其用法如下：

$$=\text{POISSON}(x,\text{MEAN},\text{FALSE})$$

该函数给出期望等于 MEAN、值为 x 的泊松随机变量的概率。

此外，Poisson 函数中如果为 TRUE，则得到的是累计概率，即
$$=\text{POISSON}(x,\text{MEAN},\text{TRUE})$$
该函数给出期望小于或者等于 MEAN，值为 x 的泊松随机变量的累计概率。

下面举例说明如何使用 POISSON 函数：

假设某超市每小时平均到达 40 名顾客，并且到达者服从泊松分布，请确定超市每小时到达顾客数为 10、15、20、25、…、70 名的概率及累计概率。

顾客到达是服从均值为 40 的 Poisson 分布，在一个 Excel 文件中，在 A 列输入每小时到达的顾客数：A3 单元格中输入 10，A4 单元格中输入 15，以此类推；

在 B3 单元格中输入以下公式：
$$=\text{POISSON}(A3,40,\text{FALSE})$$
可求出在每小时到达 10 名顾客的概率（A3 单元格的值为 10）。

在 C3 单元格中输入公式：
$$=\text{POISSON}(A3,40,\text{TRUE})$$
可以求出每小时到达 10 名顾客的累计概率。

其他各个单元格中输入的数据及公式如图 2-52 所示。用 Excel 得到均值为 40 的泊松分布的概率和累计概率见表 2-4。

	A	B	C
1	Poisson分布	（均值=40）	
2	x	概率	累计概率
3	10	=POISSON(A3,40,FALSE)	=POISSON(A3,40,TRUE)
4	15	=POISSON(A4,40,FALSE)	=POISSON(A4,40,TRUE)
5	20	=POISSON(A5,40,FALSE)	=POISSON(A5,40,TRUE)
6	25	=POISSON(A6,40,FALSE)	=POISSON(A6,40,TRUE)
7	30	=POISSON(A7,40,FALSE)	=POISSON(A7,40,TRUE)
8	35	=POISSON(A8,40,FALSE)	=POISSON(A8,40,TRUE)
9	40	=POISSON(A9,40,FALSE)	=POISSON(A9,40,TRUE)
10	45	=POISSON(A10,40,FALSE)	=POISSON(A10,40,TRUE)
11	50	=POISSON(A11,40,FALSE)	=POISSON(A11,40,TRUE)
12	55	=POISSON(A12,40,FALSE)	=POISSON(A12,40,TRUE)
13	60	=POISSON(A13,40,FALSE)	=POISSON(A13,40,TRUE)
14	65	=POISSON(A14,40,FALSE)	=POISSON(A14,40,TRUE)
15	70	=POISSON(A15,40,FALSE)	=POISSON(A15,40,TRUE)

图 2-52　各个单元格输入的数据及公式

从表 2-4 可以看出，当每小时顾客到达的数量为均值 40 时，此时概率值约为 0.063，此时的累计概率约为 0.542。泊松分布的概率密度曲线和累计概率曲线如图 2-53 和图 2-54 所示。

表 2-4　泊松分布的概率及累计概率（均值为 40）

x	概　率	累计概率
15	3.48836E-06	5.46398E-06
20	0.000191998	0.000368301
25	0.003083719	0.007566376
30	0.018465471	0.061694153
35	0.048538659	0.242414198
40	0.062947039	0.541918178
45	0.043965141	0.809650088
50	0.017707018	0.947371951
55	0.004343497	0.990321197
60	0.000678649	0.998799021
65	7.01116E-05	0.999897477
70	4.94328E-06	0.999993853

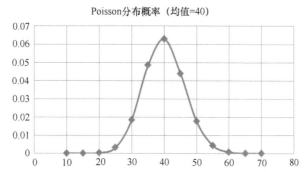

图 2-53　泊松分布概率密度曲线

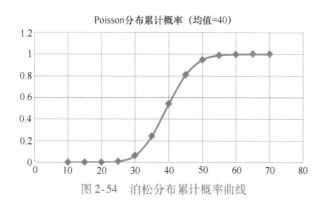

图 2-54　泊松分布累计概率曲线

2.9 利用 Excel 产生经验分布随机数

用按历史数据统计规律分布的随机数，可以得到按此概率分布的输入变量的抽样值。

如果某变量的历史数据（单位产品成本的概率分布）如图 2-55 所示，则可以根据其分布规律来产生随机数，并由此得到按该概率分布的输入变量的抽样值。下面以表 2-5 为例加以说明。

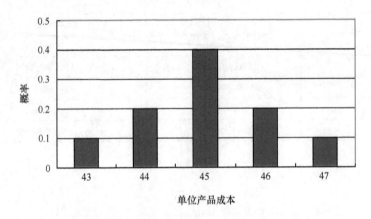

图 2-55 单位产品成本的概率分布

表 2-5 单位产品成本概率分布及其对应的随机数区间

	A	B	C	D
9	随机数区间的下限	随机数区间的上限	单位产品的成本/元	概 率
10	0.00	0.10	43	0.10
11	0.10	0.30	44	0.20
12	0.30	0.70	45	0.40
13	0.70	0.90	46	0.20
14	0.90	1.00	47	0.10

表 2-5 中，C 列表示单位产品的成本，它是一个随机变量，D 列表示该变量等于某数值的概率。例如单元格 D10 中的数值为 0.10，单元格 C10 中的数值为 43 元，表示单位产品的成本等于 43 元的概率为 0.10。C 列和 D 列中的数字都是已知的历史数据。表 2-5 中

第2章 随机数与计算机仿真建模初步

单位产品成本的概率分布可用直方图描述，如图 2-55 所示。

根据表 2-5 中 D 列的概率，可以得到代表这一概率的随机数区间。例如根据历史数据可知，单位产品成本为 43 元的概率为 0.10，这个概率可以用随机数区间（0.00，0.10）表示，由此可以得到表示不同单位产品成本的随机数区间。用 A 列与 B 列中的数字分别表示下限和上限，例如随机数区间为（0.00，0.10）时，A10 = 0.00，B10 = 0.10，依此类推。由此可以得到 A 列与 B 列的值。这样，就得到了一张由随机数区间下限、随机数区间上限、输入变量（本例中的输入变量是单位产品成本）这 3 列组成的随机数区间表，即表 2-5 中 A 列、B 列、C 列中的数据。

完成随机数区间表后，用 Excel 的 VLOOKUP 函数可以产生输入变量的抽样值，在单元格中输入下述公式：

＝VLOOKUP(RAND()，表左上角地址：表右下角地址，需要返回值所在列数)

仍以表 2-5 为例，若要在单元格中产生一个反映该表规律的单位产品成本抽样值，只要如图 2-56 那样，在单元格 B19 中输入：

＝VLOOKUP(RAND()，＄A＄10：＄C＄14，3)

或者

＝VLOOKUP(RAND()，＄A＄10：＄C＄14，3，TRUE)

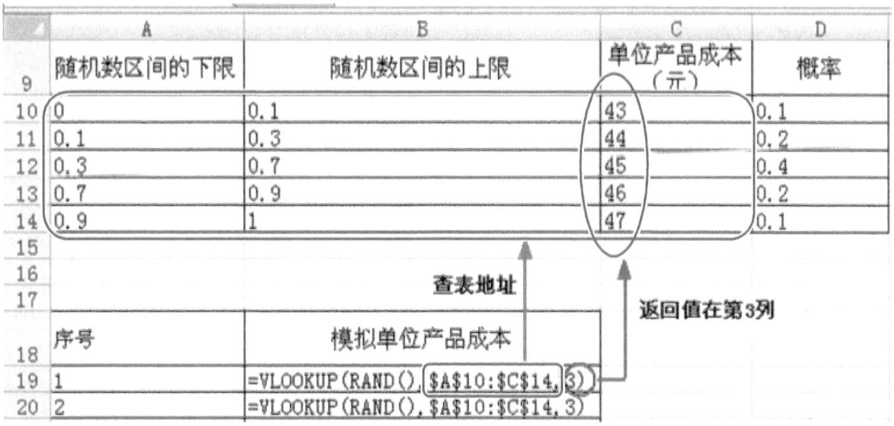

图 2-56 Excel 中公式及含义

式中，"＄A＄10：＄C＄14" 为随机数抽样表的区间范围；"3" 为该表中第 3 列是需要查找的对应单位产品的成本。

可以看到，利用 VLOOKUP 函数，就可以得到经验分布随机数，这种方法在后面的模型中还会多次使用。

本章习题

1. 利用蒙特卡罗模拟方法生成离散型分布随机数的步骤是什么？
2. 如何使用线性同余方法生成 (0, 1) 连续分布随机数？
3. 如何使用线性同余方法生成 [0, 50] 离散分布随机数？
4. 使用 Excel 模拟 50 名同学中出现生日相同的概率。
5. 在公主选驸马模型中，结合自己所学的知识，为公主设计选择策略并验证其效果。
6. 使用 Excel 软件练习生成如下分布的随机数：

   $a=1$，$b=20$，$c=8$ 的三角分布。

   $\mu=20$，$\delta=1$ 的正态分布。

   $\lambda=0.5$ 的指数分布。

   $\lambda=10$ 的泊松分布。

7. 一枚骰子进行投掷时，得到点数为 [1, 6] 的均匀分布随机数，现在如果将 6 枚骰子一起投掷，得到骰子的点数之和还是均匀分布吗？请建立仿真模型，做出 6 枚骰子点数和的概率分布图，对你的想法进行验证。

8. 在概率论中，投掷一枚硬币得到正、反面的概率分布为伯努利分布。现有一种非匀质硬币，其投掷得到正面的概率为 0.7，反面的概率为 0.3，现在将 5 枚这种硬币一起投掷，请对投掷过程建立一个仿真模型，并使用 Crystal Ball 进行模拟，得到硬币正反面分布的直方图。根据你学习过的概率知识，写出这 5 枚硬币正反面的概率分布密度函数。

参考文献

[1] SHELDON M R. 应用随机过程：概率模型导论 [M]. 龚光鲁，译. 11 版. 北京：人民邮电出版社，2016.

[2] FELLER W. An Introduction to Probability Theory and Its Applications [M]. 3rd ed. New York：Wiley, 1968：31-32.

[3] HUNTER J A H, MADACHY J S. Mathematical Diversions [M]. New York：Dover, 1975：102-103.

[4] BALL W W R, COXETER H S M. Mathematical Recreations and Essays [M]. 13th ed. NEW York：Dover, 1987：45-46.

第 3 章

排队论仿真建模

本章简介

本章主要讨论排队系统的仿真建模过程。首先介绍排队系统的基础知识,然后学习随机过程——泊松到达过程,这是排队论的基础。接着,通过港口系统仿真建模实例说明如何使用 Excel 软件构建单队列单服务台和单队列双服务台的排队系统仿真模型。最后,介绍仿真输出结果的统计分析方法。

本章要点

- 排队系统的基本结构
- 泊松随机过程
- 单队列单服务台排队系统仿真建模
- 单队列双服务台排队系统仿真建模
- 仿真输出分析

在日常生活中,人们经常遇到排队现象。例如到公共食堂买饭、到银行取钱、到医院看病时,常常需要排队。在经济活动中也有大量的排队现象,例如船舶等待进港、损坏的机器等待修理、积压的货物等待运输等,都涉及排队问题。实际上,在日常生活、生产活动、城市交通系统、银行系统、通信系统、计算机网络等社会经济系统中都普遍存在着排队现象。物流管理中的排队现象也有很多,如运输工具在仓储中心的卸货和装车过程,电商企业按订单分拣出库的过程,以及顾客去快递自提点取件的过程。

本章将讨论排队的数学模型,首先讨论描述排队论的一些基础知识以及常用术语,然后学习一些描述排队模型所需的分布。本章余下的内容将研究两个排队系统的模型。

3.1 排队论概述

排队系统由两部分组成,一部分是要求得到服务的人或设备(称之为顾客);另一部分是服务人员或服务机构(称之为服务机构,又称服务员、服务台)。由于排队系统中顾客的到达和服务时间具有随机性,所以排队系统又称随机服务系统。任何一个排队系统,都可以抽象地概括为以下过程:

1)顾客到达服务台。
2)当服务台有空闲时,立刻得到服务;当服务台不空闲时,则排队等待,直到服务台出现空闲时接受服务。
3)服务完毕后顾客离去。

排队系统的物理模型如图3-1所示。

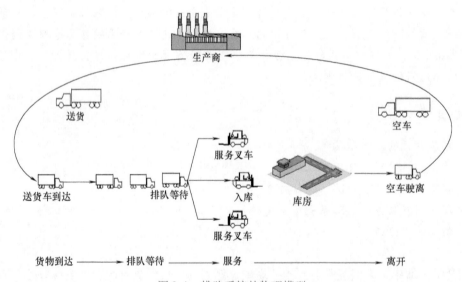

图3-1 排队系统的物理模型

研究排队系统的理论称为排队论(Queueing Theory),也称随机服务系统理论。它最早是由丹麦哥本哈根电话公司的职员爱尔朗在1917年研究电话排队系统时提出的。排队系统是由顾客和服务机构组成的,当服务设备不足时,会产生严重的排队现象,造成该服务系统服务水平低下以致失去顾客,这时,可行的方法是增加服务设备。但是,服务设备的增加需要对服务机构投资,而且当服务设备过多时,可能会使得服务设备的空闲时间增加、利用率降低,造成成本过高和浪费。所以,对排队系统的设计应从整个排队系统的整体利益出发,寻求整个排队系统的最优化。排队论的研究目的就是通过研究排队系统的性能与行为,对排队系统的设计或控制做出最佳决策,从而达到排队系统的整体最优。

现有的排队理论可以对一些典型的排队系统进行分析,并采用解析法计算出其稳态性能指标。但是,由于排队系统的随机性,对较复杂排队系统的数学描述和求解常常十分困难,这时运用仿真模型可以有效地进行处理。

当运用仿真方法处理排队问题时,通常要建立动态仿真模型。在本节将要介绍的排队系统中,每次仿真均受到前一次或前几次仿真结果的影响,例如在只有一个服务台的情况下,当前一个顾客未被服务完毕时,后一个顾客必须等待,直到前一个顾客离开服务台后,后一个顾客才能被服务。这时,需要用一个仿真时钟来记录各个顾客的到达时刻、被服务时刻与离去时刻等,这类仿真模型称为动态仿真模型。由于顾客到达或离开排队系统的时刻是不连续的(或称分立的、离散的),所以这类仿真模型又称为离散事件仿真模型。

要描述排队系统,必须规定输入过程和输出过程。表3-1给出了一些输入和输出过程的示例。

表 3-1 一些排队系统示例

场 景	输入过程(到达过程)	输出过程(服务过程)
银行	顾客到达银行	出纳员为顾客提供服务,顾客离开
库房	货车到达,进行装货	装货完成,离开库房
港口	船舶到达,准备装卸	装卸完成,船舶离开泊位

1. 输入过程

输入过程通常称为到达过程,到达者被称为顾客。在将要讨论的许多模型中,假设只有1个到达者可以在指定的瞬间到达(这个假设对于超市、银行等情况而言通常不成立)。如果有1个以上的顾客可以在指定的瞬间到达,则假设允许大批的顾客到达。

通常,假设到达过程不受系统中顾客数量的影响。在银行环境中,这意味着不管银行有500人或者5个人,决定顾客到达的过程保持不变。

在两种常见情况下,到达过程可能依赖于系统中的顾客数:

第1种情况是顾客从有限集合中抽取出来。假设一个库房只有4辆叉车,如果将叉车的修理过程视作排队过程,那么如果4辆叉车均处于修理状态,那么其后叉车到达修理的概率就为零。另一方面,如果4辆叉车全部在库房中进行作业,那么在不久的将来叉车到达修理的概率就比较高。从有限集合中抽取到达顾客的模型称为有限源模型。

第2种情况出现在队列变得过于长,超出了队列的容量,顾客的到达速率会降低。例如当顾客看到银行排队的队列非常长时,新的顾客可能会离开,改日再来。如果顾客到达了但是没有进入系统,就意味着顾客损失了。

如果到达过程不受系统中顾客数的影响,则通常规定用控制相继到达时间间隔的概率分布来描述顾客到达的状况。

2. 输出过程

为了描述排队系统的输出过程（通常称为服务过程），对服务过程可以用服务时间分布（概率分布）来描述为顾客的服务时间。在大多数情况下，可以设定服务时间分布不依赖于系统中的顾客数量。这意味着，当系统中的顾客增加时，服务台并不会加快工作速度。

服务台有两种排列方式：并行服务台和串行服务台。

如果所有的服务台提供相同类型的服务，顾客只需要通过一个服务台就能够完成服务，那么服务台是并行的。例如银行的出纳员通常是并行排列的，任何顾客只需要由一名出纳员服务，任何出纳员都可以执行同样的服务。

如果顾客必须通过几个服务台才能完成服务，那么服务台是串行的。装配线就是串行排队系统。

3. 排队规则

要完整地描述排队系统，还必须描述排队规则和顾客加入队伍的方式，排队规则描述是用来确定顾客服务顺序的方法。

先来先服务规则：先来先服务 FCFS（First Come，First Served）规则是最常见的排队规则，这一规则按照顾客到达的顺序提供服务。物流系统里普遍遵循 FCFS 规则，例如在库房进行卸载作业时，就是先到达的车辆先进行卸载。

后来先服务规则：后来先服务 LCFS（Last Come，First Served）规则是指最后的到达者会最先接受服务。如果把退出电梯看作是服务，拥挤的电梯则说明了 LCFS 规则。有时候，顾客到达的顺序不影响他们接受服务的顺序。从等待服务的顾客中随机挑选接受服务的下一位顾客就属于这种情况。这种情况被称为 SIRO（按随机顺序服务）规则。当致电航空公司者不挂线等候时，被选中的运气通常决定了接线员的下一个服务对象。

优先级排队规则：优先级排队规则是将所有到达顾客分为几个类别，每类有不同的优先级，顾客根据优先级不同，按照先来先服务规则接受服务。急救室通常使用优先级规则，以决定病人接受治疗的顺序。在计算机系统中，通常把优先级给予处理时间较短的作业。

4. 到达者加入队列的方式

对排队系统的行为有重大影响的另一个因素是顾客用于确定加入哪一个队列的方式。例如在有些银行中，顾客必须排成一队，而在另外一些银行中，顾客可以选择他们希望加入的队列。如果有多行队列，顾客通常加入最短的队列。遗憾的是，在许多情况下（比如超市），很难分辨出最短的队列。如果在排队设施前有多行队列时，那么了解是否允许顾客在队伍之间转移或者变换很重要，大多数多队列排队系统都允许变换。

3.2 建立到达和服务过程的模型

如前所述,假设在某个时刻,最多只有一个顾客到达。定义 t_i 为第 i 个顾客的到达时间。为了说明这种情况,如图 3-2 所示。

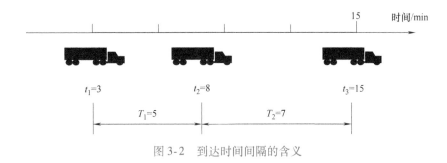

图 3-2 到达时间间隔的含义

当 $i \geq 1$ 时,定义 $T_i = t_{i+1} - t_i$ 为第 i 个顾客的到达时间间隔。

因此,在该图中,$T_1 = 8 - 3 = 5$,$T_2 = 15 - 8 = 7$。在建立到达过程的模型时,假设 T_i 的值是由随机变量 A 描述的独立并且连续的随机变量。

独立假设意味着 T_2 的值不影响 T_3、T_4 或者后面的 T_i 值。每一个 T_i 都是连续的假设,意味着到达时间间隔 T_i 为带有小数的实数,而非离散的整数,这一点很好理解,因为,两个顾客到达的时间间隔不一定恰巧为 1 或者 2min;比如,它可能是 1.558min。

在假设中,每一个到达时间间隔由相同的随机变量控制,假设意味着到达分布不依赖于一天中的某个时间或周中的某一天,这是固定到达时间间隔假设。在现实当中,一个系统经常会出现高峰时段,所以固定时间间隔假设通常不现实,但是可以把一天的分成不同的时间段,每个时间段的概率分布函数是不变的,这样就比较接近现实。例如如果给交通流量建模,可以把一天分成 3 个段:早上的高峰段、正午段和下午的高峰段。在以上各段中,到达的时间间隔可以是固定分布的。

假设 A 的密度函数是 $f(t)$。如果 Δt 很小,则 $P(t \leq A \leq t + \Delta t)$ 约等于 $\Delta t f(t)$。当然,负的时间间隔是不可能的,因此有

$$P(A \leq c) = \int_0^c f(t) \mathrm{d}t$$

$$P(A > c) = \int_c^\infty f(t) \mathrm{d}t \tag{3-1}$$

可以用 $\dfrac{1}{\lambda}$ 作为平均到达时间间隔。不失一般性,假如用 h 作为时间单位,那么 $\dfrac{1}{\lambda}$ 为平均每位顾客到达的间隔小时数,可以使用下列方程由 $f(t)$ 计算出 $\dfrac{1}{\lambda}$,即

$$\frac{1}{\lambda} = \int_0^\infty t a(t) \mathrm{d}t \tag{3-2}$$

从上面可知，λ 为到达速率，它为每小时到达顾客的数量。

在大多数排队系统中，重要的是选择随机变量 A 来反映现实情况，而且该分布函数在计算上是可行的。最常见的是指数分布函数，参数为 λ 的指数分布密度函数为 $a(t) = \lambda \mathrm{e}^{-\lambda t}$。当 t 很小时，$a(t)$ 下降得很快，这表明不可能出现很长的时间间隔。使用式（3-2）和分步积分法可以证明平均到达时间间隔 $E(A)$ 为 $1/\lambda$，即

$$E(A) = \frac{1}{\lambda} \tag{3-3}$$

图 3-3 所示为 $\lambda = 1$ 的指数分布概率密度函数。

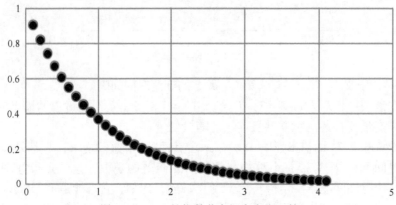

图 3-3　$\lambda = 1$ 的指数分布概率密度函数

使用 $A = E(A^2) - E(A)^2$，可以证明

$$\mathrm{var} A = \frac{1}{\lambda^2} \tag{3-4}$$

1. 指数分布的无记忆性

对于随机变量 A，如果 A 服从指数分布，则对于 t 和 h 的所有非负值，有以下特性（具体证明略）：

$$P(A > t+h \mid A \geqslant t) = P(A > h) = \mathrm{e}^{-h\lambda} \tag{3-5}$$

这一特性说明指数分布密度函数拥有无记忆性。

如何理解指数分布的无记忆性呢？假设在 t 小时最后一位顾客到达（等价于 $A \geqslant t$）后，那么在下一个 h 小时中（即 $A > t+h$）有顾客到达的概率为多少？根据式（3-5）可知，在 $(t+h)$ 小时内，顾客到达的概率不依赖 t 的值，对于 t 的所有值来说，这个概率等于 $P(A > h)$。简而言之，如果自上一个顾客出现后，已经过去了 t 时间单位，那么直到下次顾客到达的剩余时间（h）的概率不依赖时间 t。例如，如果 $h=4$，当 $t=5$、$t=3$、

$t=2$ 和 $t=0$ 时,由式(3-5)可求得,顾客在 4 小时内到达的概率都是相同的,因为
$$P(A>9\mid A\geqslant 5)=P(A>7\mid A\geqslant 3)=P(A>6\mid A\geqslant 2)=P(A>4\mid A\geqslant 0)=\mathrm{e}^{-4\lambda}$$

指数分布的无记忆性很重要,因为它意味可以知道下一个顾客到达的时间概率分布,自上一个顾客到达以后,下一个顾客到达的概率不受前一顾客的影响。现举例如下:

假设到达时间间隔服从 $\lambda=6$ 的指数分布,那么指数分布的无记忆性意味着自上次顾客到达之后不管经过多长时间,下一顾客到达时间的概率分布密度函数为 $6\mathrm{e}^{-6t}$。这意味着要预测未来的顾客到达情况,就不需要跟踪自上一次顾客到达之后经过了多长时间,这种观测可以略微简化排队系统的分析。

如果上一位顾客到达之后的时间的确影响到下一位顾客到达的时间,那么问题就比较麻烦。现在假设,前后顾客的到达是相互影响的,并且假设顾客在 5 小时和 100 小时内到达的概率均为 50%,即 $P(A=5)=P(A=100)=0.5$,并且,随机变量 A 是离散型的。

如果已知在过去的 6 小时中没有顾客到达,那么可以确定地知道下一位顾客到达的时间必然为 100 小时,还需等待的时间为 $100-6=94$ 小时,这样就显得很荒谬,近似于算卦。另一方面,如果已知在过去 1 小时没有顾客到达,则知到下一位顾客到达的时间有可能是 $5-1=4$ 小时(即在第 5 小时到达),也有可能是 $100-1=99$ 小时(即在第 100 小时到达)。因而在这种情况下,已知自上一位顾客到达之后流逝的时间,也无法容易地预测下一位顾客到达的时间间隔。

2. 泊松分布和指数分布之间的关系

在排队论中,指数分布是常见地描述顾客到达时间间隔的随机变量,但是并没有说明每次顾客到达的数量,而描述顾客到达的数量可以用泊松分布。

泊松分布定义如下:离散型随机变量 N 具有参数为 λ 的泊松分布,当 $n=0,1,2,\cdots$ 时,到达顾客数量为 n 的概率 $P(N=n)$ 可以表示为

$$P(N=n)=\frac{\mathrm{e}^{-\lambda}\lambda^{n}}{n!}\quad(n=0,1,2,\cdots)$$

泊松分布与指数分布存在如下的关系:

定理 1 当且仅当在时间间隔长度 t 中,到达顾客数量服从参数为 λt 的泊松分布时,时间间隔服从参数为 λ 的指数分布,如图 3-4 所示。

图 3-4 泊松分布与指数分布的关系

如果 N 是泊松随机变量，则可以证明 $E(N) = \mathrm{var}(N) = \lambda$，即泊松分布的平均值和方差都为 λ。如果把 N_t 定义为任一时间间隔长度 t 中的到达顾客数量，则定理1表明：

$$P(N_t = n) = \frac{\mathrm{e}^{-\lambda t}(\lambda t)^n}{n!} \quad (n = 0, 1, 2, \cdots)$$

由于 N_t 服从参数为 λt 的泊松分布，所以 $E(N_t) = \mathrm{var}(N_t) = \lambda t$。在时间间隔长度 t 中平均有 λt 名到达者，因而可以把 λ 看作是单位时间到达顾客的平均数量或者到达率。

到达时间间隔要服从指数分布，需要哪些假设呢？需要满足下面2个假设：

1）在非重叠时间间隔上到达的顾客数量是独立的。

例如，无法根据 00：01—00：10 之间的到达顾客数量来推断在时间 00：30—00：50 之间的到达顾客数量。

2）当 Δt 以及 t 的任意值很小时，在时间 t 和 $t + \Delta t$ 之间有1个到达顾客的概率是 $\lambda \Delta t + o(\Delta t)$，其中 $o(\Delta t)$ 指满足下式的任何量：

$$\lim_{\Delta t \to 0} \frac{o(\Delta t)}{\Delta t} = 0$$

此外，在 t 和 $t + \Delta t$ 之间没有到达顾客的概率是 $1 - \lambda \Delta t + o(\Delta t)$，在 t 和 $t + \Delta t$ 之间出现1个以上的到达顾客的概率是 $o(\Delta t)$。

这两个假设都符合日常现象，第1条假设，用通俗的语言来说就是顾客和顾客之间不存在任何关系，他们到达是互不相关的。第2条假设就是说在很小的时间段中，每次只有1个顾客到达，这条假设也很好解释，如果有一批顾客到达（例如从公共汽车上下来一群顾客），那么可以将时间段划分成非常短的时间片段，在无限短的时间段里，到达的顾客仍然是1个顾客。

定理2 如果假设1和假设2成立，那么 N_t 服从参数为 λt 的泊松分布，到达时间间隔服从参数为 λ 的指数分布，即 $a(t) = \lambda \mathrm{e}^{-\lambda t}$。

实质上，定理2表明如果到达速率是固定的，如果没有大批顾客到达，并且过去到达的顾客不影响后来到达的顾客，则到达时间间隔将服从参数为 λ 的指数分布，在任意时间间隔长度 t 中的到达者数量服从参数为 λt 的泊松分布。定理2的假设的限制性似乎很强，但是即使不满足定理2的假设，到达时间间隔通常也服从指数分布。在许多情况下，指数到达时间间隔的假设证明是非常接近于现实状况的。

3. 通过指数分布随机数观测泊松分布

前面介绍了指数分布的特性及指数分布和泊松分布之间的关系，接下来将介绍指数分布及泊松分布公式，并通过1个实例展示整个过程及2种分布之间的关系，也就是可以通过指数分布的到达过程观测泊松分布。

指数分布累计概率函数如式（3-6）所示。利用式（3-6）可得随机变量 x 的反函数（见式（3-7）），该式就是指数分布生成随机数公式。

第3章 排队论仿真建模

$$P(x) = F(x, -\lambda) = 1 - e^{-\lambda x} \tag{3-6}$$

$$x = \frac{-1}{\lambda} LN(1 - P) \tag{3-7}$$

现假设一个排队系统，系统成员的到达时间间隔服从 $\lambda = 10$ 的指数分布，则可以在 Excel 中模拟基于指数分布的随机到达。Excel 布局如图 3-5 所示，建模过程如下：

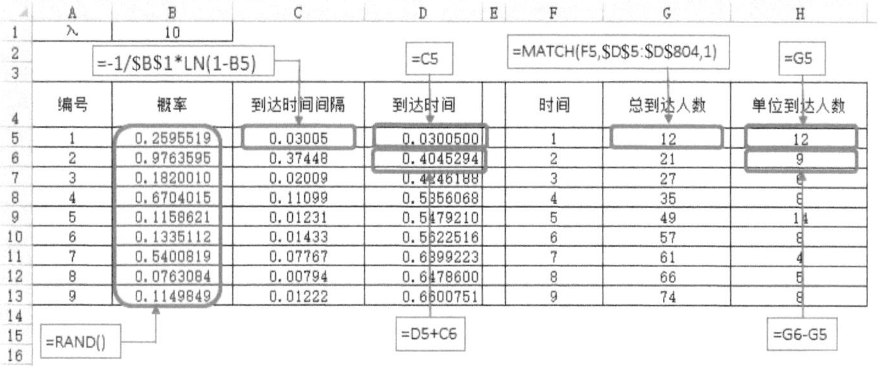

图 3-5 Excel 中生成指数分布随机数

1）在 B1 单元格中输入 λ 值 10。

2）分别在行单元格 A4~H4 中输入 "编号" "概率" "到达时间间隔" "到达时间" "时间" "总到达人数" 和 "单位到达人数"。

3）在 "编号" 列，从 A5 单元格开始，依次在 A5~A804 单元格中输入 1, 2, 3, …, 800。

4）在 B5~B804 单元格中输入公式：

$$= RAND( )$$

用于产生 800 个随机数。

5）到达时间间隔是指队列中两个成员到达的间隔时间，根据式（3-7）产生。在 C5 单元格中输入公式：

$$= -1 / \$B\$1 * LN(1 - B5)$$

式中，符号 $ 表示对单元格的绝对引用。

6）输入完成后，把鼠标放到 C5 单元格的右下角，鼠标变成一个细十字符号后，向下填充公式。

7）到达时间是到达时间间隔的累加，在 D5 单元格中输入公式：

$$= C5$$

8）在 D6 单元格中输入公式：

$$= D5 + C6$$

9）输入完成后把鼠标放在 D6 单元格的右下角，变成细十字后向下填充公式；

通过以上步骤，完成生成指数分布随机数的建模，为了进一步揭示指数分布和泊松分布之间的关系，本例将进一步计算单位时间的到达人数。

10）在 F 列，从 F5 开始，依次输入 1，2，3，…，270，表示时间。

11）在 G5 单元格中输入公式：

$$= \mathrm{MATCH}(F5, \$D\$5:\$D\$804, 1)$$

12）计算截至某一时间点到达的总人数，输入完成后把鼠标放在 G5 单元格的右下角，鼠标变成一个十字符号后向下填充公式。

13）在 H5 单元格中输入：

$$= G5$$

14）在 H6 单元格中输入：

$$= G6 - G5$$

15）输入完成后把鼠标放在 H6 单元格右下角，鼠标变成一个十字符号后长按鼠标向下填充公式。

生成 800 个指数分布随机数后，按照如下步骤生成数据透视图，直观地观察到达时间间隔的分布。

1）选中区域 C4：C804。

2）打开"插入"菜单，选择"数据透视表"，插入一张数据透视表。

3）在弹出的"数据透视表字段"窗口中，选中"到达时间间隔"，并且把"到达时间间隔"同时拖到"行"和"值"两个栏内，在"值"栏进行"值字段"设置，将到达时间间隔值的计算类型设置为"计数"，如图 3-6 所示。

4）把 Excel 光标放到数据透视表的行标签数据列，在"数据透视表工具>分析"菜单下单击"组选择"按钮。

5）设置分组的起始值为 0，终止值为 1，步长为 0.05，确定后得分组的数据透视表。

6）选中"计数项：到达时间间隔"数据列，运用菜单"开始>条件格式>数据条"，将该数据列设置为"数据条"的格式，最终得图 3-7。

从图 3-7 可以看出，C5：C804 的到达时间间隔呈现指数分布的形状。指数分布的期望为 $1/\lambda$，计算到达时间间隔的期望可得值为 0.0965（由于 B 列用 RAND() 生成的随机数不同，每次刷新表格时该期望值会有变动），约等于 1/10，进一步验证了到达时间间隔为指数分布。

图 3-6　数据透视表建立过程

从上文指数分布和泊松分布的关系中能够看出，可以从指数分布得到泊松分布。具体到本例中，队列成员的到达时间间隔服从指数分布，则 H5：H804 单位时间内到达成员数量会服从泊松分布。对区域 F5：H804 采用数据透视表，统计单位时间内到达人数的分布，就会得到如图 3-8 所示的泊松分布，具体过程在此省略。

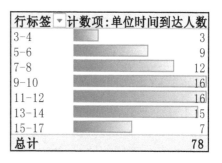

图 3-7　到达时间间隔的分布　　　　图 3-8　单位时间到达人数的分布

从图 3-8 能够看出，单位时间到达人数的分布呈现出泊松分布。泊松分布的期望为 λ，在本例中，到达的成员总数为 800，成员停止到达的时间为 80，期望值等于 10，服从泊松分布特性。图 3-7、图 3-8 是同一到达过程的两种分布，如同一枚硬币的正反面，从不同角度观察，会看到不同的面。

3.3　等待时间悖论

本节简单介绍一下有趣的等待时间悖论。

假设到达某车站的公共汽车时间间隔服从指数分布，平均到达时间为 60min。如果随机选择时间去车站乘车，则乘客必须平均等待多长时间？

指数分布的无记忆性意味着不管自上次公共汽车到达之后经过了多长时间，乘客仍然要平均等待 60min，下一辆公共汽车才会到达。这个答案确实是正确的，但是它似乎与下面的论点相矛盾。平均来讲，在随机时间到达的人应当在相继到达的两辆公共汽车的时间间隔的时间中点到达。如果在时间间隔的中点到达，公共汽车的平均到达间隔是 60min，所以有人认为必须平均等待 $\frac{1}{2} \times 60\text{min} = 30\text{min}$。为什么这种观点不正确呢？这只是因为公共汽车的到达时间间隔超过了60min。这种反常情况是因为在较长的时间间隔内，公共汽车到达的概率大于在较短的时间间隔内汽车到达的概率。为了说明这种情况，假设所有公共汽车中有一半运行30min离开，另一半运行90min离开。有人可能会认为公共汽车的平均时间间隔是60min，所以乘客平均等待时间就是$\frac{1}{2}\times 60\text{min}=30\text{min}$，但这是不正确的。

看一下公共汽车到达时间间隔的典型顺序（见图3-9），如果一半公共汽车的到达时间间隔是30min，另一半公共汽车是90min。很明显，一个人在90min时间段上到达的概率将是$\frac{90}{90+30}=\frac{3}{4}$。在30min时间段到达的概率是$\frac{30}{30+90}=\frac{1}{4}$。因此，乘客的平均等待时间间隔是$\frac{3}{4}\times 90\text{min}+\frac{1}{4}\times 30\text{min}=75\text{min}$。平均来讲，如果乘客确实在公共汽车到达时间间隔的中点到达，所有乘客的平均等待时间将是$\frac{3}{4}\times\frac{1}{2}\times 90\text{min}+\frac{1}{4}\times\frac{1}{2}\times 30\text{min}=37.5\text{min}$，这个时间比30min要长。

可以证明，如果A是表示两辆公共汽车到达时间之间的随机变量，那么式（3-8）给出了直到下一辆公共汽车（同样可能在任意时间到达的乘客看到的公共汽车）到达的平均时间，即

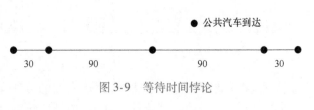

图3-9 等待时间悖论

$$\frac{1}{2}\left[E(A)+\frac{\text{var}A}{E(A)}\right] \tag{3-8}$$

现在用式（3-8）分析乘客的等待时间。若汽车到达时间间隔服从指数分布，期望为60min，则方差为3600，即$\lambda=1/60$，$E(A)=60\text{min}$，$\text{var }A=3600\text{min}^2$。代入式（3-8）可得平均等待时间为$\frac{1}{2}\left(60+\frac{3600}{60}\right)\text{min}=60\text{min}$。

3.4 单队列单服务台排队系统仿真建模

1. 用Excel构建离散事件系统仿真模型的流程

用Excel构建离散事件系统（Descrete Events System，DES）仿真模型的流程如下：

1）首先利用已知条件，建立离散事件概率分布表，在概率分布表中需要给出离散事件概率区间的上限和下限，以及对应的离散事件数值。

2）在Excel中生成（0，1）之间的均匀分布随机数。

3）利用 Excel 的 VLOOKUP 函数，查找随机数对应的离散事件数值。

上述流程的原理在 2.2 节中介绍蒙特卡罗模拟时已经讨论过，这里不再赘述。下面以一个港口系统的仿真模型为例，介绍如何采用上述流程建立仿真模型。

2. 港口系统仿真建模实例

港口是重要的物流设施，一艘船进入港口后，需要停靠在泊位上进行装船、卸船作业，如果泊位已经满了，则船舶需要排队等待，一直到有空泊位。船舶在海上航行的费用很高，如果船舶需要长时间等待，则会对船主造成不必要的损失。另一方面，港口的泊位也是有限的，泊位的船舶装卸作业设备（如抓斗、集装箱装卸桥）进行作业也需要一定的时间，泊位上的作业时间不可能无限制缩短。所以，可以将港口视作一个排队系统，船舶视作到达的顾客，而泊位视作服务台，为船舶提供服务。在这种情况下，可以采用排队论来分析合理的泊位数量，以满足船舶停靠港口的需求。

这里使用蒙特卡罗仿真方法，建立单队列单服务台的仿真模型，解决船舶到港卸载问题。

如图 3-10 所示，某个港口进港的油轮到达时间间隔服从表 3-2 的分布，该港口有 1 个泊位，该泊位通过管道与港口的储油罐连接，油轮必须停靠在泊位

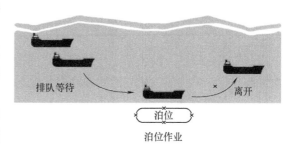

图 3-10　港口油轮的卸载作业

上，将油轮的阀门与泊位管道连接后卸油。已知油轮卸载的时间取决于油轮的大小，巨型油轮需要 4 天才能卸完，中型油轮需要 3 天卸载，小型油轮需要 2 天卸载。如果先期到达的油轮占用了泊位，后面到达的油轮按照先到先服务的原则，只能在港口区排队等候；如果泊位是空闲的，则到达油轮就可以直接停靠进行卸载，否则需要等到前一艘油轮卸载完成后才能进入泊位卸载。表 3-2 给出了油轮到达时间间隔的概率分布，表 3-3 给出了油轮类型的概率分布，表 3-4 给出了油轮卸载时间。现在对这个港口的油轮作业进行仿真建模，并统计港口中排队等待的平均油轮数量、油轮在港口逗留的平均天数和泊位的空闲概率。

表 3-2　油轮到达时间间隔概率分布

到达时间间隔/天	概　　率
1	0.20
2	0.25
3	0.35
4	0.15
5	0.05

表 3-3　油轮类型概率分布

油 轮 类 型	概　　率
巨型油轮	0.40
中型油轮	0.35
小型油轮	0.25

表 3-4　油轮卸载时间

油 轮 类 型	时间/天
巨型油轮	4
中型油轮	3
小型油轮	2

按照排队论理论，油轮作业是按照油轮到达、排队等待、进行卸载的过程进行，仿真过程也按照这一流程逐步建立油轮在港口作业的模型。

（1）油轮类型模拟

从上面的描述可知，首先需要模拟到达油轮的类型，根据表 3-3 可知，到达油轮类型的概率是不同的。所以需要根据表 3-3 的油轮类型概率分布，生成均匀分布的随机数，根据随机数建立与之相匹配的油轮类型，这样就可以模拟生成油轮的类型。

1）根据表 3-3 建立油轮类型的概率分布表。

首先，在 Excel 中，将表 3-3 的数据输入 Excel，如图 3-11 所示。

	A	B
1	油轮类型概率分布表	
2	油轮类型	概率
3	巨型油轮	0.4
4	中型油轮	0.35
5	小型油轮	0.25

图 3-11　输入油轮类型概率数据

其次，计算油轮的累计概率，方法如下：

在 C3 单元格中输入公式：

= B3

在 C4 单元格中输入公式：

= C3 + B4

C5 单元格中输入的公式可以采用自动填充的方法得到。其输入公式如图 3-12 所示，计算结果如图 3-13 所示。

根据概率与数理统计知识可知，累计概率的值应当等于 1，如果累计概率计算结果不等于 1 就说明计算出现了问题。

根据累计概率，需要建立一个如表 3-5 所示的随机数区间表。

2）确定油轮类型的概率区间，如图 3-14 所示。

根据前面得到的累计概率，就可以确定油轮类型的概率区间。

第3章 排队论仿真建模

	A	B	C
1	油轮类型概率分布表		
2	油轮类型	概率	累计概率
3	巨型油轮	0.4	=B3
4	中型油轮	0.35	=C3+B4
5	小型油轮	0.25	=C4+B5

图 3-12　油轮类型累计概率计算公式

	A	B	C
1	油轮类型概率分布表		
2	油轮类型	概率	累计概率
3	巨型油轮	0.4	0.40
4	中型油轮	0.35	0.75
5	小型油轮	0.25	1.00

图 3-13　油轮类型累计概率计算结果

表 3-5　油轮类型随机数区间

油轮类型	概　率	累计概率	随机数区间
巨型油轮	0.4	0.40	(0.00, 0.40]
中型油轮	0.35	0.75	(0.40, 0.75]
小型油轮	0.25	1.00	(0.75, 1)

	A	B	C	D	E
1	油轮类型概率分布表				
2	油轮类型	概率	累计概率	概率区间下限	概率区间上限
3	巨型油轮	0.4	0.40	0.00	0.40
4	中型油轮	0.35	0.75	0.40	0.75
5	小型油轮	0.25	1.00	0.75	1.00

图 3-14　油轮类型的概率区间

首先，来看巨型油轮的概率区间分布，因为巨型油轮的累计概率为 0.40，所以，对于巨型油轮而言，其分布的概率区间应该为 (0，0.40]。

在单元格 D3 中输入 0，该值为概率区间下限；

在单元格 E3 中输入公式：

$$= C3$$

得到巨型油轮的概率区间上限。

其次，再看中型油轮的概率区间分布，因为中型油轮的累计概率为 0.75，其分布的概率区间为 (0.40，0.75]，概率区间的分布有以下关系：

概率区间下限 = 巨型油轮概率区间的上限

概率区间上限 = 中型油轮的累计概率值

根据以上关系，在单元格 D4 中输入公式：

$$= E3$$

得到中型油轮的概率分布区间下限。

在单元格 E4 中输入公式:

$$=C4$$

得到中型油轮的概率分布区间上限。

对于小型油轮,其累计概率值为 1.0,概率区间为 (0.75,1),在 Excel 中,可以采用自动填充的方式,得到小型油轮的概率区间下限及上限。

确定油轮类型的概率分布区间公式如图 3-15 所示。

	A	B	C	D	E
1	油轮类型概率分布表				
2	油轮类型	概率	累计概率	概率区间下限	概率区间上限
3	巨型油轮	0.4	=B3	0	=C3
4	中型油轮	0.35	=C3+B4	=E3	=C4
5	小型油轮	0.25	=C4+B5	=E4	=C5

图 3-15 确定油轮类型概率分布区间公式

为了便于使用 Excel 的函数,需要将刚才得到的油轮类型概率分布表做一下调整,将单元格 A2、A3、A4、A5(即 A2:A5)平移到 F2:F5,平移后,得到的 Excel 表如图 3-16 所示。

	A	B	C	D	E	F
1		油轮类型概率分布表				
2		概率	累计概率	概率区间下限	概率区间上限	油轮类型
3		0.4	0.40	0.00	0.40	巨型油轮
4		0.35	0.75	0.40	0.75	中型油轮
5		0.25	1.00	0.75	1.00	小型油轮

图 3-16 调整后的油轮类型概率分布表

3)在 Excel 建立模拟表格标题。

在 A11 单元格中输入"序号",在 B11 单元格中输入"油轮类型随机数",在 C11 单元格中输入"油轮类型",在 D11 单元格中输入"油轮到达时间间隔",E11 单元格中输入"油轮到达时刻",在 F11 单元格中输入"油轮开始卸载时刻",在 G11 单元格中输入"油轮卸载作业时间",在 H11 单元格中输入"油轮离开时刻",在 I11 单元格中输入"油轮等待时间",在 J11 单元格中输入"油轮等待队列长度",得到的 Excel 表格如图 3-17 所示。

	A	B	C	D	E	F	G	H	I	J
11	序号	油轮类型随机数	油轮类型	油轮到达时间间隔	油轮到达时刻	油轮开始卸载时刻	油轮卸载作业时间	油轮离开时刻	油轮等待时间	油轮等待队列长度
12	1									
13	2									
14	3									
15	4									

图 3-17 在 Excel 中输入仿真的各项数据名称

在单元格 B12：B15 中产生 4 艘油轮的类型随机数，其产生方法是在单元格 B12 中输入公式：

$$= \text{RAND}() \tag{3-9}$$

得到第 1 艘油轮的类型随机数，将式（3-9）复制到单元格 B13：B15。

为了确定单元格 B12 的随机数对应的油轮类型，可以采用 Excel 中的查表函数 VLOOKUP 近似匹配（VLOOKUP 的用法可以参见前面关于生成经验分布随机数的内容）。

在单元格 C12 中输入公式：

$$= \text{VLOOKUP}(B12, \$D\$3:\$F\$5, 3)$$

或者

$$= \text{VLOOKUP}(B12, \$D\$3:\$F\$5, 3, \text{TRUE})$$

注意，不要写成

$$= \text{VLOOKUP}(B12, \$D\$3:\$F\$5, 3,)$$

在 VLOOKUP 函数中，最后一个参数默认为 TRUE 或者默认值，表示采用近似匹配的查找方式；若最后一个参数为 FALSE 或者逗号，表示采用精确匹配的查找方式。

这样，就得到了 B12 的随机数所对应的到达油轮类型。

将 C12 公式复制（自动填充）至 C15，得到了 4 艘随机到达油轮的类型，公式如图 3-18 所示，产生的油轮类型如图 3-19 所示。

	A	B	C
11	序号	油轮类型随机数	油轮类型
12	1	=RAND()	=VLOOKUP(B12,$D$3:$F$5,3)
13	2	=RAND()	=VLOOKUP(B13,$D$3:$F$5,3)
14	3	=RAND()	=VLOOKUP(B14,$D$3:$F$5,3)
15	4	=RAND()	=VLOOKUP(B15,$D$3:$F$5,3)

图 3-18　油轮类型随机产生的计算公式

	A	B	C	D
11	序号	油轮类型随机数	油轮类型	油轮到达时间间隔
12	1	0.045199680	巨型油轮	
13	2	0.436872232	中型油轮	
14	3	0.384185761	巨型油轮	
15	4	0.072317004	巨型油轮	

图 3-19　随机产生的油轮类型

现在可对图 3-19 的结果进行验证。

第 1 艘到达油轮类型的随机数为 0.045199680，此数落在区间（0.00，0.40]之间，查表可知，该随机数代表巨型油轮；第 2 艘到达油轮类型的随机数为 0.436872232，该随机数落在区间（0.40，0.75]之间，查表可知，该随机数代表中型油轮。

其实，根据上面的过程，可以知道，油轮类型产生的随机方法就是最初所说的蒙特卡罗模拟方法。

（2）油轮到达过程模拟

油轮到达过程模拟包括油轮的到达、排队等待这两个流程的模拟。

1）油轮到达模拟。与油轮到达密切相关的变量有"油轮到达时间间隔""油轮到达时刻"。

首先，确定油轮到达时间间隔。

根据表 3-2 给定的油轮到达时间间隔概率分布，可以建立如表 3-6 所示的油轮到达时间间隔的概率区间。

表 3-6　油轮到达时间间隔的概率区间

到达时间间隔/天	概　率	累计概率	概　率　区　间
1	0.20	0.20	(0.00，0.20]
2	0.25	0.45	(0.20，0.45]
3	0.35	0.80	(0.45，0.80]
4	0.15	0.95	(0.80，0.95]
5	0.05	1.00	(0.95，1.00]

根据上表，和前面采用的方法相似，将此表输入 Excel 中，在单元格 H1：L7 建立油轮到达时间间隔概率分布表，如图 3-20 所示。

	H	I	J	K	L
1	油轮到达时间间隔概率分布				
2	概率	累计概率	概率区间下限	概率区间上限	到达时间间隔（天数）
3	0.20	0.20	0.00	0.20	1
4	0.25	0.45	0.20	0.45	2
5	0.35	0.80	0.45	0.80	3
6	0.15	0.95	0.80	0.95	4
7	0.05	1.00	0.95	1.00	5

图 3-20　油轮到达时间间隔概率分布

第3章 排队论仿真建模

根据图 3-20 得到的油轮到达时间间隔概率分布表，可以模拟生成油轮的到达时间间隔，在单元格 D12 中输入公式：

=VLOOKUP(RAND(),$J$3:$L$7,3)

或者

=VLOOKUP(RAND(),$J$3:$L$7,3,TRUE)

公式如图 3-21 所示。

	C	D
11	油轮类型	油轮到达时间间隔
12	=VLOOKUP(B12,$D$3:$F$5,3)	=VLOOKUP(RAND(),$J$3:$L$7,3)

图 3-21　油轮到达时间间隔的计算公式

将 D12 单元格中的公式复制到（自动填充）单元格 D13：D15，就得到其他 3 艘油轮的到达时间间隔，模拟结果如图 3-22 所示。

	A	B	C	D
11	序号	油轮类型随机数	油轮类型	油轮到达时间间隔
12	1	0.225149543	巨型油轮	4
13	2	0.497463026	中型油轮	4
14	3	0.852177223	小型油轮	3
15	4	0.709330513	中型油轮	2

图 3-22　油轮到达时间间隔的计算结果

其次，确定油轮到达时刻。

油轮的到达时刻与油轮的到达时间间隔密切相关，二者满足以下关系：

油轮的到达时刻 = 前一艘油轮的到达时刻 + 本艘油轮的到达时间间隔

第 1 艘油轮的到达时刻 = 该油轮到达时间间隔

根据以上关系式，在单元格 E12 中输入公式：

=D12

如图 3-23 所示，得到第 1 艘油轮的到达时刻。

在单元格 E13 中输入公式：

=D13+E12

SUM　=D12

	A	B	C	D	E
11	序号	油轮类型随机数	油轮类型	油轮到达时间间隔	油轮到达时刻
12	1	0.461699304	中型油轮	3	=D12

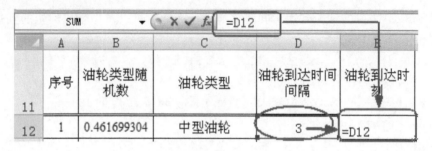

图 3-23　第 1 艘油轮的到达时刻

如图 3-24 所示，这样可以得到第 2 艘油轮的到达时刻。

	A	B	C	D	E
11	序号	油轮类型随机数	油轮类型	油轮到达时间间隔	油轮到达时刻
12	1	0.461699304	中型油轮	3	3
13	2	0.891585643	小型油轮	3	=D13+E12

图 3-24　第 2 艘油轮的到达时刻

对于其他以后到达的油轮，可以将第 2 艘油轮（单元格 E13）中的公式复制（自动填充）到相应的单元格，这样可以得到该油轮的到达时刻。

2）油轮排队模拟。与油轮排队等待密切相关的变量有“油轮卸载作业时间”“油轮离开时间”“油轮开始卸载时刻”。

首先，确定油轮卸载作业时间。

根据表 3-4 可知，油轮的卸载时间与油轮类型密切相关，为了模拟油轮卸载时间，在 Excel 的 N3：O5 单元格中建立油轮卸载时间表，如图 3-25 所示。

	N	O
1	油轮卸载作业时间	
2	油轮类型	时间（天数）
3	巨型油轮	4
4	中型油轮	3
5	小型油轮	2

图 3-25　不同类型油轮卸载时间情况

在单元格 G12 中输入公式：

=VLOOKUP(C12,$N$3:$O$5,2,FALSE)

公式中使用的 VLOOKUP 函数为 Excel 中的查表函数，该函数中第 1 个参数为 C12，在单元格 C12 中存储的是随机的油轮类型；第 2 个参数为 $N$3：$O$5（其中，符号 $ 为单元格的绝对地址），在单元

格 \$N\$3：\$O\$5 中存储的是油轮卸载时间表；第 3 个参数为 2，表示返回油轮卸载时间表的第 2 列值；第 4 个参数为 FALSE，表示采用精确查找模式，因为 C12 单元格中的油轮类型必须与 N3：O5 的油轮类型严格匹配，所以在这里必须用精确查找模式，如图 3-26 所示。

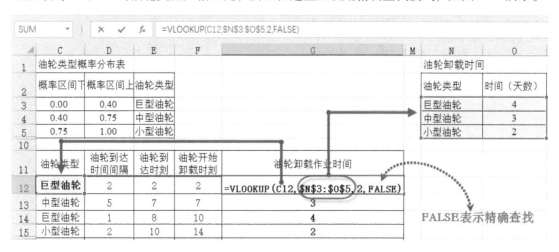

图 3-26 油轮卸载时间的公式

将单元格 G12 的公式复制（自动填充）到 G13：G15，可以得到其他油轮的卸载作业时间。

其次，确定油轮离开时刻。

油轮卸载完成后，就可以离开港口。油轮离开时刻满足下面的关系式：

油轮离开时刻 = 油轮开始卸载时刻 + 油轮卸载作业时间

根据该关系式，对于第 1 艘油轮而言，其离开时刻值对应的是单元格 H12 的值，在单元格 H12 中输入公式：

= F12 + G12

将上述公式复制到（自动填充）单元格 H13：H15。可以得到前 4 艘船的离开时刻。

最后，确定油轮开始卸载时刻。

到目前为止，虽然已经对油轮离开过程建立了模拟模型关系，但是 Excel 中 F 列"油轮开始卸载时刻"的模型公式一直空着，这是因为每艘油轮能否开始卸载与泊位的状态有关，泊位被前一艘油轮占用时，这艘油轮就必须排队等待，其卸载的时间要推迟到前一艘油轮离开之后，因此当确定了前一艘油轮的离开时刻，才能确定当前到达油轮开始卸载的时刻。

对于第 1 艘油轮，其到达时泊位处于空闲状态，因此该油轮的开始卸载时刻等于到达时间，故在单元格 F12 中输入公式：

= E12

模拟得到第 1 艘油轮的开始卸载时间。

对于第 2 艘油轮，情况不太一样，从第 2 艘油轮开始，卸载时刻满足以下关系：

```
If(泊位空闲)
    到达油轮开始卸载时刻 = 到达时刻；
Else
    到达油轮开始卸载时刻 = 前艘油轮离开时刻。
```

而泊位状态的判断依据以下关系：

```
If(油轮到达时刻≥前艘油轮离开时刻)
    泊位状态 = 空闲；
Else
    泊位状态 = 忙。
```

对上述关系分析后发现，从第 2 艘到达油轮起，其开始卸载时刻满足下面的关系式：

到达油轮开始卸载时刻 = MAX(油轮到达时刻,前艘油轮离开时刻)

即：到达油轮开始卸载的时刻取该油轮到达时刻与前一艘油轮离开时刻二者的最大值。

因此，在单元格 F13 中输入公式（见图 3-27）：

= MAX(E13,H12)

	E	F	G	H	I	J
11	油轮到达时刻	油轮开始卸载时刻	油轮卸载作业时间	油轮离开时刻	油轮等待时间	油轮等待队列长度
12	2	2	3	5	0	0
13	6	=MAX(E13,H12)	3	9	0	0

图 3-27　油轮开始卸载时间的计算公式

将单元格 F13 的公式复制（自动填充）到单元格 F14：F15，这样就得到 4 艘油轮的开始卸载时刻。

（3）模型统计分析

至此，油轮到港卸载的模拟模型就建立起来了，但是，仅仅对几艘船进行模拟是远远不够的，由于油轮到港的模型是一个随机模型，若要保证模拟过程的有效性和一致性，需要模拟大量的数据。

现模拟 1500 艘油轮的到港情况，得到的模拟结果如图 3-28 所示。

经过模拟，最后一艘油轮离开的时刻为第 5473 天。由于模型中随机数据在每次模拟时都不相同，因此在做模拟时，每个人得到的结果也不尽相同，但是结果应当基本一致，为第 5400～5500 天。

到目前为止，本书建立了一个模拟模型，并对该模型进行了一番模拟，得到上面的结果，但根据这个结果仍然无法对此港口的状况进行评价。如果对一个模型不做任何统计分析，那么这个模型建的再好也没有多大的意义，物流仿真就会变成为建模而建模，成为一种建模技巧的炫耀。

第3章 排队论仿真建模

	A	B	C	D	E	F	G	H
11	序号	油轮类型随机数	油轮类型	油轮到达时间间隔	油轮到达时刻	油轮开始卸载时刻	油轮卸载作业时间	油轮离开时刻
12	1	0.540276660	中型油轮	2	2	2	3	5
13	2	0.877861215	小型油轮	2	4	5	4	9
14	3	0.833196705	小型油轮	3	7	9	4	13
15	4	0.195623788	巨型油轮	3	10	13	4	17
111	100	0.168107985	巨型油轮	2	285	366	4	370
112	101	0.990500905	小型油轮	1	286	370	4	374
113	102	0.073596689	巨型油轮	1	287	374	4	378
114	103	0.323256587	巨型油轮	1	288	378	4	382
115	104	0.979398644	小型油轮	3	291	382	4	386
116	105	0.407990020	小型油轮	3	294	386	3	389
1506	1495	0.761206738	小型油轮	3	3933	5451	4	5455
1507	1496	0.278934271	巨型油轮	3	3936	5455	4	5459
1508	1497	0.722313062	中型油轮	2	3938	5459	3	5462
1509	1498	0.601986446	中型油轮	4	3942	5462	3	5465
1510	1499	0.978890954	小型油轮	1	3943	5465	4	5469
1511	1500	0.923361148	小型油轮	3	3946	5469	4	5473

图 3-28　1500 艘油轮到港情况的模拟结果

对此港口的运营状况进行评价,需要统计分析油轮平均等待时间、油轮最大等待时间、油轮平均队列长度、油轮最大队列长度、泊位利用率等数据。为此,在单元格 B7:F9 中建立模型统计分析项,如图 3-29 所示。

	B	C	D	E	F
7	模型统计分析				
8	油轮平均等待时间	油轮最大等待时间	油轮平均队列长度	油轮最大队列长度	泊位利用率
9					

图 3-29　模型统计分析项

1)油轮等待时间。由经验可知,一个顾客等待的时间越长,这名顾客对服务质量越不满意。因此,在排队论模型中,可以将顾客等待时间长度作为系统服务水平的一个评价标准,顾客等待时间越短,系统的服务水平越高,顾客等待时间越长,系统的服务水平越低。

对于港口的油轮,其等待时间长度会影响到物流成本,油轮等待时间越长,油轮所承担的费用越高,而油轮对港口系统会越不满意。

为了分析该港口油轮的等待时间,需要对每艘油轮的等待时间进行统计,故在单元格 I11 中增加一列标题"油轮等待时间"。

对于每一艘油轮,其等待时间应当满足下列关系:

等待时间 = 油轮开始卸载时刻 - 油轮到达时刻

根据此关系,在单元格 I12 中输入公式:

= F12 - E12

其输入公式如图3-30所示。

	E	F	G	H	I
11	油轮到达时刻	油轮开始卸载时刻	油轮卸载作业时间	油轮离开时刻	油轮等待时间
12	2	2	3	5	=F12-E12

图3-30 单泊位仿真中油轮等待时间的计算公式

将单元格I12中公式复制（自动填充）到单元格I13：I1511，得到1500艘油轮的等待时间，结果如图3-31所示。

	A	E	F	G	H	I
11	序号	油轮到达时刻	油轮开始卸载时刻	油轮卸载作业时间	油轮离开时刻	油轮等待时间
12	1	3	3	3	6	0
13	2	4	6	4	10	2
14	3	5	10	3	13	5
15	4	9	13	4	17	4
111	100	258	361	4	365	103
112	101	261	365	3	368	104
113	102	264	368	4	372	104
114	103	266	372	3	375	106
115	104	269	375	4	379	106
116	105	270	379	3	382	109
1506	1495	3838	5438	4	5442	1600
1507	1496	3839	5442	4	5446	1603
1508	1497	3842	5446	4	5450	1604
1509	1498	3844	5450	4	5454	1606
1510	1499	3848	5454	3	5457	1606
1511	1500	3852	5457	4	5461	1605

图3-31 单泊位1500艘油轮的等待时间

现在计算油轮平均等待时间。

油轮平均等待时间应当为I列中每艘油轮等待时间的平均值，在模拟时为了保证数据的稳定性，通常采用的做法是将前面某些"不稳定"的数据抛弃掉，本书从第100艘油轮开始统计分析油轮的平均等待时间。

在单元格B9中输入公式：

= AVERAGE(I111:I1511)

可以得到油轮的平均等待时间。

接下来，计算油轮最大等待时间。

油轮最大等待时间是在港口最糟的情况下，油轮可能会出现的最长等待时间，在对模型进行分析时，不仅要看一般的统计平均数据，也要考虑极端数据。

统计第100~1500艘油轮的最大等待时间，在单元格C9中输入公式：

$$=MAX(I111:I1511)$$

可以得到最大等待时间。

2）油轮等待队列长度。油轮等待队列长度也是影响到系统服务质量的一个因素，当油轮等待队列过长时，港口可能无法容纳下排队的油轮，后面到达的油轮就无法进入队列，从而影响港口的市场竞争力。

油轮的等待队列长度不是一个恒定值，它是一个始终在动态变化的值，若要统计分析油轮排队的队列长度，需要统计每艘油轮到达时，在这艘油轮前面排队等待的油轮数量。

在单元格J11中增加标题"油轮等待队列长度"。

当一艘油轮到达时，如果泊位被前面的油轮占用，处于忙的状态，这时，新到达的油轮才需要排队等待。而泊位是否处于忙的状态，其判断条件为：

若油轮到达时刻 < 前面油轮离开时刻，则泊位状态为忙

根据这一判断条件，可以确定每艘油轮到达时的队列长度。

对于第1艘油轮，其到达时排队的队列长度为0，故在单元格J12中输入0。

对于第2艘油轮，在单元格J13中输入公式：

$$=COUNTIF(\$H\$12:H12,">="\&E13)$$

将单元格J13的公式复制（自动填充）到J14：J1511，可以得到其他油轮到达时的等待队列长度，J14单元格函数公式如图3-32所示，模拟统计结果如图3-33所示。

	A	E	H	I	J
11	序号	油轮到达时刻	油轮离开时刻	油轮等待时间	油轮等待队列长度
12	1	3	7	0	0
13	2	8	12	0	0
14	3	10	16	2	=COUNTIF($H$12:H13,">"&E14)

图3-32　第3艘油轮等待队列长度的计算公式

从模拟结果看，第1500艘油轮到达时，等待队列长度已经很长了，其到达时，有423艘油轮排队等待，而且可以发现，排队的队列长度呈线性不断增加。这说明目前的港口系统无法实现船舶到达、离开的动态平衡，油轮到达的速率远远大于离开的速率，这样造成港口排队等待的船舶越来越多，队列越来越长，从而通过模拟可以发现该港口不能保证物

	A	E	F	H	I	J
11	序号	油轮到达时刻	油轮开始卸载时刻	油轮离开时刻	油轮等待时间	油轮等待队列长度
12	1	1	1	5	0	0
13	2	2	5	9	3	1
14	3	5	9	13	4	1
15	4	8	13	16	5	2
111	100	239	363	367	124	34
112	101	242	367	371	125	34
113	102	244	371	375	127	35
114	103	247	375	379	128	35
115	104	251	379	383	128	35
116	105	253	383	386	130	35
1506	1495	3898	5430	5433	1532	422
1507	1496	3903	5433	5437	1530	421
1508	1497	3906	5437	5441	1531	421
1509	1498	3908	5441	5444	1533	422
1510	1499	3910	5444	5448	1534	422
1511	1500	3911	5448	5452	1537	423

图 3-33　油轮到达时的等待队列长度

流系统正常运行。

3）油轮平均队列长度。统计得到每艘油轮到达时排队的队列长度后，可以很容易得到油轮的平均队列长度。

在单元格 D9 中输入公式：

$$=\text{AVERAGE}(J111:J1511)$$

得到第 100~1500 艘油轮的平均队列长度（注：该平均队列长度不是系统长度）。

4）泊位利用率。泊位利用率是衡量该港口的泊位工作负荷状况。通常人们认为，对于一个物流系统，其服务台（设备）利用率不能太低，服务台（设备）利用率越高越好，但这种看法存在一定的误区。

服务台（设备）利用率低，说明此物流系统存在资源浪费，会造成物流系统的成本增加，这一观点非常正确。

但是，如果认为服务台（设备）利用率越高越好，在某种程序上这种观点是不正确的。举例来说，如果服务台的利用率（负荷率）大于 95%，这意味着服务台 95% 以上的时间处于工作状态，如果按 1h 计算，那么 57min 以上的时间必须为顾客服务，这说明在 57min 以上时间中，顾客源源不断地到达，只有不到 3min 的时间服务台属于空闲，在这种

第3章 排队论仿真建模

情况下,顾客想随时到达随时接受服务的可能性非常小,而大部分的情况是排队等待,同时,服务台在高负荷的状态下运行,服务台的工作人员也非常疲劳。所以服务台(设备)利用率高,虽然系统的成本会下降,但服务台(设备)的负荷过高,顾客排队等待的时间就会变得越长,相应顾客对系统的抱怨越严重,从而使得物流系统的服务水平降低。

泊位利用率的计算公式如下:

$$泊位利用率 = \frac{泊位作业时间}{工作时间} \times 100\%$$

根据图3-34可知,泊位工作时间应当等于第1500艘油轮离开时刻(单元格H1511)的值与第100艘油轮到达时刻(单元格E111)的差值;而泊位作业时间就是所有油轮卸载作业时间(单元G111:G1511)之和。

	A	E	F	G	H	I	J
11	序号	油轮到达时刻	油轮开始卸载时刻	油轮卸载作业时间	油轮离开时刻	油轮等待时间	油轮等待队列长度
12	1	1	1	4	5	0	0
13	2	3	5	3	8	2	1
14	3	7	8	3	11	1	1
15	4	10	11	4	15	1	1
111	100	248	362	4	366	114	32
112	101	251	366	3	369	115	32
113	102	253	369	4	373	116	32
114	103	255	373	3	376	118	33
115	104	259	376	4	380	117	33
116	105	264	380	4	384	116	32
1506	1495	3879	5460	3	5463	1501	434
1507	1496	3883	5463	4	5467	1580	434
1508	1497	3887	5467	4	5471	1580	434
1509	1498	3891	5471	3	5474	1580	434
1510	1499	3894	5474	3	5477	1580	434
1511	1500	3896	5477	3	5480	1581	434
1512		↓		↓		↓	
1513		工作开始时刻		作业时间	→ 工作结束时刻		

图3-34 港口泊位的作业时间及工作时间

在单元格中F9中输入公式:

= SUM(G111:G1511)/(H1511-E111)

可以计算得到泊位的利用率,此港口物流系统的统计结果如图3-35所示。

可以看到,此港口的泊位利用率(负荷率)非常高,达到了98%,油轮排队平均等待时间达到了802天(相当于2年多的时间)。很显然,这个港口物流系统的服务水平很低,估计没有一艘油轮愿意排队等待800多天的时间,所以,这个港口的物流系统需要增

	B	C	D	E	F
7		模型统计分析			
8	油轮平均等待时间	油轮最大等待时间	油轮平均队列长度	油轮最大队列长度	泊位利用率
9	802	1525	220	419	98%

图 3-35　单泊位模型统计分析结果

加泊位数量，改进其服务水平。

3.5　单队列双服务台排队系统仿真建模

前面所述港口的物流服务水平太低，现在考虑对此港口进行改造，假设新增加 1 个泊位。现将原泊位称为 A 泊位，新建泊位称为 B 泊位，由于新增的泊位技术水平较高，油轮在 B 泊位的卸载速度明显提高，在原 A 泊位，巨型油轮需要 4 天才能卸完，在 B 泊位则只需要 3 天；中型油轮在 A 泊位需要 3 天卸载，在 B 泊位只需要 2 天；小型油轮在 A 泊位需要 2 天卸载，在 B 泊位则只需要 1 天。油轮卸载时间见表 3-7，据此模拟分析此港口的物流作业状况。

表 3-7　油轮卸载时间

油轮类型	卸载时间/天	
	A 泊位（原泊位）	B 泊位（新泊位）
巨型油轮	4	3
中型油轮	3	2
小型油轮	2	1

原来的港口系统是一个单队列单服务台的物流系统，现在新增 1 个泊位后就成为单队列双服务台系统。在新的港口系统中，虽然服务台数量增加 1 个，但排队系统的情况变得复杂得多。

对于 2 个泊位的港口，1 艘油轮到达后，将出现 3 种情况：

第 1 种情况：A 泊位与 B 泊位均处于忙的状态，都被前面的油轮占用，油轮需要排队等待。

第 2 种情况：A 泊位与 B 泊位均处于空闲状态，此时需要对停靠的泊位进行选择，由于 B 泊位的卸载速度较 A 泊位快，所以优先选择 B 泊位。

第 3 种情况：一个泊位空闲，另一个泊位忙，在这种情况下，到达的油轮进入空闲的泊位进行卸载。

现在建立 2 个泊位的模拟模型,这时排队系统的主要过程如下:

(1) 模型初始条件及油轮到达港口过程模拟

首先,像单泊位的模型一样,在单元格 A2:E5 中建立油轮类型概率分布表,在单元格 G2:K7 中建立油轮到达时间间隔概率分布表,如图 3-36 所示。再在单元格 O2:Q5 建立油轮卸载时间表,如图 3-37 所示。

	A	B	C	D	E	F	G	H	I	J	K
1	油轮类型概率分布表						油轮到达时间间隔概率分布				
2	概率	累计概率	概率区间下限	概率区间上限	油轮类型		概率	累计概率	概率区间下限	概率区间上限	到达时间间隔(天数)
3	0.4	0.40	0.00	0.40	巨型油轮		0.20	0.20	0.00	0.20	1
4	0.35	0.75	0.40	0.75	中型油轮		0.25	0.45	0.20	0.45	2
5	0.25	1.00	0.75	1.00	小型油轮		0.35	0.80	0.45	0.80	3
6							0.15	0.95	0.80	0.95	4
7							0.05	1.00	0.95	1.00	5

图 3-36 建立概率分布表

	O	P	Q
1		油轮卸载时间	
2	油轮类型	A泊位	B泊位
3	巨型油轮	4	3
4	中型油轮	3	2
5	小型油轮	2	1

图 3-37 建立油轮卸载时间表

在 Excel 的单元格 A16:L16 中建立如下的标题:"序号""油轮类型""油轮到达时间间隔""油轮到达时刻""油轮开始卸载时刻""停靠泊位""油轮卸载作业时间""油轮离开时刻""A 泊位空闲时刻""B 泊位空闲时刻""油轮等待时间""油轮等待队列长度",如图 3-38 所示。

与单泊位的情况相比,增加了"停靠泊位""A 泊位空闲时刻""B 泊位空闲时刻"3 项模拟内容,这是为了便于判断油轮停靠在哪个泊位,标识出不同泊位的空闲状态,这是与前面单泊位模型的不同之处。

2 个泊位的港口排队系统模拟与 1 个泊位相比,油轮到达过程与单泊位完全相同,其到达时间间隔、到达时刻、等待时间、卸载时间、离开时刻的计算方法都相同,不再赘述。

	A	B	C	D	E	F	G	H	I	J	K	L
16	序号	油轮类型	油轮到达时间间隔	油轮到达时刻	油轮开始卸货时刻	停靠泊位	油轮卸货作业时间	油轮离开时刻	A泊位空闲时刻	B泊位空闲时刻	油轮等待时间	油轮等待队列长度
17	1	小型油轮	2	2	2	B泊位	3	5	0	5	0	0
18	2	小型油轮	1	3	3	A泊位	4	7	7	5	0	0
19	3	巨型油轮	2	5	5	B泊位	3	8	7	8	0	0
20	4	巨型油轮	1	6	7	B泊位	3	10	7	10	1	1
21	5	中型油轮	3	9	9	A泊位	3	12	12	10	0	0
22	6	小型油轮	3	12	12	B泊位	3	15	12	15	0	0
23	7	巨型油轮	1	13	13	A泊位	4	17	17	15	0	0
24	8	巨型油轮	3	16	16	B泊位	3	19	17	19	0	0
25	9	小型油轮	3	19	19	A泊位	4	23	23	19	0	0

图 3-38 建立模型布局

(2) 油轮选择泊位

与单泊位不同，油轮到达后，需要选择停靠的泊位。当 2 个泊位均空闲时，油轮到达后要选择卸载速度较快的泊位并立刻开始卸载；当只有 1 个泊位空闲时，油轮找到空闲泊位并立刻开始卸载；当 2 个泊位不空闲时，油轮排队等候，直到有 1 个泊位空闲时开始卸载。

下面讨论双泊位模型需要特别考虑的问题：

1) "油轮开始卸载时刻"的计算。在 2 个泊位情况下，判断何时能够开始卸载，要看 2 个泊位的状态。当油轮到达时刻比两个泊位的空闲时刻都早时，油轮需排队等待，直到至少有 1 个泊位达到空闲状态才能开始卸载，所以这时的"油轮开始卸载时刻"应等于先进入空闲状态的那个泊位的"空闲时刻"（即最早空闲时刻）；当油轮到达时刻比任意 1 个泊位的空闲时刻晚时，油轮可以立刻开始卸载，所以这时的"油轮开始卸载时刻"应等于油轮到达时刻。综上所述，开始卸载时刻的计算逻辑如下：

If(油轮达到时刻 > 泊位的最早空闲时刻)

　　油轮开始卸载时刻 = 油轮到达时刻；

Else

　　油轮开始卸载时刻 = 前一艘油轮离开时刻。

用单元格 E17：E1516 表示油轮开始卸载时刻，由于第 1 艘油轮不需等待，所以其开始卸载时刻等于其到达时刻，因此，在单元格 E17 输入：

= D17

得到第 1 艘油轮的开始卸载时刻。

从第 2 艘油轮开始，要判断 2 个泊位的状态。在单元格 E18 中输入公式：

= MAX(D18,MIN(I17:J17))

得到第 2 艘油轮的开始卸载时刻。其中，单元格 I17 和 J17 分别表示 A 泊位和 B 泊位的空闲时刻。

将 E18 中的公式复制（自动填充）到单元格 E19：E1516，得到以后 1498 艘油轮的开始卸载时刻。公式输入情况及计算结果如图 3-39 和图 3-40 所示。

	A	B	C	D	E
16	序号	油轮类型	油轮到达时间间隔	油轮到达时刻	油轮开始卸载时刻
17	1	B	4	4	=D17
18	2	B	1	5	=MAX(D18,MIN(I17:J17))
19	3	A	5	10	=MAX(D19,MIN(I18:J18))
20	4	A	3	13	=MAX(D20,MIN(I19:J19))
21	5	C	3	16	=MAX(D21,MIN(I20:J20))
22	6	C	4	20	=MAX(D22,MIN(I21:J21))
1516	1500	B	4	3937	=MAX(D1516,MIN(I1515:J1515))

图 3-39 双泊位油轮开始卸载时刻计算公式

	A	B	C	D	E
16	序号	油轮类型	油轮到达时间间隔	油轮到达时刻	油轮开始卸载时刻
17	1	C	1	1	1
18	2	A	3	4	4
19	3	C	3	7	7
20	4	B	2	9	10
21	5	C	2	11	11
22	6	B	2	13	14
1516	1500	B	2	3945	3945

图 3-40 双泊位油轮开始卸载时刻计算结果

2）每个泊位空闲时刻的计算。在计算"油轮开始卸载时刻"时，需要计算每个泊位的"空闲时刻"。用单元格 I17：I1516 和 J17：J1516 分别表示 A 泊位和 B 泊位的空闲时刻。为方便起见，假设当 2 个泊位的空闲时刻相等时，油轮到 B 泊位处进行卸载。所以，第 1 艘油轮在 0 时刻到达后立即到 B 泊位进行卸载，这时 B 泊位的空闲时刻等于油轮卸载完成时刻，而 A 泊位保持空闲状态。在单元格 F17 中输入"B 泊位"，在单元格 I17 中输入：

=IF(F17="A 泊位",H17,0)

得到第 1 艘油轮到达后 A 泊位的空闲时刻。

在单元格 J17 中输入：

=IF(F17="B 泊位",H17,0)

得到第 1 艘油轮到达后 B 泊位的开始空闲时刻。

当油轮继续到达时，需要比较哪个泊位先处于空闲状态。如果 A 泊位早于 B 泊位处于空闲状态，该油轮到 A 泊位卸载，这时 A 泊位的下一个开始空闲时刻等于该油轮的卸载完成时刻，B 泊位的空闲时刻不变；如果 B 泊位早于或等于 A 泊位进入空闲状态，该油轮将到 B 泊位卸载，这时 B 泊位的下一个空闲时刻等于该油轮的卸载完成时刻，而 A 泊位的空闲时刻不变。其计算公式如下：

If(上一次 A 泊位的空闲时刻 < 上一次 B 泊位的空闲时刻)

  A 泊位的空闲时刻 = 本次卸载完成时刻；

Else

  A 泊位的空闲时刻 = 上一次 A 泊位的空闲时间。

If(上一次 A 泊位的空闲时刻 ≥ 上一次 B 泊位的空闲时刻)

  B 泊位的空闲时刻 = 本次卸载完成时刻；

Else

  B 泊位的空闲时刻 = 上一次 B 泊位的空闲时刻。

在单元格 F18 中输入下述公式：

  =IF(I17+VLOOKUP(B18,$O$3:$P$5,2)>=J17+VLOOKUP(B18,$O$3:$Q$5,3),$Q$2,$P$2)

并将 F18 的公式复制（自动填充）到单元格 F19：F516，以判断停靠的泊位。

在单元格 I18 中输入：

  =IF(F18="A 泊位",H18,I17)

在单元格 J18 中输入：

  =IF(F18="B 泊位",H18,J17)

将单元格 I18 的公式复制（自动填充）到 I19：I1516，将单元格 J18 的公式复制（自动填充）到 J19：J1516，分别得到以后 1499 艘油轮到达时 A 泊位和 B 泊位的空闲时刻。

上述计算公式的输入及计算结果如图 3-41～图 3-43 所示。

	A	F
16	序号	停靠泊位
17	1	B 泊位
18	2	=IF(I17+VLOOKUP(B18,$O$3:$P$5,2)>=J17+VLOOKUP(B18,$O$3:$Q$5,3),$Q$2,$P$2)
19	3	=IF(I18+VLOOKUP(B19,$O$3:$P$5,2)>=J18+VLOOKUP(B19,$O$3:$Q$5,3),$Q$2,$P$2)
20	4	=IF(I19+VLOOKUP(B20,$O$3:$P$5,2)>=J19+VLOOKUP(B20,$O$3:$Q$5,3),$Q$2,$P$2)
21	5	=IF(I20+VLOOKUP(B21,$O$3:$P$5,2)>=J20+VLOOKUP(B21,$O$3:$Q$5,3),$Q$2,$P$2)
22	6	=IF(I21+VLOOKUP(B22,$O$3:$P$5,2)>=J21+VLOOKUP(B22,$O$3:$Q$5,3),$Q$2,$P$2)
1516	1500	=IF(I1515+VLOOKUP(B1516,$O$3:$P$5,2)>=J1515+VLOOKUP(B1516,$O$3:$Q$5,3),$Q$2,$P$2)

图 3-41 双泊位选择的计算公式

第3章 排队论仿真建模

	A	I	J
16	序号	A泊位空闲时刻	B泊位空闲时刻
17	1	=IF(F17="A泊位",H17,0)	=IF(F17="B泊位",H17,0)
18	2	=IF(F18="A泊位",H18,I17)	=IF(F18="B泊位",H18,J17)
19	3	=IF(F19="A泊位",H19,I18)	=IF(F19="B泊位",H19,J18)
20	4	=IF(F20="A泊位",H20,I19)	=IF(F20="B泊位",H20,J19)
21	5	=IF(F21="A泊位",H21,I20)	=IF(F21="B泊位",H21,J20)
22	6	=IF(F22="A泊位",H22,I21)	=IF(F22="B泊位",H22,J21)
1516	1500	=IF(F1516="A泊位",H1516,I1515)	=IF(F1516="B泊位",H1516,J1515)

图 3-42　A、B 泊位空闲时刻计算公式

	A	F	G	H	I	J
16	序号	停靠泊位	油轮卸货作业时间	油轮离开时刻	A泊位空闲时刻	B泊位空闲时刻
17	1	B泊位	3	7	0	7
18	2	A泊位	3	11	11	7
19	3	B泊位	3	14	11	14
20	4	A泊位	4	18	18	14
21	5	B泊位	3	20	18	20
22	6	A泊位	4	24	24	20
1516	1500	B泊位	3	3902	3898	3902

图 3-43　双泊位的停靠泊位及空闲时刻计算结果

（3）完成卸载，油轮离开港口

这个过程很简单，不再赘述。

从上面的建模过程可以看出，双泊位仿真建模的关键在于判断当前和未来 2 个泊位的状态，并据此处理油轮到达事件、开始卸载事件和离去事件。

（4）仿真模型的统计分析

下面对仿真结果进行统计分析。统计分析的指标有"油轮平均等待时间""油轮最大等待时间""油轮平均队列长度""油轮最大队列长度""A 泊位利用率"和"B 泊位利用率"。统计分析过程及结果如图 3-44～图 3-46 所示。油轮平均队列长度稍微复杂一点，读者可以思考如何得到平均队列长度。

经过统计得到结果如下：

1）当泊位增加至 2 个时，油轮等待时间与队列长度等指标下降的幅度十分明显，其中，油轮的平均等待时间仅为 0.034 天，远远小于单泊位时 802 天的等待时间。可见，双泊位与单泊位时相比，服务水平有明显改善。

2）当泊位增加至 2 个时，A、B 泊位利用率均有所下降，降至 49%～50%，这说明

	A	B	C	D
10	油轮平均等待时间	油轮最大等待时间	油轮平均队列长度	油轮最大队列长度
11	=AVERAGE(K116:K1516)	=MAX(K116:K1516)	=AVERAGE(L116:L1516)	=MAX(L116:L1516)

图 3-44 双泊位统计分析指标及计算公式（一）

	E	F
10	A泊位利用率	B泊位利用率
11	=SUMIF(F17:F1516,"=A泊位",G17:G1516)/(H1516-D17)	=SUMIF(F17:F1516,"=B泊位",G17:G1516)/(H1516-D17)

图 3-45 双泊位统计分析指标及计算公式（二）

	A	B	C	D	E	F
9	模型统计分析					
10	油轮平均等待时间	油轮最大等待时间	油轮平均队列长度	油轮最大队列长度	A泊位利用率	B泊位利用率
11	0.034	2	0.055	2	48.88%	50.47%

图 3-46 双泊位统计分析指标计算结果

双泊位可以满足需要。3 个以上泊位的模型过于复杂，用 Excel 较难解决，可以采用后面介绍的专业仿真软件 Felxsim 对港口的合理泊位数量进行仿真分析。

3.6 仿真统计分析

如前所述，因为在仿真模型中输入了随机变量，所以仿真生成的数据始终表现出随机性。例如，如果进行两次相同的仿真，每次得到的随机数序列都不同，而且几乎可以肯定，两次仿真生成的统计将具有不同的值，因此，必须用统计方法来分析仿真模型结果。如果系统的性能由某个参数（比如 θ）来度量，那么仿真目标就是得到 θ 的估计值 $\hat{\theta}$，并确定估计值 $\hat{\theta}$ 的精确性。在现实当中，一个系统的 θ 值是未知的，无法获得。例如，假设顾客到达时间间隔这个真实的数据是无法得到的，只能通过仿真得到一个平均到达时间间隔的值为 9.8min，根据这个仿真值 9.8min，需要去猜测隐藏在 9.8min 后面的真实值是多少？顾客到达时间有没有可能是 10min，有没有可能是 11min？这时，需要分析出 9.8min 可以信赖的区间是多少，假如得到可信赖的区间是在 [9.0，10.6] min 之间，那么，真实值为 11min 的可能性就不大，如果仿真后得到的可信赖区间是在 [9.5，9.9] min 之

第3章 排队论仿真建模

间,那么真实值为 10min 的可能性就不大。那么可信赖区间的可信度应该取多少呢?也就是上面所说的可信赖区间为 [9.5, 9.9] 的可信度是多少呢?在统计中是通过 $\hat{\theta}$ 的标准差(又称为标准误差)来度量这种可信赖度(或者精确度),一般情况下,这种可信赖度取 95%,也就是说,区间 [9.5, 9.9] 涵盖了 95% 的可能性,即顾客到达的时间间隔平均值在 9.5~9.9min 有 95% 的可能性,所以顾客到达时间间隔平均值为 10min 的可能性不大。

在统计学中,用专业术语来陈述上面的内容,就是以一定信任度的置信区间来表示可变性的总体度量。因此,统计分析的目标是估计此置信区间。

由于仿真输出数据很少是独立的,所以确定仿真结果的置信区间很复杂。也就是说,这些数据是自相关的。例如在排队模型中,顾客的排队时间通常取决于前面的客户人数。同样,在库存模型中,某一天的期初库存通常是前一天的期末库存,从而产生了某种相关性。这意味着假设数据独立的经典统计法不能直接使用于仿真输出数据的分析。因此,必须修改统计方法才能从仿真数据中得出正确的结论。

除了自相关问题之外,还可能存在一个问题:系统对时间点为 0 时的初始条件规定可能会影响输出数据。例如假设在排队仿真中,到达过程和服务时间的分布为每位顾客的平均等待时间超过 15min。换句话说,排队系统比较拥挤。如果初始条件下系统中没有人,此时开始仿真,前面几位顾客的等待时间就是 0 或者时间很短。这些初始等待时间高度依赖于起始条件,因此不可能代表系统的稳态行为。通常将仿真达到稳态之前的初始时间段称为过渡期或者暖机期。

有 2 种方法可以解决过渡期的问题,第 1 种方法是使用 组代表系统处于稳态的初始条件。不过在许多仿真中,可能很难设置这种初始条件,在排队仿真中尤其如此。第 2 种方法是让仿真程序运行一段时间,然后丢弃仿真的初始部分。在这种方法中,假设仿真的初始部分是给模型热机以达到稳态。由于在热机阶段不收集任何统计数据,因此可以减少初始时出现的偏差。遗憾的是,目前没有一种简单的方法可以估计应当删除多少初始数据,才能使初始偏差减少到合理的程度。由于每个仿真模型各不相同,所以由建模人员来决定何时结束过渡期。虽然这个过程很困难,但是也有一些可供使用的一般指导原则。

下面讨论置信度区间。

为了对输出数据进行分析,一般将仿真模型按状态分为 2 类:终止仿真模型和稳态仿真模型。

终止仿真模型是在一段时间 T_E 内运行的仿真模型,其中 E 是终止仿真模型的某个或某些指定的事件。事件 E 可以是指定的时间,在这种情况下,仿真运行固定的一段时间后结束。如果 E 是指定的条件,仿真的长度将是随机变量。所以,对于终止仿真模型，如果观察的时间不同，得到的仿真结果也不相同，也就是结果是变化的、不稳定的。

稳态仿真是在较长一段时间内运行的仿真模型，也就是说，此类仿真模型的长度可以达到"无穷大"，在任何一个时间段观察稳态仿真模型，得到的结果都是稳定的，差异不大。

通常由模型的类型决定某个仿真适用的输出类型。例如在银行模型中，很可能要使用终止仿真，因为银行实际上每晚关门，这就提供了一个适当的终止事件。当模拟计算机系统时，可能更适用稳态仿真，因为多数大型计算机系统不会关闭，除非在发生故障或者进行维护时。不过，系统或模型并不总能最好地表示哪种仿真最适用，很可能把终止仿真方法用于系统比稳态仿真更合适，反之亦然。本节将详细介绍与终止仿真相关的统计分析，稳态仿真的分析比较复杂，本书未做介绍。

假设用终止仿真方法进行 n 次独立的实验，如果 n 次仿真全部以相同的初始条件开始，并使用不同的随机数运行程序，那么可以把每次仿真作为独立的实验来处理。为了简便，假设只有 1 个性能指标，用变量 X 表示。因此，X_j 是第 j 次实验的性能指标值。因此，已知实验条件，序列 X_1，X_2，…，X_n 将是独立同分布的随机变量。有了这些独立同分布的随机变量，就可以使用经典统计分析，为 $\theta = E(X)$ 构造 $100(1-\alpha)\%$ 置信区间，如下所示：

$$\overline{X} \pm t_{(\alpha/2, n-1)} \sqrt{\frac{S^2}{n}}$$

式中，$\overline{X} = \sum_{i=1}^{n} \frac{X_i}{n}$；$S^2 = \sum_{i=1}^{n} \frac{(X_i - \overline{X})^2}{n-1}$。

$t_{(\alpha, n-1)}$ 是这样一个数字，即对于自由度为 $n-1$ 的 t 分布，有

$$P(t_{n-1} \geq t_{(\alpha, n-1)}) = \alpha$$

也可以在 Excel 中，利用下列公式计算这个概率：

$$= \text{TINV}(2 \times \alpha, n)$$

总均值 $\overline{X}$ 是计算 n 个样本所得的 X 值的平均值，用它能够准确地估计性能度量，S^2 是样本方差。

为了演示置信区间计算方法，现采用 3.4 节中港口系统单泊位仿真的数据，如图 3-47 所示。经过仿真 10 次，每次 1500 天后得到油轮平均等待时间为 823 天，即 $\overline{X} = 823$，计算得到 $S^2 = 713.6$，在 Excel 中输入公式计算 $t_{(0.025, 9)} = \text{TINV}(0.05, 9)$，由此可得 $t_{(0.025, 9)} = 2.26$。所以

$$823 \pm 2.26 \sqrt{\frac{713.6}{10}} = 823 \pm 19.11$$

即为该油轮平均等待时间的 95% 置信区间。

第3章 排队论仿真建模

该计算过程及结果如图3-48、图3-49所示。

	A	B
1517	实验重复次数	油轮平均等待时间
1518	1	832
1519	2	832
1520	3	788
1521	4	799
1522	5	849
1523	6	832
1524	7	817
1525	8	851
1526	9	849
1527	10	776
1528	样本均值	=AVERAGE(B1518:B1527)
1529	样本标准差	=STDEV(B1518:B1527)

图3-47　10次仿真后样本均值及标准差计算公式

	A	B
1532	置信度（双边）	0.025
1533	t值	=TINV(5%,9)
1534	置信区间长度	=B1533*B1529/SQRT(A1527)
1535	置信度区间上限	=B1528+B1534
1536	置信度区间下限	=B1528-B1534

图3-48　10次仿真后置信区间计算公式

	A	B
1532	置信度（双边）	2.50%
1533	t值	2.26
1534	置信区间长度	19.11
1535	置信度区间上限	842
1536	置信度区间下限	803

图3-49　10次仿真后置信区间计算结果

当然，置信区间的长度将取决于样本结果的精确度。如果置信区间不可接受，可以通过增加实验次数或者每次仿真的长度来减少置信区间长度。从上文可以看出，置信区间提供了较为简单的输出数据分析方法。不过，必须强调的是，对于特定的问题而言，其他仿真数据分析方法可能更为有效。

本章习题

1. 一个排队系统由哪些要素构成?
2. 如何理解指数分布的无记忆性?
3. 指数分布和泊松分布之间有何关系?
4. 练习使用 Excel 软件构建港口单泊位服务系统仿真模型。
5. 练习使用 Excel 软件构建港口双泊位服务系统仿真模型。
6. 运行上述两个仿真模型各 100 次,分别构造关于"港口油轮平均等待时间""港口油轮平均队列长度"的置信水平为 95% 和 99% 的置信区间。

参考文献

胡奇英. 随机运筹学 [M]. 北京:清华大学出版社,2012.

第 4 章

库存系统仿真建模

本章简介

本章主要讨论库存系统的仿真建模。首先介绍库存模型的基本要素,然后学习恒定库存量模型的仿真建模。接着介绍五种确定型库存模型和两种随机型库存模型,并分别说明了使用 Excel 软件进行求解的过程。最后,使用 Excel 模型对一个多周期库存系统进行仿真,并演示了如何分析和改进其库存策略。

本章要点

- 库存模型的基本要素
- 恒定库存量模型
- 经济订货批量模型(EOQ 模型)
- 允许缺货的 EOQ 模型
- 有数量折扣的 EOQ 模型
- 生产批量模型
- 联合订货模型
- 单周期随机库存模型(报童模型)
- (R, Q) 随机库存模型

供应链管理和 JIT 生产方式在管理实践中的运用,使人们越来越强烈地意识到库存问题是企业决策的一个重要问题,不良的库存决策可能导致企业资金大量积压,影响企业的物流效率。借助库存模型,可以帮助企业提高库存决策科学性和准确性。例如,考虑供应链上一个生产—库存系统,生产的产品用来满足顾客需求,若没有顾客,则存放在仓库中。当产品的库存量达到仓库的容量时,停止生产。假设已知产品的生产率、顾客的到达率、产品存放在仓库里的单位时间存储费用、产品缺货时的单位损失成本,如何确定仓库的最佳容量决策以使得系统总成本最小化?

本章主要介绍一些常见的库存模型,包括确定型库存模型和随机库存模型,以及这些模型的 Excel 求解方法。

4.1 库存模型的基本要素

首先通过某饮料配送中心的库存问题来介绍库存模型的基本要素。

某饮料配送中心,主要经营啤酒的批发配送,同时经营一些白酒、碳酸饮料等产品。作为配送中心的大宗货种,某品牌啤酒占了该配送中心总营业品种的 40%,平均库存达 50000 件,每件啤酒的购买成本为 8 元,因此该品牌啤酒就占了该配送中心 40 万元的资金。由于此品牌啤酒的重要性,配送中心经理打算运用库存模型重新考虑它的库存策略,即要确定该啤酒每次订货的最佳数量是多少?什么时候向该啤酒生产商发出订单?

1. 需求

为了解决啤酒库存问题,首先要确定该啤酒的需求情况。为此,配送中心经理从过去 10 周的销售数据中,了解到该啤酒过去的需求情况,见表 4-1。

表 4-1 某品牌啤酒的需求量

周次	1	2	3	4	5	6	7	8	9	10	均值
需求量/件	2000	2025	1950	2000	2100	2050	2000	1975	1900	2000	2000

运用库存模型求解问题之前,首先要确定该货种的需求量是否是定值,如果是,则可采用确定型库存模型,否则要采用随机型库存模型。从表 4-1 可以看出,虽然啤酒需求量随着时间的变化而呈现出小幅度波动,但配送中心经理认为需求变动的偏差在允许范围内,可以按定值处理,因而可采用确定型库存模型求解。

2. 补充

啤酒每周都要分送给不同的客户和零售商,库存中的啤酒不断地减少,配送中心就需要不断地从啤酒生产商处购进啤酒,这就是库存的补充。一般情况下,该配送中心向啤酒生产商发出订单之后,啤酒并不会立即到库,从订单发出到啤酒到库的这段时间间隔称为订货提前期,而两次订货之间的时间间隔称为订货周期。订货提前期可以从以往的购买数据中获得,订货周期则是通过模型求解算出。该配送中心经理从以往的购买数据中得出啤酒的订货提前期约为 2 天。

对库存的补充除了向其他厂家购买之外,也可自己生产。例如大型钢铁集团的生产线材所需的钢锭库存补充,就是由该集团炼钢车间的生产来实现的。

库存的需求和补充是货物库存数量的一出一进。除此之外,在确定库存策略时,一条很重要的原则就是使库存涉及的总费用最小,为此有必要对费用进行详细的分析。

3. 费用分析

(1) 订购或装配费用(用 C_0 表示)

如果物品需要从其他工厂购买,则有一订购费;如果由本厂生产,则有一装配费。订购费(装配费)的一个重要特性就是其费用的大小与一次订购(生产)的数量无关,仅与订购(生产)的次数有关,因而采购部门就希望一次订货的数量越多越好,这样单位产品分摊的订购费(装配费)就小。

该配送中心每完成一次订货所需的通信费用、纸张费用和交通费用等构成了该啤酒的订购费用,它在每一次订货中是一个固定的值,其大小不随每次订货数量的变化而变化。该配送中心经理估计啤酒每次的订货费用 $C_0 = 32$ 元。

装配费指一次生产所需要的调整和装配等费用,如工具的安装、模具的更换等。

(2) 单位购买(生产)费用(用 C 表示)

单位购买(生产)费用是指购买(生产)单位产品所需的费用,一般为产品的购进单价。前文中提到每件啤酒的购买成本(8元),就是此种货的单位购买费用。通常单位购买(生产)费用是固定的,但有时也随购买(生产)产品数量的变化而变化,如在有数量折扣的情况下,单位产品的购买费用就是订购数量的函数。

(3) 库存费用(用 C_h 表示)

库存费用是指为了维持一定的库存水平而发生的费用,费用的大小与库存量的大小有关,库存量越大,库存费用也越大。因而工厂采购部门希望每次订货的数量越少越好,使库存量保持在一个较低的水平,降低库存费用。

库存费用一般包括因占用资金而发生的成本(资金成本)和非资金成本两项。

如果采购部门是借款来购买产品,则需利息;如果是本厂自有资金,则需机会成本(即这笔资金如果用于其他投资所带来的效益)。资金成本一般用单位商品单位时间的库存费用,或单位商品在单位时间内占该项物资单位购买成本的百分数表示。该配送中心经理认为每件啤酒的年资金成本为18%。

非资金成本一般包括仓库的折旧费用、仓库内部搬运费用和其他管理费用,同样也用单位商品单位时间的库存费用,或单位商品在单位时间内占该项物资单位购买成本的百分数表示。前文中的年非资金成本主要是每件商品的单位保管费率,它的大小为7%。

由于每件啤酒的购买成本 $C = 8$ 元,而啤酒的资金成本和非资金成本分别为18%和7%。因此,每件啤酒的年库存费用 $C_h = 8 \times (18\% + 7\%)$元 $= 2$ 元。

(4) 缺货损失费用

当需要某产品,而该产品库存已消耗完时,则会发生缺货损失费用,一般包括影响生产（停工待料或用代用品等）的损失费、减少的利润和信誉的损失费等。

4. 库存策略

库存策略就是为订购数量和订货时间提供的各种备选方案。循环策略就是一种常见的库存策略。循环策略，即定时补给。每经过一个循环时间 t 就补充库存量 Q。

除此之外，可以根据现有库存数量制定相应的库存策略。对于现有库存数量可以通过连续盘点取得，也可通过定期盘点取得。根据盘点的方式，可以分为以下 2 种策略。

1）规定量策略，连续盘点。当库存低于一定数量（又称为重新订货点）时就进行补充。例如，规定库存水平为 M，再订货点为 R，实际库存量为 x。当 $x \leq R$ 时，就进行补充，补充量 $Q = M - x$，以使库存量保持在规定水平上。

2）混合策略，定期盘点。当库存低于再订货点 R 时，即行补充。例如，库存量为 x，规定库存水平为 M，每经过时间 t 就对库存量进行一次检查。当 $x \leq R$ 时，就进行补充，补充量 $Q = M - x$；当 $x > R$ 时，则不进行补充。

下面将介绍一些常见的库存模型及其 Excel 的求解方法，其中，4.2 节为恒定库存量模型，4.3～4.7 节属于确定型库存模型，4.8～4.9 节属于随机型库存模型。

4.2 恒定库存量模型

现在有两个工厂同时向某供应商采购产品，该供应商的库存量始终保持恒定不变，如果要求该供应商的缺货率低于某一给定值，试确定该供应商库存量的大小。该模型的重点是理解平均库存与安全库存的概念，此外，该模型帮助理解当众多需求进行合并后，需求的方差（标准差）将会减少，从而使得安全库存量降低，最终可以降低总体库存。

在后面的模型中需要计算 2 种形式的缺货率：根据缺货次数计算的缺货率和根据缺货量计算的缺货率。

通过本模型可以学习恒定库存量的库存模型，掌握 Excel 函数的使用方法。模型中涉及的库存概念有恒定库存量、需求量、缺货次数以及缺货量。学习的 Excel 函数有 FREQUENCY 函数、RANDBETWEEN 函数、COUNTIF 函数和 IF 函数等。

1. 模型数据

1）两个工厂的需求均服从（1，10）的离散均匀分布。

2）供应商的库存必须保证 80% 的需求，即缺货率不得高于 20%。

3）采购次数为 500 次。

2. 建模步骤

首先对模型分析：当只有一个工厂时，工厂的需求服从（1，10）的均匀分布，根据概率与统计可知，如果供应商筹建一个仓库为该工厂服务，则仓库的平均库存为 5.5 件，

第4章 库存系统仿真建模

如果要满足工厂80%的需求,则仓库的库存量应该保持在8件货物,所以,此仓库的安全库存(高出平均库存的那部分库存)为 8 − 5.5 = 2.5(件),如果仓库要保证不同的需求满足率,那么调整不同的安全库存就可以实现相应的目标,工厂需求量与仓库库存量的关系如图4-1所示。

如果供应商需要向两个工厂提供服务,每个工厂的需求仍然服从(1,10)的均匀分布,那么要保证80%的满足率,仓库的库存量是不是应该为 $8 \times 2 = 16$(件)呢?

实际上,根据联合随机变量的分布可知,如果两个随机变量服从均匀分布,那么随机变量之和将服从三角分布,其方差也将发生变化。两个工厂时,安全库存量不是简单的线性相加,要保证80%的满足率,库存量将不是16件,安全库存也不是 $2.5 \times 2 = 5$(件),应该在 14~15 件之间。

下面通过随机库存模型进行仿真验证。

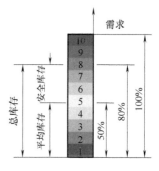

图4-1 库存量与需求量的关系

(1)确定供应商需求量

1)总需求分布表。两个工厂的需求均服从(1,10)的均匀分布,假设两个工厂同时进行采购,则每一次采购的采购量为两个工厂需求之和。现根据缺货次数来计算缺货率,确定在缺货率不高于20%情况下供应商的库存量。

在Excel中建立两个工厂的总需求分布表,如图4-2所示,第2行与第2列分别代表每家工厂的需求。从图4-2可以看出,在C3:L12的区域中,总共有100个单元格,也就是出现的需求组合共有100种。在这100个单元格中,需求量为2件的单元格只有1个,所以,需求量为2件的情况在总样本空间中占到了1%,概率为1%,同理,可以统计出不同需求量的所占单元格数量,也就可以统计出来不同需求量的概率。例如,

	A	B	C	D	E	F	G	H	I	J	K	L
1	恒定库存模型		工厂1的需求									
2			1	2	3	4	5	6	7	8	9	10
3	工厂2的需求	1	2	3	4	5	6	7	8	9	10	11
4		2	3	4	5	6	7	8	9	10	11	12
5		3	4	5	6	7	8	9	10	11	12	13
6		4	5	6	7	8	9	10	11	12	13	14
7		5	6	7	8	9	10	11	12	13	14	15
8		6	7	8	9	10	11	12	13	14	15	16
9		7	8	9	10	11	12	13	14	15	16	17
10		8	9	10	11	12	13	14	15	16	17	18
11		9	10	11	12	13	14	15	16	17	18	19
12		10	11	12	13	14	15	16	17	18	19	20

图4-2 两个工厂的总需求分布

93

可以统计出 2~14 件需求所占的单元格数为 79 个，所以 2~14 件的累计概率为 79%。由此可见，当仓库的库存量达到 14 件时，可以满足 79% 的需求。如果库存量达到 15 件时，必然可以满足 80% 以上的需求，这也就说明了为什么当需求合并后，若满足 80% 的需求，此时的库存量不是 8 + 8 = 16 件，而应该是 15 件。下面进行 Excel 统计分析并仿真建模。

2）用 FREQUENCY 函数计算各种需求量的频次。由需求分布表可以看出，总需求分布在 2~20 之间。在 N1：Q1 单元格分别输入"需求""频次""概率"和"累计概率"，在 N2：N20 区域内依次输入 2~20，如图 4-3 所示。

	M	N	O	P	Q
1		需求	频次	概率	累计概率
2		2			
3		3			
4		4			
5		5			
6		6			
7		7			
8		8			
9		9			
10		10			
11		11			
12		12			
13		13			
14		14			
15		15			
16		16			
17		17			
18		18			
19		19			
20		20			
21		总计	100		

图 4-3 需求量

选中区域 O2：O20，输入以下公式：

$$= \text{FREQUENCY}(C3:L12, N2:N19)$$

同时按下 <Ctrl> <Shift> <Enter> 三个键，区域 O2：O20 的单元格中将自动生成各需求量的统计频次，如图 4-4 所示。在 FREQUENCY 函数中，C3：L12 是图 4-4 中的样本区域，N2：N19 表示对 2~19 之间的需求量进行分组统计。注意，这里必须选中 N2：N19 单元格，留出最后一个 N20 不选，这是因为 Excel 将所有需求量大于 19 的数据进行统计后，将结果存放到最后一个单元格中，即 O20 中存放的是需求量大于 19 的统计频次。

3）计算各种需求量的概率。在 P2 单元格中输入公式：

$$= O2/100 * 100\%$$

设置单元格的数据类型为"百分比"，并依次按公式填充到 P20 单元格，如图 4-5 所示。

4）计算各种需求量的累计概率。在 Q2 单元格输入：

$$= P2$$

在 Q3 单元格中输入：

$$= P3 + Q2$$

并依次按公式填充到 Q20 单元格，得到各需求量的累计概率，如图 4-6 所示。

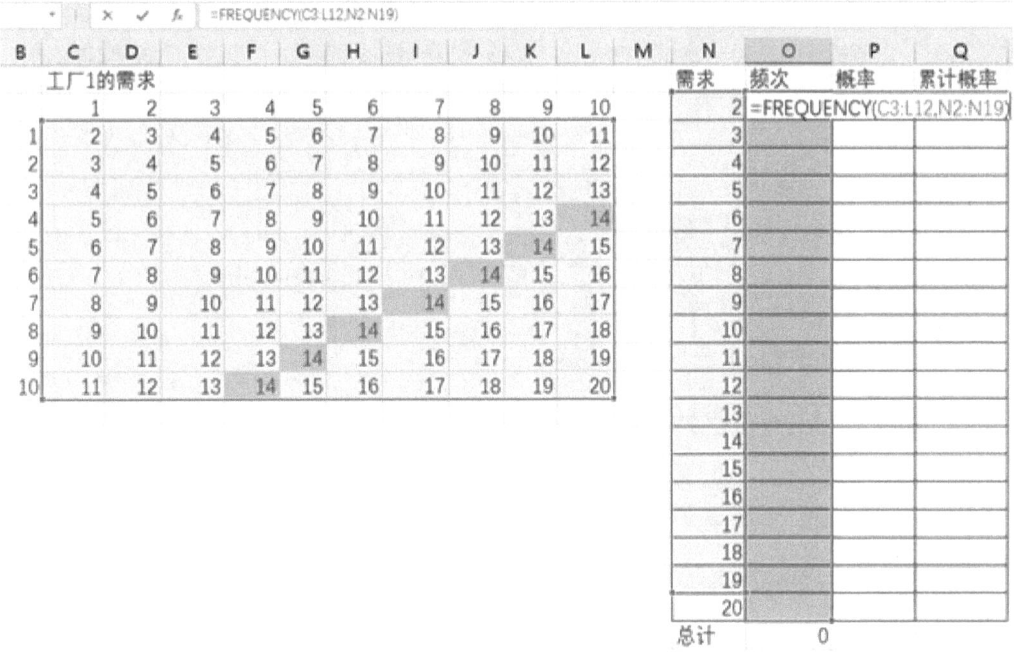

=FREQUENCY(C3:L12,N2:N19)

工厂1的需求

	1	2	3	4	5	6	7	8	9	10
1	2	3	4	5	6	7	8	9	10	11
2	3	4	5	6	7	8	9	10	11	12
3	4	5	6	7	8	9	10	11	12	13
4	5	6	7	8	9	10	11	12	13	14
5	6	7	8	9	10	11	12	13	14	15
6	7	8	9	10	11	12	13	14	15	16
7	8	9	10	11	12	13	14	15	16	17
8	9	10	11	12	13	14	15	16	17	18
9	10	11	12	13	14	15	16	17	18	19
10	11	12	13	14	15	16	17	18	19	20

需求	频次	概率	累计概率
2	=FREQUENCY(C3:L12,N2:N19)		
3			
4			
5			
6			
7			
8			
9			
10			
11			
12			
13			
14			
15			
16			
17			
18			
19			
20			
总计	0		

图 4-4　各需求量的频次

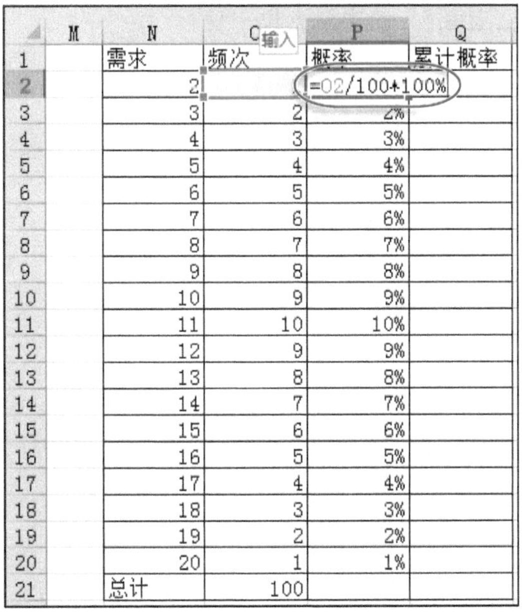

	M	N	O	P	Q
1		需求	频次	概率	累计概率
2		2		=O2/100*100%	
3		3	2	2%	
4		4	3	3%	
5		5	4	4%	
6		6	5	5%	
7		7	6	6%	
8		8	7	7%	
9		9	8	8%	
10		10	9	9%	
11		11	10	10%	
12		12	9	9%	
13		13	8	8%	
14		14	7	7%	
15		15	6	6%	
16		16	5	5%	
17		17	4	4%	
18		18	3	3%	
19		19	2	2%	
20		20	1	1%	
21		总计	100		

图 4-5　各需求量的概率

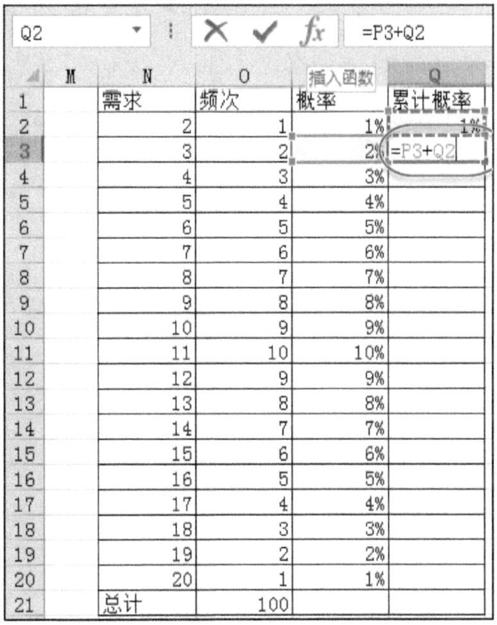

Q2　=P3+Q2

	M	N	O	P	Q
1		需求	频次	概率	累计概率
2		2	1	1%	1%
3		3	2	2%	=P3+Q2
4		4	3	3%	
5		5	4	4%	
6		6	5	5%	
7		7	6	6%	
8		8	7	7%	
9		9	8	8%	
10		10	9	9%	
11		11	10	10%	
12		12	9	9%	
13		13	8	8%	
14		14	7	7%	
15		15	6	6%	
16		16	5	5%	
17		17	4	4%	
18		18	3	3%	
19		19	2	2%	
20		20	1	1%	
21		总计	100		

图 4-6　各需求量的累计概率

5）设置条件格式。选中区域 O2：O20，在"开始"菜单中找到"条件格式"，选择"数据条"，在数据条中选择一种填充方式，这里选择的是蓝色的实心填充，如图4-7所示。

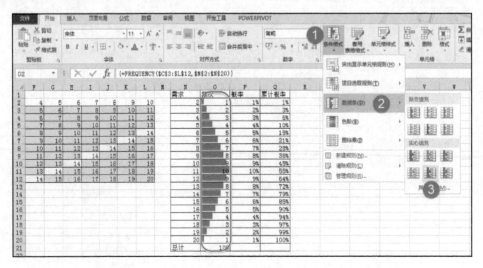

图 4-7　条件格式

得到最终的需求分布表，如图 4-8 所示。

	M	N	O	P	Q
1		需求	频次	概率	累计概率
2		2	1	1%	1%
3		3	2	2%	3%
4		4	3	3%	6%
5		5	4	4%	10%
6		6	5	5%	15%
7		7	6	6%	21%
8		8	7	7%	28%
9		9	8	8%	36%
10		10	9	9%	45%
11		11	10	10%	55%
12		12	9	9%	64%
13		13	8	8%	72%
14		14	7	7%	79%
15		15	6	6%	85%
16		16	5	5%	90%
17		17	4	4%	94%
18		18	3	3%	97%
19		19	2	2%	99%
20		20	1	1%	100%
21		总计	100		

图 4-8　需求分布

第4章 库存系统仿真建模

从图 4-8 中可以看出，库存量为 15 件以上的时候可以满足 80% 的需求。

（2）建立库存模型

新的 Excel 表中，在区域 A6：A505 中输入 1～500，分别表示第 1～500 次采购；在区域 B6：B505 中输入库存量为 15，由于需求分布表中得出库存量为 14 件以上时，可以满足 80% 的需求，故将库存量定为 15 件。为了便于观察，隐藏第 11～500 行，如图 4-9 所示。

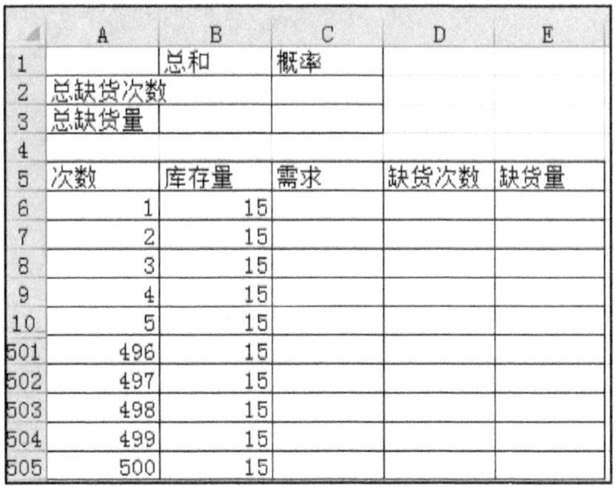

1）采购需求。区域 C6：C505 表示每一次采购中两个工厂的总需求量。已知两个工厂的需求均服从（1，10）的均匀分布，在模型中随机生成每次采购的总需求量，则在 C6 单元格中输入公式（见图 4-10）：

= RANDBETWEEN(1,10)+RANDBETWEEN(1,10)

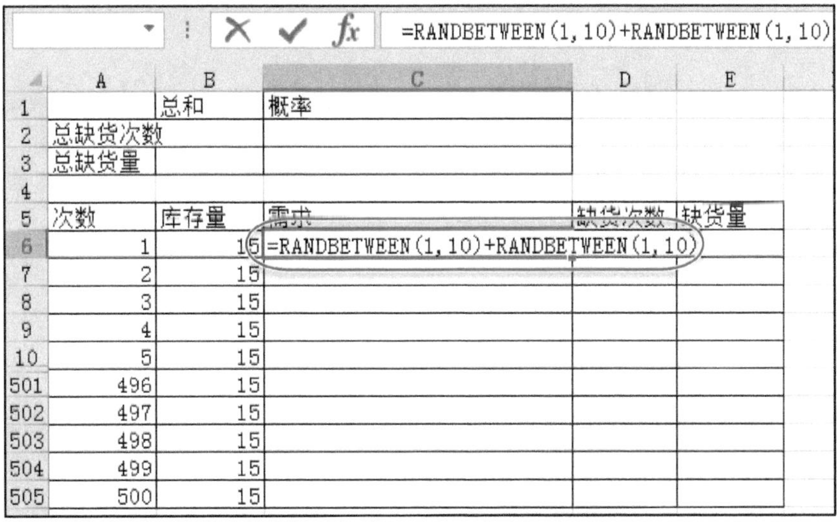

图 4-9 建立模型

图 4-10 采购需求

RANDBETWEEN（1，10）生成 1～10 之间的随机整数，表示其中一个工厂的采购需求。按公式从 C6 单元格依次填充到 C505 单元格，生成 500 次采购中每次的需求。

2）缺货次数。设定需求量大于库存量为缺货，若缺货则为 1，不缺货则为 0，利用 COUNTIF 函数计算缺货次数，如图 4-11 所示，在 D6 单元格中输入公式：

$$=\text{COUNTIF}(C6,">"\&B6)$$

按公式从 D6 单元格依次填充到 D505 单元格，得到 500 次采购中每一次的缺货情况。

	A	B	C	D	E
1		总和	概率		
2	总缺货次数				
3	总缺货量				
4					
5	次数	库存量	需求	缺货次数	缺货量
6	1	15	19	=COUNTIF(C6,">"&B6)	
7	2	15	10		
8	3	15	10		
9	4	15	10		
10	5	15	11		
501	496	15	15		
502	497	15	19		
503	498	15	18		
504	499	15	10		
505	500	15	6		

图 4-11 计算缺货次数

3）缺货量。模型中需要计算两种形式的缺货率：根据缺货次数计算的缺货率和根据缺货量计算的缺货率，这里计算缺货量。每一次采购中，若需求量小于库存量，则缺货量为 0，若需求量大于库存量，则缺货量为需求量与库存量的差值。在 E6 单元格中计算一次采购的缺货量，如图 4-12 所示，输入公式：

$$=\text{IF}(C6>B6,C6-B6,0)$$

按公式从 E6 单元格依次填充到 E505 单元格，得到每次采购的缺货量。

4）总缺货次数和缺货率。在 B2 单元格中输入公式：

$$=\text{SUM}(D6:D505)$$

得到 500 次采购的总缺货次数，如图 4-13 所示。

按照缺货次数计算缺货率，计算公式为

缺货率（按缺货次数计算）= 缺货次数/总订货次数 × 100%

在 C2 单元格输入公式：

$$=B2/500*100\%$$

将数值类型设为"百分比"，得到按照缺货次数计算的缺货率，如图 4-14 所示。

5）总缺货量和缺货率。在 B3 单元格输入公式：

$$=\text{SUM}(E6:E505)$$

得到 500 次采购的总缺货量，如图 4-15 所示。

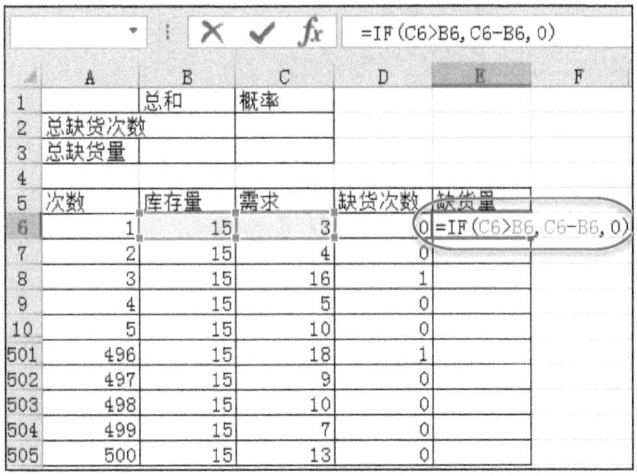

第4章　库存系统仿真建模

图 4-12　计算缺货量

图 4-13　计算总缺货次数

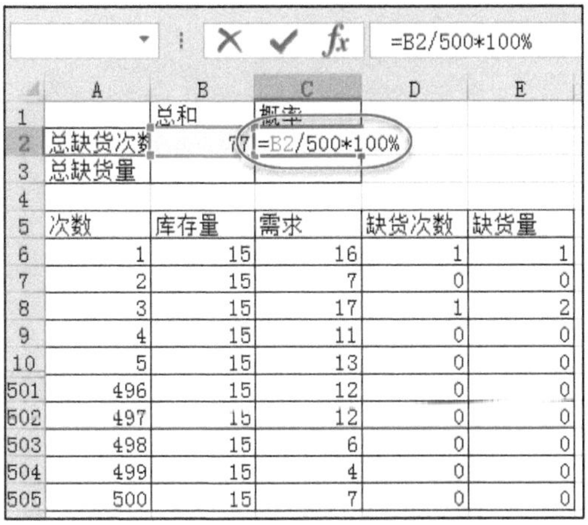

图 4-14　按照缺货次数计算的缺货率

图 4-15　计算总缺货量

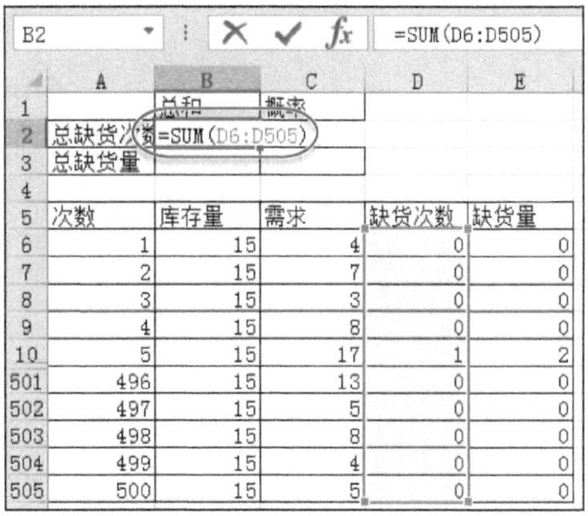

按照缺货量计算缺货率时，按照总缺货量与总需求量的比值来计算，公式为

$$\text{缺货率(按缺货量计算)} = \text{缺货量} / \text{总需求量} \times 100\%$$

在 C3 单元格输入公式：

$$=B3/SUM(C6:C505)$$

并将数值类型设为"百分比"，得到按照缺货量计算的缺货率，如图 4-16 所示。从这里可以发现，如果按照缺货次数计算缺货率，其结果和按照缺货量计算的缺货率是不同的，读者可以思考一下，二者为何不同？

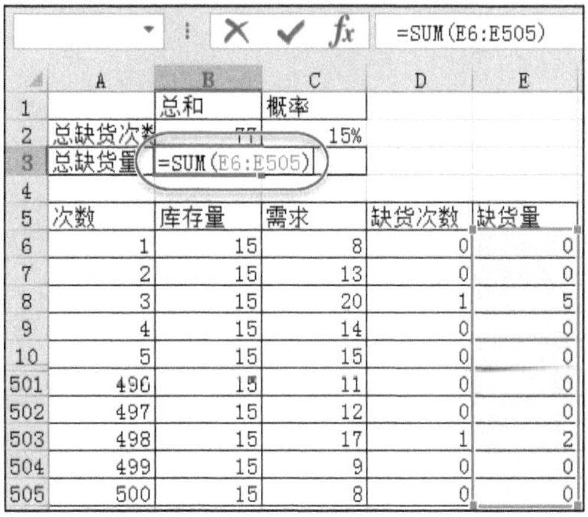

（3）用 Crystal Ball 进行仿真预测

1）根据缺货次数计算的缺货率。在 Excel 中加载 Crystal Ball，选中 C2 单元格，在

99

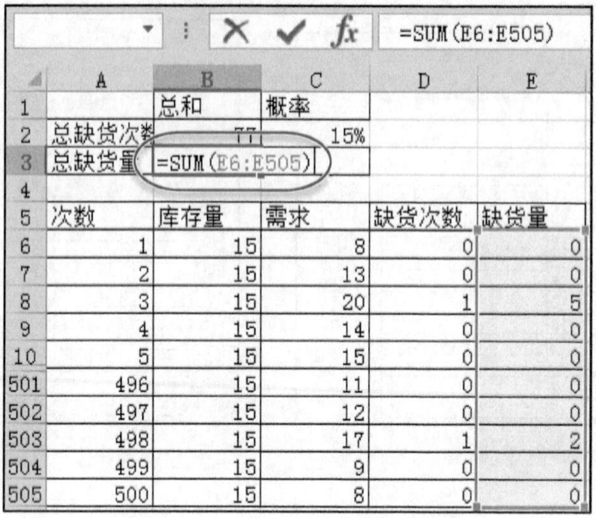

=SUM(E6:E505)

	A	B	C	D	E
1		总和	概率		
2	总缺货次数	77	15%		
3	总缺货量	=SUM(E6:E505)			
4					
5	次数	库存量	需求	缺货次数	缺货量
6	1	15	8	0	0
7	2	15	13	0	0
8	3	15	20	1	5
9	4	15	14	0	0
10	5	15	15	0	0
501	496	15	11	0	0
502	497	15	12	0	0
503	498	15	17	1	2
504	499	15	9	0	0
505	500	15	8	0	0

图 4-16　按照缺货量计算的缺货率

“Crystal Ball”菜单下单击“Define Forecast”按钮，定义需要预测的 C2 单元格，如图 4-17 所示。

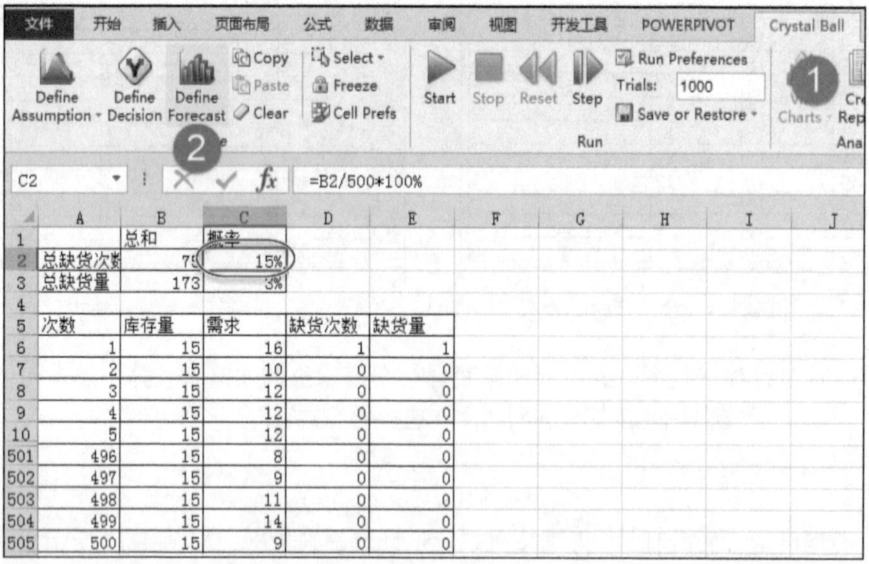

	A	B	C	D	E
1		总和	概率		
2	总缺货次数	75	15%		
3	总缺货量	173	3%		
4					
5	次数	库存量	需求	缺货次数	缺货量
6	1	15	16	1	1
7	2	15	10	0	0
8	3	15	12	0	0
9	4	15	12	0	0
10	5	15	12	0	0
501	496	15	8	0	0
502	497	15	9	0	0
503	498	15	11	0	0
504	499	15	14	0	0
505	500	15	9	0	0

图 4-17　用 Crystal Ball 进行仿真预测

单击“Define Forecast”按钮后，出现如图 4-18 所示的窗口，在“Name”行中输入预测的名字“根据缺货次数计算的缺货率”，在“Units”行中选定 C2 单元格。

第4章 库存系统仿真建模

图 4-18 对 C2 单元格的预测进行定义

单击"OK"按钮后,C2 单元格变成蓝色,说明已经定义成功。在"Crystal Ball"菜单下单击"Start"按钮,进行模拟预测,如图 4-19 所示。

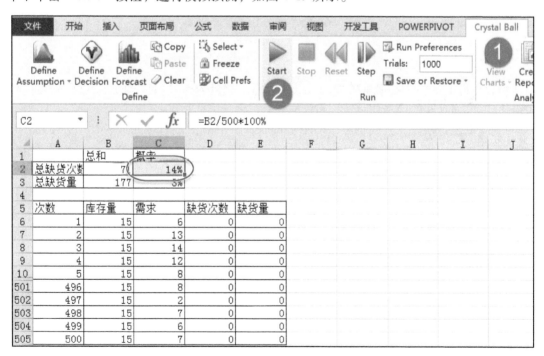

图 4-19 执行模拟预测

预测结果如图 4-20 所示。缺货率的期望为 0.146（即 14.60%），选择预测结果的区间为 0%～20%，在 1000 次模拟预测中,缺货率处于（0%，20%）区间内的概率为

99.80%，即缺货率低于20%的概率为99.80%。

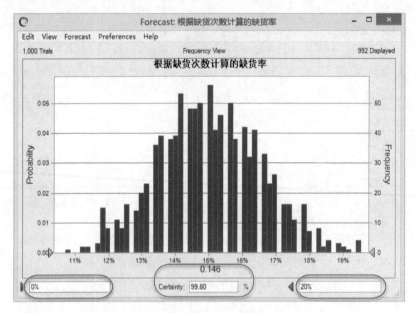

图4-20 根据缺货次数计算的缺货率模拟结果

缺货率高于20%为小概率事件，可以认为当库存量为15件时，供应商可以满足工厂80%的需求，即可以保证缺货率低于20%。

2）根据缺货量计算的缺货率。与根据缺货次数计算的缺货率步骤相同，在Excel中加载Crystal Ball，选中C3单元格，在"Crystal Ball"菜单下单击"Define Forecast"按钮，定义需要预测的C3单元格。

单击"Define Forecast"按钮后，在"Name"行中输入预测的名字"根据缺货量计算的缺货率"，在"Units"行中选定C3单元格，如图4-21所示。

单击"OK"按钮后，C3单元格变成蓝色，说明已经定义成功。在"Crystal Ball"菜单下单击"Start"按钮，进行模拟预测。

预测结果如图4-22所示。缺货率的期望为0.0364（即3.64%），选择预测结果的区间为0%～20%，在1000次模拟预测中，缺货率处于（0%，20%）区间内的概率为100%，即缺货率低于20%的概率为100%。说明当库存量为15件时，供应商可以满足工厂80%的需求，即可以保证根据缺货量计算的缺货率低于20%。

3. 结论

用Crystal Ball进行模拟预测得到的结果显示，当库存量为15件时，根据缺货次数计算和根据缺货量计算的两种缺货率，都能保证工厂80%的需求，即能保证缺货率低于20%。

第4章 库存系统仿真建模

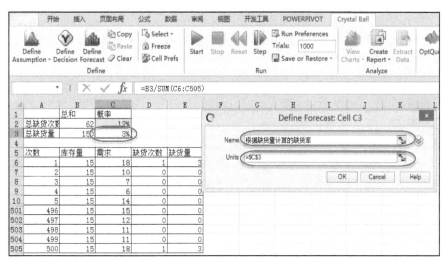

图 4-21 对 C3 单元格的预测进行定义

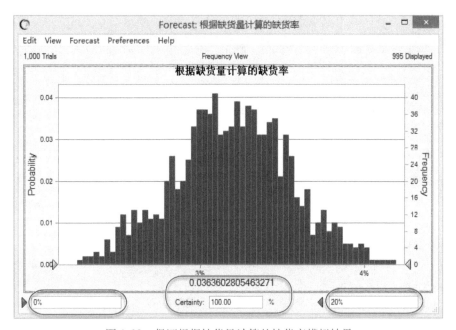

图 4-22 保证根据缺货量计算的缺货率模拟结果

4.3 确定型库存模型（一）：经济订货批量模型——EOQ 模型

经济订货批量模型是库存论中最基本的模型，由哈里斯（F. W. Harris）于 1915 年首次提出。本节主要介绍经济订货批量模型的假设条件、模型的两个重要关系、总费用分析和经济订货批量 Q^* 的计算公式。然后通过 Excel 求解 4.1 节中的啤酒库存问题,并通过啤酒库存问题说明 EOQ 模型的特性。

1. 模型的假设条件

此模型在以下 7 个假设条件下成立:

1)单位时间的需求量是常量。

2)每次订货批量（Q）保持不变;因需求量是常量,所以不需要考虑安全库存,仅当需求量为随机变量时,才需要计算安全库存。所以库存水平在货物到库时达到最大值 Q,以后库存量沿着以需求速度为斜率的直线下降,直至 0,此时又一批货物到库。

3)每次的订购费用（C_0）保持不变;计算期内的订购费用是 C_0 和订购次数的函数。

4)单位购买成本 C 保持不变,不随订购数量的变化而变化。

5)单位时间内单位商品的库存费用（C_h）保持不变;计算期内的库存费用是 C_h 和平均库存水平的函数。

6)不允许缺货。

7)订货提前期（L）是常数。

经济订货批量模型库存模式如图 4-23 所示。

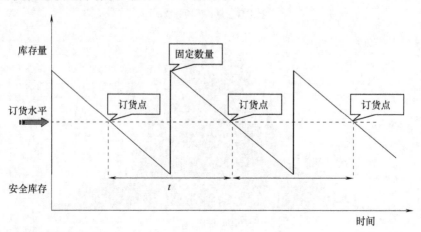

图 4-23　经济订货批量模型

2. 模型的两个重要关系

这两个重要关系是年订货次数、订货周期和订货点的计算公式,它们同样适用于其他库存模型。

（1）年需求量、订货批量（Q）、年订货次数和订货周期之间的关系

$$年订货次数 = 年需求量(D)/订货批量(Q) \tag{4-1}$$

$$\text{订货周期} = 1/\text{年订货次数} = \text{订货批量}(Q)/\text{年需求量}(D) \tag{4-2}$$

$$\text{以周为单位的订货周期} = \text{以年为单位的订货周期} \times 52 \tag{4-3}$$

$$\text{以天为单位的订货周期} = \text{以年为单位的订货周期} \times 365 \tag{4-4}$$

（2）年需求量（D）、订货提前期（L）和订货点之间的关系

$$\text{订货点} = \text{订货提前期}(L) \times \text{年需求量}(D) \tag{4-5}$$

式中，订货提前期的单位为年。

式（4-5）只适用于 $Q \geqslant LD$ 的情况，若 $Q < LD$，则

$$\text{订货点} = \text{MOD}\left(\frac{LD}{Q}\right) \tag{4-6}$$

如果订货批量已知，就可以通过以上公式来确定年订货次数、订货周期和订货点，从而确定某商品的库存策略。

确定该配送中心啤酒的订货数量就是要寻找一个最优的订货批量（Q^*），使得年总成本最小或年总收益最大。

3. 模型的总费用分析

由于此模型不允许缺货，所以总费用不包括缺货损失费，仅包括年订购费用、年库存费用和年购买费用3项。

（1）年订购费用

$$\text{年订购费用} = \text{年订货次数} \times \text{每次订购费用} = \frac{D}{Q}C_0 \tag{4-7}$$

（2）年库存费用

$$\text{年库存费用} = \text{年平均库存量} \times \text{单位商品库存费用}(C_h) \tag{4-8}$$

1）年平均库存量。计算年库存费用时首先要得到年平均库存量表达式。从图4-23中可以看出，库存量达到最大值 Q 之后，由于需求为定值，所以库存量就呈直线匀速减少直到0，这样在 $0 \sim t$ 时间内平均库存量为 $\frac{1}{2}Q$；由于在所有订货周期长度内平均库存量都为 $\frac{1}{2}Q$，所以年平均库存量也为 $\frac{1}{2}Q$。

2）年库存费用。将年平均库存量带入式（4-8）得

$$\text{年库存费用} = \frac{1}{2}QC_h \tag{4-9}$$

（3）年购买费用

$$\text{年购买费用} = \text{年需求量}(D) \times \text{单位购买费用}(C) = DC \tag{4-10}$$

（4）总费用，用 TC 表示

总费用为上面3项之和：

$$TC = \frac{D}{Q}C_0 + \frac{1}{2}QC_h + DC \tag{4-11}$$

4. 求解最优订货批量

最优订货批量 Q^* 就是使得总成本最小的 Q 值，用微分方法可求得式（4-11）取得最小值时，最优订货批量为

$$Q^* = \sqrt{\frac{2DC_0}{C_h}} \tag{4-12}$$

式（4-12）就是经济订货批量（EOQ）模型计算公式。

当 Q 取 Q^* 时，年订购费用和年库存费用相等。通过年订购费用曲线、年库存费用曲线和总费用曲线（见图 4-24），可以看出当年订购费用和年库存费用相等时，总费用曲线最低。

图 4-24　年库存费用、年订购费用和总费用曲线

同时，通过式（4-12）也可看出 Q^* 的取值与年购买费用无关，只与订购费用和库存费用有关，因此，后面各节模型中，若年购买费用的大小不影响库存决策时，在计算总费用时就不再将其考虑在内。

5. 用 Excel 求解 EOQ 模型

Excel 求解过程如图 4-25 ~ 图 4-27 所示。

如图 4-25 所示，B2：B7 是模型的输入部分，其中需求量 B6 以年为基准，B6 = 2000 * 52；为了方便计算订货点，提前期 B7 = 2/365。

如图 4-26 所示，B10：B17 是模型输出部分，在输出部分分别输入以下公式：

B10 =（年保管费率 + 年利率）× 购买单价 =（B2 + B3）* B5

	A	B	C
1	**输入**		
2	年利息率	17.00%	
3	年保管费用率/单位	8.00%	
4	订购费用/次(C_0)	32	元/次
5	价格/件(C)	8	元/件
6	年需求量(D)	104000	件
7	提前期(L)	0.005479	年

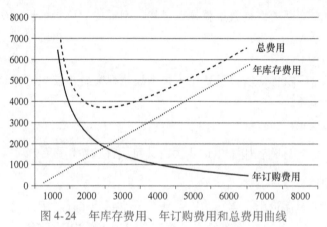

图 4-25　输入已知数据

B11 = SQRT((2 * B6 * B4)/B10)

B12 = B6/B11

B13 = 1/B12 * 365

B14 = B6 * B7

B15 = 1/2 * B11 * B10

B16 = B12 * B4

B17 = B15 + B16

	A	B	C
9	**输出**		
10	年库存费用/单位(C_h)	=(B2+B3)*B5	元/件
11	经济订货批量(Q^*)	=SQRT((2*B6*B4)/B10)	件
12	年订货次数	=B6/B11	次
13	订货时间间隔	=1/B12*365	天
14	重新订货点	=B6*B7	件
15	年库存费用	=1/2*B11*B10	元
16	年订货费用	=B12*B4	元
17	总费用	=B15+B16	元

图 4-26　输入计算公式

计算得到的结果如图 4-27 所示。

	A	B	C
9	**输出**		
10	年库存费用/单位(C_h)	2	元/件
11	经济订货批量(Q^*)	1824.28068	件
12	年订货次数	57.00877125	次
13	订货时间间隔	6.402523541	天
14	重新订货点	569.8630137	件
15	年库存费用	1824.28068	元
16	年订货费用	1824.28068	元
17	总费用	3648.56136	元

图 4-27　输出结果

在实际操作中，订货批量、订货次数和重新订货点必须是整数，因此经济订货批量应为 1824 件（通过比较 Q^* 取 1824 和 1825 时总费用的值，来确定最终的经济订货批量）；订货次数为 57 次；重新订货点为 570 件。

该配送中心的啤酒库存策略属于循环策略，可以确定为每次订货批量为 1824 件，当库存量为 570 件时，就开始订货。当然，在实际操作中为了适应需求的波动，可以根据需要制定一个安全库存，如果安全库存为 400 件，那么当库存量为 970 件时就要开始订货。增加安全库存虽适应了变化的需求，但库存费用也增加了 2 × 400 元/年 = 800 元/年。

6. EOQ 模型特性分析

由于经济订货批量 Q^* 的取值只与 C_0、C_h 和 D 有关，其中 D 的值可以较为客观地通过销售数据取得，而 C_0 和 C_h 的值则需要一定的人为估计才能得出，如订货成本中的人工成本、库存费用中的资金成本等。所以希望 EOQ 模型在 C_0 和 C_h 的值有一定变动时，经济订货批量和总成本变动不大。

仍以 4.1 节中啤酒的库存为例，通过 Excel 来计算最优订货批量和总成本随 C_0 和 C_h 变化而变化的情况。

C_h 值分别为 1.92 元/件和 2.08 元/件；C_0 值分别为 30 元/次和 34 元/次，求解过程如图 4-28 所示。

	E	F	G	H	I
2	C_h(元/件)	C_0(元/次)	Q^*(件)	$Q=Q^*$(元)	$Q=1824$(元)
3	1.92	30	1803	3461	3462
4	1.92	34	1919	3685	3690
5	2.08	30	1732	3603	3608
6	2.08	34	1844	3835	3836

图 4-28 C_0 和 C_h 变化时 EOQ 模型的 Q^* 和 TC 变化情况

图 4-28 中单元格 E3：F6 为输入部分，单元格 G3：I3 中分别输入以下公式即可得到图中的数据。

G3 = SQRT(2 * 104000 * F3/E3)

H3 = 1/2 * G3 * E3+104000/G3 * F3

I3 = 1/2 * 1824 * E3+104000/1824 * F3

G4：I6 使用自动填充求出。

从图 4-28 中可以看出，最优订货批量的变化范围在 1700～2000 件之间，总费用的变化范围在 3400～3800 元之间。即使 C_h 值取 1.92 元/件，C_0 值取 34 元/次，如果还用 C_h = 2 元/件，C_0 = 30 元/次时的最优订货批量 1824 件计算，总费用与用 C_h = 1.92 元/件，C_0 = 34 元/次时的最优订货批量 1919 件计算的总费用仅相差 5 元，即 3690 元 – 3685 元 = 5 元。这说明 EOQ 模型的最优订货批量和总费用对于 C_0 和 C_h 具有一种"稳健性"，即当 C_0 和 C_h 变化时，最优订货批量和总费用的变化不大，这是 EOQ 模型的一个重要特性。正是因为这一特性，在成本估计不是十分准确的情况下，EOQ 模型仍然可以得出一个较为合理的库存策略。

4.4 确定型库存模型（二）：允许缺货的 EOQ 模型

在大多数情况下，缺货会造成利润减少、顾客流失等诸多不良后果，然而在有些情况下，允许一定数量的缺货会减少库存费用，降低库存总成本。例如汽车销售商并不采取存储大量汽车以及时满足顾客需求的库存策略，而是在有顾客需求时才开始订购汽车，主要原因是由于汽车库存费用很高（主要是资金成本），所以在库存费用很高的情况下，允许一定程度的缺货，可大大降低库存费用，节约资金。

缺货时，顾客一定会有两种选择：一是到别的商家购买；二是等待此商家再次购进商品。本节介绍的允许缺货的 EOQ 模型中，假设没有及时购买商品的顾客会全部等待，商家再次购进商品时首先满足这些等待顾客的需求。允许缺货的 EOQ 模型中其余假设条件与 EOQ 模型相同。

允许缺货的 EOQ 模型库存模式如图 4-29 所示。

设模型中各参数为

Q——每次订购的批量。

D——年需求量。

S——最大缺货数量。

d——每天的需求量。

C_h——单位商品的库存费用。

C_0——每次的订购费用。

C_b——单位产品缺货损失费用。

T——订货周期。

t_1——订货周期（T）内没有缺货的时间。

t_2——订货周期（T）内缺货的时间。

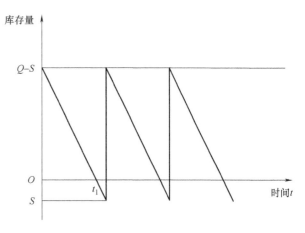

图 4-29 允许缺货的 EOQ 模型

从图 4-29 可以看出，新一批商品购进时库存缺货量为 S，此时立即满足等待的顾客需求 S，这样最大库存量就不是 Q，而是 $Q-S$。

订货周期 T 分为两个部分：t_1 和 t_2。在 t_1 时间内到达的需求立刻得到满足，在 t_2 时间内到达的需求需要等待，直到下一批商品进库时才能得到满足。

上述两点就是允许缺货的 EOQ 模型的特性。下面通过分析允许缺货的 EOQ 模型的总费用来确定允许缺货的 EOQ 模型的库存策略，并通过案例介绍允许缺货的 EOQ 模型的 Excel 求解过程。

1. 允许缺货的 EOQ 模型总费用分析

（1）年订购费用

$$\text{年订购费用} = \text{年订购次数} \times C_0 = \frac{D}{Q}C_0 \tag{4-13}$$

（2）年库存费用

$$\text{年库存费用} = \text{年平均库存量} \times C_h \tag{4-14}$$

1）平均库存量。因为最大库存量 $= Q-S$，所以在 t_1 时间段内平均库存量为 $(Q-S)/2$，而在 t_2 时间段内平均库存量为 0，所以在一个订货周期内平均库存量为

$$\text{平均库存量} = [(Q-S)t_1/2 + 0t_2]/(t_1+t_2) = \frac{(Q-S)t_1}{2T} \tag{4-15}$$

因为

$$t_1 = (Q-S)/d \tag{4-16}$$

$$t_2 = S/d \tag{4-17}$$

所以

$$T = Q/d \tag{4-18}$$

将式（4-16）和式（4-18）带入式（4-15），得

$$平均库存量 = (Q-S)^2/(2Q) \tag{4-19}$$

2）年库存费用。由式（4-19）和式（4-14）得

$$年库存费用 = C_h(Q-S)^2/(2Q) \tag{4-20}$$

（3）缺货损失费用

$$缺货损失费用 = 年平均缺货量 \times C_b \tag{4-21}$$

1）平均缺货量。平均缺货量的计算思路与平均库存量的计算思路相同，即

$$平均缺货量 = [0t_1 + (S/2)t_2]/T = St_2/(2T) \tag{4-22}$$

将式（4-17）和式（4-18）带入式（4-22）得

$$平均缺货量 = (S/2)(S/d)/(Q/d) = S^2/(2Q) \tag{4-23}$$

2）年缺货损失费用。由式（4-23）和式（4-21）得

$$年缺货损失费用 = C_b S^2/(2Q) \tag{4-24}$$

（4）总费用 TC

总费用为年订购费用、年库存费用和年缺货损失费用之和，即

$$TC = \frac{D}{Q}C_0 + C_h\frac{(Q-S)^2}{2Q} + C_b\frac{S^2}{2Q} \tag{4-25}$$

2. 求解最优订货批量

最优订货批量 Q^* 和最大缺货量 S^* 就是使得总费用最小的 Q 值和 S 值，用对 Q 和 S 的偏微分可求得式（4-25）取得最小值时，Q^* 和 S^* 分别为

$$Q^* = \sqrt{\left(\frac{C_h + C_b}{C_b}\right)\frac{2DC_0}{C_h}} \tag{4-26}$$

$$S^* = Q^*\left(\frac{C_h}{C_h + C_b}\right) \tag{4-27}$$

3. 用 Excel 求解允许缺货的 EOQ 模型

本节通过某厂某种材料的库存问题来说明生产批量模型的 Excel 求解过程。

某厂对某种材料的全年需要量为 1040t，每次采购该种材料的订货费为 2040 元，每年保管费为 170 元/t，允许缺货且损失费为每年 500 元/t，试问每次最优订货量为多少？每年应订货几次？每年的存储总费用为多少？

Excel 求解过程如图 4-30 ~ 图 4-32 所示。

如图 4-30 所示，单元格 B2：B5 是模型的输入部分。

如图 4-31 所示，单元格 B8：B15 是模型的输出部分，分别在单元格 B8：B15 处输入

	A	B	C
1	输入		
2	订货费用/次(C_0)	2040	元/次
3	年库存费用/单位(C_h)	170	元/吨
4	年缺货费用/单位(C_b)	500	元/吨
5	年需求量(D)	1040	吨

图 4-30 允许缺货的 EOQ 模型数据输入

下列公式：

B8 = SQRT(2 * B5 * B2 / B3 * ((B3 + B4) / B4))

B9 = B8 * (B3 / (B3 + B4))

B10 = B5 / B8

B11 = 1 / B10 * 365

B12 = 1 / 2 * (B8 - B9)^2 / B8 * B3

B13 = B10 * B2

B14 = 1 / 2 * B9^2 / B8 * B4

B15 = SUM(B12:B14)

	A	B	C
7	**输出**		
8	最优生产批量(Q*)	=SQRT(2*B5*B2/B3*((B3+B4)/B4))	吨
9	最大缺货量(S)	=B8*(B3/(B3+B4))	吨
10	年订货次数	=B5/B8	次
11	订货时间间隔	=1/B10*365	天
12	年库存费用	=1/2*(B8-B9)^2/B8*B3	元
13	年订购费用	=B10*B2	元
14	年缺货费用	=1/2*B9^2/B8*B4	元
15	总费用(TC)	=SUM(B12:B14)	元

图 4-31　允许缺货的 EOQ 模型输入公式

如图 4-32 所示，通过 Excel 计算得出，该厂每次的最优订货批量为 183t，最大缺货量为 46t，订货的时间间隔为 64 天。

	A	B	C
7	**输出**		
8	最优生产批量(Q*)	182.8835695	吨
9	最大缺货量(S)	46.40329376	吨
10	年订货次数	5.686678157	次
11	订货时间间隔	64.18509892	天
12	年库存费用	8657.330925	元
13	年订购费用	11600.82344	元
14	年缺货费用	2943.492515	元
15	总费用(TC)	23201.64688	元

图 4-32　允许缺货的 EOQ 模型计算结果

4.5　确定型库存模型（三）：有数量折扣的 EOQ 模型

数量折扣是供应商提供给购买厂家的一种优惠条件，单位商品的购买费用随着购买量的增加而有一定程度的下降，它是订货数量的函数。常见的商品折扣形式如图 4-33 所示。

图 4-33　常见的商品折扣形式

从图 4-33 中可以看出当订货数量 $0 < Q < Q_1$ 时，单位购买成本为 C_1；当 $Q_1 \leqslant Q < Q_2$ 时，商品的单位购买成本为 C_2，$C_2 < C_1$；当 $Q \geqslant Q_2$ 时，单位购买成本为 C_3，$C_3 < C_2$。

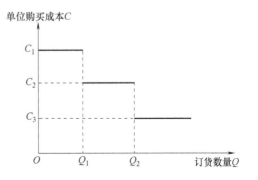

有数量折扣的 EOQ 模型的假设条件与 EOQ 模型基本相同，只是单位购买费用随订货数量 Q 的变化而有所不同。

1. 求解有数量折扣的 EOQ 模型

本节通过某厂元件库存问题来说明有数量折扣的 EOQ 模型的求解思路。

设某车间每月需要零件 30000 只，每次的订购费是 500 元。每月每件的存储费是 0.2 元，零件批量的单价如下：

当 $0 < Q < 10000$ 时，单价为 1 元；

当 $10000 \leq Q < 30000$ 时，单价为 0.98 元；

当 $30000 \leq Q < 50000$ 时，单价为 0.94 元；

当 $Q \geq 50000$ 时，单价为 0.90 元。

试求此时该厂的最优订货量是多少？该厂为了最大限度享受数量折扣的优惠，而把每次的采购量定为 50000 是否合算？

此库存的问题求解思路如下：

1) 按照经济订货批量模型计算最优订货批量 Q^*。

2) 若 $Q^* < 10000$，则分别计算当订货量为 Q^*、10000 时的总库存费用，其中使得总费用最小的订货批量值就是最优订货批量。

若 $10000 \leq Q^* < 30000$ 时，则分别计算当订货量为 Q^*、30000 时的总库存费用，其中使得总费用最小的订货批量值就是最优订货批量。

若 $30000 \leq Q^* < 50000$ 时，则分别计算当订货量为 Q^* 和 50000 时的总库存费用，其中使得总费用最小的订货批量值就是最优订货批量。

若 $Q^* \geq 50000$，则 Q^* 就是最优订货批量。

3) 由于有数量折扣，这时单位购买成本对最终的库存决策就会产生影响，因而总费用计算公式为

$$TC(Q) = \frac{Q}{2}C_h + \frac{D}{Q}C_0 + D \cdot C(Q) \tag{4-28}$$

式中，C_0 为每次的订购费用；C_h 为单位商品的库存费用；$C(Q)$ 为单位购买成本（随 Q 的变化而有改变）；TC 为总费用。

4) 确定了最优订货批量后，就可以求解其他变量。

2. 用 Excel 求解有数量折扣的 EOQ 模型

本节通过 Excel 求解以上库存问题。

Excel 求解过程如图 4-34 ~ 图 4-36 所示。

	A	B	C
1	输入		
2	订购费用/次(C_0)	500	元/次
3	月库存费用/单位(C_h)	0.2	元/只
4	月需求量(D)	30000	只
5			
6	单位购买成本函数		
7	数量等级	单位购买成本	
8	0	1	元
9	10000	0.98	元
10	30000	0.94	元
11	50000	0.9	元

图 4-34 有数量折扣的 EOQ 模型数据输入

如图 4-34 所示，单元格 B2：B11 是模型的输入部分，其中：
单元格 B8 代表 Q 的范围是 $0 < Q < 10000$。
单元格 B9 代表 Q 的范围是 $10000 \leqslant Q < 30000$。
单元格 B10 代表 Q 的范围是 $30000 \leqslant Q < 50000$。
单元格 B11 代表 Q 的范围是 $Q \geqslant 50000$。

如图 4-35 所示，单元格 B14：B19 是模型的输出部分，分别在单元格 B14：B19 处输入下列公式：

B14 = SQRT(2*B4*B2/B3)
B15 = 1/2*B14*B3+B4/B14*B2+B4*B9
B16 = 1/2*A10*B3+B4/A10*B2+B4*B10
B17 = 1/2*A11*B3+B4/A11*B2+B4*B11
B18 = IF(B19=B15,B14,IF(B19=B16,A10,A11))
B19 = MIN(B15:B17)

	A	B	C
13	**输出**		
14	EOQ模型计算的Q^*	=SQRT(2*B4*B2/B3)	只
15	Q^*总费用1(TC)	=1/2*B14*B3+B4/B14*B2+B4*B9	元
16	Q=30000的总费用2(TC)	=1/2*A10*B3+B4/A10*B2+B4*B10	元
17	Q=50000的总费用3(TC)	=1/2*A11*B3+B4/A11*B2+B4*B11	元
18	最优订货批量	=IF(B19=B15,B14,IF(B19=B16,A10,A11))	只
19	最小成本	=MIN(B15:B17)	元

图 4-35　有数量折扣的 EOQ 模型输入公式

如图 4-36 所示，通过 Excel 计算可以得出，该厂每次的最优订货批量为 30000 只。如果该厂一味强调享受优惠价格而把订货批量定为 50000 只，虽然元件购进价格便宜，却因年库存费用的增加而使总费用较最优订货批量 30000 只增加了 32300 元 − 31700 元 = 600 元，所以该厂把每次的采购量定为 50000 只并不合算。

	A	B	C
13	**输出**		
14	EOQ模型计算的Q^*	12247.44871	只
15	Q^*总费用1(TC)	31849.48974	元
16	Q=30000的总费用2(TC)	31700	元
17	Q=50000的总费用3(TC)	32300	元
18	最优订货批量	30000	只
19	最小成本	31700	元

图 4-36　有数量折扣的 EOQ 模型计算结果

4.6 确定型库存模型（四）：生产批量模型

如果某货物是由本厂生产补充的，这样的库存补充过程就不同于 EOQ 模型的瞬时补充过程，而是一个逐渐补充的过程，若其余的假设条件与 EOQ 模型相同，则此模型就是生产批量模型。

生产批量模型库存模式如图 4-37 所示。

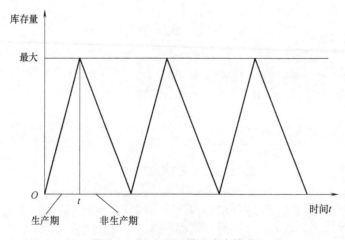

图 4-37　生产批量模型库存模式

在生产期内，库存量因需求而不断减少，因生产而不断增加。设 p 为每天的生产数量，d 为每天的需求数量，并要求 $p \geq d$，则在生产期内库存量以 $p-d$ 的速度增加；非生产期内由于没有库存量的补充，所以库存量以速度 d 减少；最大库存量并不是生产期内的生产数量，设 t 为生产期的天数，则最大库存量为 $(p-d)t$。

生产批量模型与经济批量模型的分析方法相同，均以总费用最小来分析生产批量模型的库存策略。

1. 生产批量模型的总费用分析

首先说明模型中各个参数的意义：

Q——每次生产的批量。

p——每天的生产量。

t——每次的生产天数。

d——每天的需求量。

D——年需求量。

P——年生产量。

C_h——单位商品的库存费用。
C_0——每次生产的装配费用。

（1）年装配费用

$$\text{年装配费用} = \text{年生产次数} \times C_0 = \frac{D}{Q}C_0 \qquad (4\text{-}29)$$

（2）年库存费用

$$\text{年库存费用} = \text{年平均库存量} \times C_h \qquad (4\text{-}30)$$

1）平均库存量。从图 4-37 中可以看出

$$\text{最大库存量} = (p-d)t \qquad (4\text{-}31)$$

由于生产期内完成的生产量为 Q，所以 $Q = pt$，因此

$$t = Q/p \qquad (4\text{-}32)$$

将式（4-32）带入式（4-31）中得

$$\text{最大库存量} = (p-d) \times Q/p = (1-d/p)Q \qquad (4\text{-}33)$$

由此可知，年平均库存量为

$$\text{年平均库存量} = \frac{1}{2}(1-d/p)Q \qquad (4\text{-}34)$$

由于式（4-34）中 d/p 是比率关系，因此只要单位时间相同，得出的比率就相同，平均库存量也相同，而不管需求速率和生产速率是用天、月还是年表示，因此，式（4-34）还可以表示为

$$\text{年平均库存量} = \frac{1}{2}(1-D/P)Q \qquad (4\text{-}35)$$

2）年库存费用。由式（4-30）和式（4-35）可得

$$\text{年库存费用} = \frac{1}{2}(1-D/P)QC_h \qquad (4\text{-}36)$$

（3）总费用 TC

总费用为年装配费用和年库存费用之和，即

$$\text{总费用} = \frac{D}{Q}C_0 + \frac{1}{2}(1-D/P)QC_h \qquad (4\text{-}37)$$

2. 求解最优订货批量

最优订货批量 Q^* 就是使得总成本最小的 Q 值，用微分方法可求得当式（4-37）取得最小值时，Q^* 为

$$Q^* = \sqrt{\frac{2DC_0}{(1-D/P)C_h}} \qquad (4\text{-}38)$$

3. 用 Excel 求解生产批量模型

本节通过车间半制品的库存问题来说明生产批量模型的 Excel 求解过程。

设某厂甲车间产品每年半制品需要量为 8000t,而甲车间每年生产半制品的能力为 200000t,甲车间每次调拨半成品的手续费为 36 元,每吨每年的存储费为 0.4 元。要使费用最低,甲车间最佳的存储策略该如何选择?

Excel 求解过程如图 4-38 ~ 图 4-40 所示。

如图 4-38 所示,单元格 B2:B5 是模型的输入部分。

如图 4-39 所示,单元格 B8:B13 是模型的输出部分,分别在 Excel 对应的单元格中输入以下公式:

B8 = SQRT(2 * B4 × B2 / ((1 - B4/B5) * B3))

B9 = B4/B8

B10 = 1/B9 * 365

B11 = 1/2 * (1 - B4/B5) * B8 * B3

B12 = B9 * B2

B13 = B11 + B12

	A	B	C
1	输入		
2	装配费用/次(C_0)	36	元/次
3	年库存费用/单位(C_h)	0.4	元/吨
4	年需求量(D)	8000	吨
5	年生产能力(P)	200000	吨

图 4-38 生产批量模型数据输入

	A	B	C
7	输出		
8	最优生产批量(Q^*)	=SQRT(2*B4*B2/((1-B4/B5)*B3))	吨
9	年生产次数	=B4/B8	次
10	调拨时间间隔	=1/B9*365	天
11	年库存费用	=1/2*(1-B4/B5)*B8*B3	元
12	年装备费用	=B9*B2	元
13	总费用(TC)	=B11+B12	元

图 4-39 生产批量模型输入计算公式

计算后的结果如图 4-40 所示,由此可得,甲车间最佳生产批量为 1225t,两次调拨之间的时间间隔为 56 天。

	A	B	C
7	输出		
8	最优生产批量(Q^*)	1225	吨
9	年生产次数	7	次
10	调拨时间间隔	56	天
11	年库存费用	235.151	元
12	年装备费用	235.151	元
13	总费用(TC)	470.302	元

图 4-40 生产批量模型计算结果

4.7 确定型库存模型(五):联合补货模型

当前有很多企业倾向于把采购业务外包出去,承接企业采购业务的服务商可以通过合理安排不同客户的订货策略为企业取得效益,服务商为客户降低采购成本的一个重要方面就是通过同时为几种不同的产品订货,而降低采购成本。

联合补货模型如图 4-41 所示。

图 4-41 所示的订货策略是在一个订货周期内,产品 1 单独订购 2 次,产品 1 和产品 2 同时订购 1 次。

为了保证最小订货周期,规定产品 2 的订货时间间隔为同时订货策略的订货周期。

制定联合补货模型的库存策略需确定 3 类变量:

1)各产品最优订货数量 Q。
2)各产品订货的时间间隔 t_i。
3)订货周期 T,$T = \max(t_i)$。

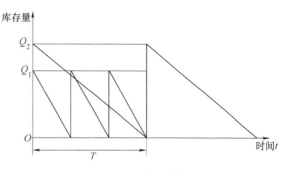

图 4-41 联合补货模型

随着订货品种的增加,模型中的变量也会不断增加,模型也将变得更加复杂,因而本节只通过例题介绍同时为两种产品订货的库存模型,并介绍运用 Excel 规划求解功能的求解过程。

某床上用品经营商销售大号和特大号两种类型的床垫。此经营商从一家床垫制造商进货。经该经营商分析:大号床垫的年需求量为 2200 个,单位购买成本为 100 元,年单位库存成本为 28 元,订购费用为 500 元;而特大号床垫的年需求量为 250 个,单位购买成本为 120 元,年单位库存成本为 30.6 元,订购费用与大号床垫相同为 500 元。然而如果两种产品同时订货,则两种产品同时订货的订货成本为 650 元,比分别订货节省了 500 元 + 500 元 - 650 元 = 350 元。试求此床上用品经营商的床垫库存策略。

1. 模型参数和参数关系

(1)模型参数

C_0^1——大号床垫的订购费用。

C_0^2——特大号床垫的订购费用。

C_0^{12}——同时两种类型床垫的订购费用。

C_h^1——单位大号床垫的年库存费用。

C_h^2——单位特大号床垫的年库存费用。

C^1——大号床垫的购买成本。

C^2——特大号床垫的购买成本。

Q_1——大号床垫的订货批量。

Q_2——特大号床垫的订货批量。

t_1——大号床垫订货的时间间隔(用年表示)。

t_2——特大号床垫订货的时间间隔(用年表示)。

T——订货周期（年）。
n_1——订货周期内大号床垫的订货次数。
n_2——订货周期内特大号床垫的订货次数。

（2）模型中参数的关系

$$T = \max(t_1, t_2) \tag{4-39}$$

$$t_1 = T/n_1, \quad t_2 = T/n_2 \tag{4-40}$$

$$Q_1 = D_1 t_1, \quad Q_2 = D_2 t_2 \tag{4-41}$$

$$年订货次数 = 1/T \tag{4-42}$$

2. 模型的规划求解

目标函数是规划求解的重要部分，因而首先介绍目标函数的构成，然后说明规划求解的约束条件。

（1）目标函数

目标函数是总费用 TC 最小，即年库存费用与年订购费用之和最小。以 n_1、n_2 和 T 为变量，则：

1）年订购费用为

年订购费用 = 大号床垫的订购次数 × 大号床垫的订购费用 + 特大号床垫的订购次数 ×

$$特大号床垫的订购费用 + 同时订购次数 × 同时订购费用 \tag{4-43}$$

其中：

$$一个订货周期内大号床垫的订购次数 = n_1 - 1 \tag{4-44}$$

$$一个订货周期内特大号床垫的订购次数 = n_2 - 1 \tag{4-45}$$

$$一个订货周期内同时订购次数 = 1 \tag{4-46}$$

因此，

$$一个订货周期内的订购费用 = C_0^1(n_1 - 1) + C_0^2(n_2 - 1) + C_0^{12} \tag{4-47}$$

由式（4-42）和式（4-47）可得

$$年订购费用 = [C_0^1(n_1 - 1) + C_0^2(n_2 - 1) + C_0^{12}]/T \tag{4-48}$$

2）年库存费用。年库存费用为大号床垫年库存费用和特大号床垫年库存费用之和，他们的库存费用计算公式与 EOQ 模型中库存费用计算公式相同。

$$年库存费用 = Q_1 C_h^1/2 + Q_2 C_h^2/2 \tag{4-49}$$

由式（4-40）、式（4-41）和式（4-49）可得

$$年库存费用 = \frac{1}{2} T \left(\frac{D_1}{n_1} C_h^1 + \frac{D_2}{n_2} C_h^2 \right) \tag{4-50}$$

3）总费用 TC。总费用为

$$TC = \frac{C_0^1(n_1 - 1) + C_0^2(n_2 - 1) + C_0^{12}}{T} + \frac{T}{2} \left(\frac{D_1 C_h^1}{n_1} + \frac{D_2 C_h^2}{n_2} \right) \tag{4-51}$$

因此规划求解的目标函数为

$$\min\left[\frac{C_0^1(n_1-1)+C_0^2(n_2-1)+C_0^{12}}{T}+\frac{T}{2}\left(\frac{D_1 C_h^1}{n_1}+\frac{D_2 C_h^2}{n_2}\right)\right] \tag{4-52}$$

（2）变量和约束条件

1）非负约束。

2）n_1、n_2 为整数。

3. 用 Excel 求解联合补货模型

Excel 规划求解过程如图 4-42 所示。

图 4-42 联合补货模型 Excel 规划求解

单元格 B14、B15 和 B17 是模型规划求解的可变单元格。单元格 B21 是模型规划求解的目标函数。

C14 = ＄B＄17/B14

D14 = 1/C14

E14 = E7 * C14

将单元格 C14：E14 公式向下填充至 C15：E15 单元格。

B19：B21 单元格公式如下：

B19 = (B4 + (B14 − 1) * B7 + (B15 − 1) * B8)/B17

B20=0.5*(E14*D7+E15*D8)
B21=SUM(B19:B20)

由此可得该床上用品经营商的年订货周期数大约为 4 次。在一个订货周期内,大号床垫单独订购 1 次,和特大号床垫同时订购 1 次。大号床垫的最优订货数量为 269 只,特大号床垫的最优订货数量为 61 只。

4.8 随机库存模型（一）：单周期模型——报童模型

之前各节介绍的库存模型中都假设需求量为定值,通过求解总费用最小时的订货批量和重新订货点来确定库存策略。当需求变化过大不能做定值处理时,需求量就不再是常量,而是随机变量,这时就需要借助另一类库存模型——随机库存模型进行分析。由于大部分随机库存模型都比较复杂,本章仅介绍随机库存模型中较为简单的两个模型——报童模型和 (R,Q) 模型。本节首先介绍单周期模型,一个典型单周期库存模型的例子就是在大街小巷卖报的小孩,因而此模型又称报童模型。

报童模型的库存模式是在某一时期内订货只有 1 次,到此时期结束时要么所有的产品全卖光,要么就折本销售剩余产品。由于折本销售,因而假设产品会在时期末全部卖光。除了报童卖报,时装和一些易腐烂产品的销售也基本符合单周期模型假设。

因为单周期模型仅订货 1 次,所以该模型的库存策略就是确定它在期初的最优订货数量。本节通过案例说明报童模型的求解公式和它的 Excel 求解过程,以及 Crystal Ball 验证过程。

1. 模型描述

某报刊亭全年出售一种报纸,该报纸每份售价 1.0 元,进价 0.4 元。根据以往的经验,每天该报纸的市场需求量概率分布见表 4-2。问每天应批发多少份报纸,才能使总收益最大?

表 4-2 每天该报纸的市场需求量概率分布

需求量 D（份）	300	400	500	600	700	800
概率密度 $P(D)$	0.05	0.10	0.25	0.35	0.15	0.10

系统参数及说明如下:

Q——期初订货量。

D——实际需求量,随机变量。本例中,D 服从表 4-2 的概率分布。

C_{over}——当订货量 $Q>D$ 时,批发的报纸数量大于需求量,没能销售出去的报纸造成的损失。本例中,$C_{over}=0.4$ 元/份。

C_{under}——当订货量 $Q \leqslant D$ 时,批发的报纸全部销售出去,每份报纸所获得的利润,即没有被满足销售需求而造成的潜在利润损失。本例中,$C_{under}=0.6$ 元/份。

第4章 库存系统仿真建模

采用边际分析方法求解单周期模型可得的最优订货批量 Q^*，是使式（4-53）成立的最小的 Q 值，即

$$P(D \leq Q) \geq C_{\text{under}} / (C_{\text{over}} + C_{\text{under}}) \tag{4-53}$$

2. Excel 建模步骤

首先，在 Excel 中，输入报纸售价、报纸进价，如图 4-43 所示。

	A	B	C
1	报纸售价	1.0	元/份
2	报纸进价	0.4	元/份

图 4-43 单位损失和盈利

其次，将表 4-2 中报纸的需求量概率分布输入 Excel，如图 4-44 所示。

	A	B
4	需求份数概率分布表	
5	需求量(D)(份)	概率密度P(D)
6	300	0.05
7	400	0.10
8	500	0.25
9	600	0.35
10	700	0.15
11	800	0.10

图 4-44 需求概率分布

接下来计算其累计概率，在单元格 C6 中输入公式：

$$= B6$$

在单元格 C7 中输入公式：

$$= C6 + B7$$

单元格 C8 中输入公式可以采用自动填充的方法得到。其输入公式如图 4-45 所示，计算结果如图 4-46 所示。

	A	B	C
4	需求份数概率分布表		
5	需求量(D)(份)	概率密度P(D)	累计概率
6	300	0.05	=B6
7	400	0.10	=C6+B7
8	500	0.25	=C7+B8
9	600	0.35	=C8+B9
10	700	0.15	=C9+B10
11	800	0.10	=C10+B11

图 4-45 需求累计概率计算方法

	A	B	C
4	需求份数概率分布表		
5	需求量(D)(份)	概率密度P(D)	累计概率
6	300	0.05	0.05
7	400	0.10	0.15
8	500	0.25	0.40
9	600	0.35	0.75
10	700	0.15	0.90
11	800	0.10	1.00

图 4-46 需求累计概率计算结果

根据累计概率，可以确定 $P(D \leq Q)$ 的概率区间，见表 4-3。

表 4-3 需求概率区间

需求量 D（份）	概率密度 $P(D)$	累计概率	概率区间
300	0.05	0.05	(0.00, 0.05]
400	0.10	0.15	(0.05, 0.15]
500	0.25	0.40	(0.15, 0.40]
600	0.35	0.75	(0.40, 0.75]
700	0.15	0.90	(0.75, 0.90]
800	0.10	1.00	(0.90, 1.00]

根据前文的概率区间，可以确定需求量 D 的概率区间。

首先，来看需求量 D 的概率区间分布，因为需求量为 300 的累计概率为 0.05，所以，对于需求量为 300 而言，其分布的概率区间应该为 (0, 0.05]。

在单元格 D6 中输入 0，该值为概率区间下限。

在单元格 E6 中输入公式：

$$= C6$$

得到需求量为 300 的概率区间上限。

其次，再看需求量为 400 的概率区间分布，因为需求量为 400 的累计概率为 0.15，故其分布的概率区间为 (0.05, 0.15]，概率区间的分布有以下关系：

1）概率区间下限 = 需求量为 300 的概率区间的上限。

2）概率区间上限 = 需求量为 400 的累计概率值。

根据以上关系，在单元格 D7 中输入公式：

$$= E6$$

得到需求量为 400 的概率分布区间下限。

在单元格 E7 中输入公式：

= C7

得到需求量为 400 的概率分布区间上限。

对于其余各需求量的概率区间上限和概率区间下限，可以采用自动填充的方法得到。其计算公式输入情况如图 4-47 所示，得到的计算结果如图 4-48 所示。

	A	B	C	D	E
4	需求份数概率分布表				
5	需求量(D)(份)	概率密度P(D)	累计概率	概率区间下限	概率区间上限
6	300	0.05	0.05	0.00	=C6
7	400	0.10	0.15	=E6	=C7
8	500	0.25	0.40	=E7	=C8
9	600	0.35	0.75	=E8	=C9
10	700	0.15	0.90	=E9	=C10
11	800	0.10	1.00	=E10	=C11

图 4-47　计算需求概率区间上、下限

	A	B	C	D	E
4	需求份数概率分布表				
5	需求量(D)(份)	概率密度P(D)	累计概率	概率区间下限	概率区间上限
6	300	0.05	0.05	0.00	0.05
7	400	0.10	0.15	0.05	0.15
8	500	0.25	0.40	0.15	0.40
9	600	0.35	0.75	0.40	0.75
10	700	0.15	0.90	0.75	0.90
11	800	0.10	1.00	0.90	1.00

图 4-48　需求概率区间上、下限

将单元格 A5：A11 的内容复制到 F5：F11 处，如图 4-49 所示。

	A	B	C	D	E	F
4	需求份数概率分布表					
5	需求量(D)(份)	概率密度P(D)	累计概率	概率区间下限	概率区间上限	需求量(D)(份)
6	300	0.05	0.05	0.00	0.05	300
7	400	0.10	0.15	0.05	0.15	400
8	500	0.25	0.40	0.15	0.40	500
9	600	0.35	0.75	0.40	0.75	600
10	700	0.15	0.90	0.75	0.90	700
11	800	0.10	1.00	0.90	1.00	800

图 4-49　加入需求量

接下来，计算式（4-53）中使最优订货批量成立的 $P(D \leq Q)$ 的值 $C_{under}/(C_{over} + C_{under})$，如图 4-50 所示。

	A	B
13	Cunder/(Cover+Cunder)	0.600000

图 4-50　计算 $P(D \leq Q)$ 的值

在单元格 C13 处输入公式：
$$=\text{VLOOKUP}(B13,\$D\$5:\$F\$11,3)$$
或者：
$$=\text{VLOOKUP}(B13,\$D\$5:\$F\$11,3,\text{TRUE})$$

得到式（4-53）中的 $P(D \leqslant Q) = C_{under}/(C_{over} + C_{under})$ 时所对应的需求量的数量，即最优订货批量，如图 4-51 所示。

	A	B	C
13	Cunder/(Cover+Cunder)	0.600000	=VLOOKUP(B13,$D$5:$F$11,3)

图 4-51 计算最优订货批量

计算得到单元格 C13 的值为 600，即最优订货批量为 600 份。

3. Crystal Ball 建模步骤

为进一步确认由 Excel 计算的结果即为最优订货批量，下面使用 Crystal Ball 进行蒙特卡罗仿真，来验证最优订货批量。

首先，根据模型描述可知，每天报纸的需求量在 300~800 份之间，因此设定批发数量也在 300~800 份之间。在 Excel 中输入订货批量（批发数量）的临界值，如图 4-52 所示。

	A	B	C	D
27		最小值	最大值	单位
28	批发数量	300	800	份

图 4-52 批发数量的临界值

其次，在 Excel 中输入仿真的决策变量，如图 4-53 所示。其中，批发报纸数量（单元格 B31）是希望得到的计算结果，而平均利润（B33）的最大值是得到最优结果的判断条件。作为初始值，单元格 B31 中先随机输入最小值与最大值范围内的数字，对 B31 和 B33 的定义方法将在后文介绍。

	A	B	C
30		决策	
31	批发报纸数量	400	份
32			
33	总利润		元

图 4-53 决策变量

接下来，如图 4-54 及图 4-55 所示，在单元格 B36 中输入公式：
$$=\$B\$31$$

在单元格 C36 中输入公式：
$$=\text{RANDBETWEEN}(\$B\$28,\$C\$28)$$
其表示需求数量的生成服从前文的需求概率分布函数。

在单元格 D36 中输入公式：
$$=\text{MIN}(B36,C36)$$

在单元格 E36 中输入公式：
$$=D36*\$B\$1$$

在单元格 F36 中输入公式：
$$=B36*\$B\$2$$

在单元格 G36 中输入公式：
$$=E36-F36$$

	A	B	C	D
35	天数	报纸批发数量	报纸需求数量	报纸卖出份数
36	1	=$B$31	=RANDBETWEEN($B$28,$C$28)	=MIN(B36,C36)

图 4-54　计算过程（1）

	A	E	F	G
35	天数	报纸销售额	报纸批发额	报纸利润
36	1	=D36*$B$1	=B36*$B$2	=E36-F36

图 4-55　计算过程（2）

现模拟 365 天的销售，得到的结果如图 4-56 所示，剩余数据可由第 36 行自动填充得到。

	A	B	C	D	E	F	G
35	天数	报纸批发数量	报纸需求数量	报纸卖出份数	报纸销售额	报纸批发额	报纸利润
36	1	400	381	381	381	160	221
37	2	400	627	400	400	160	240
38	3	400	616	400	400	160	240
39	4	400	661	400	400	160	240
400	365	400	422	400	400	160	240

图 4-56　365 天的模拟结果

在准备工作做好后，接下来将对仿真所需变量进行定义。首先，选中单元格 B31，单击 Excel 菜单栏"Crystal Ball"中的"Define Decision"按钮，在弹出的对话框中修改下限（Lower）和上限（Upper）值，并选择 Type 为离散（Discrete），然后单击"OK"按钮即可。过程如图 4-57 所示，定义效果为单元格 B31 底色变为黄色，如图 4-58 所示。

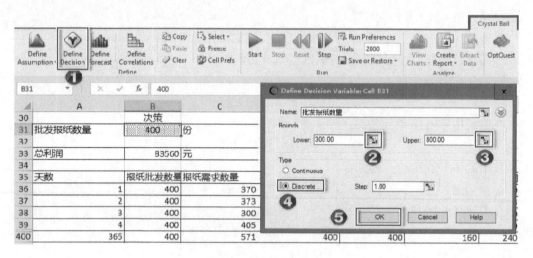

图 4-57　定义决策变量

25	Crystal ball模拟			
26				
27		最小值	最大值	单位
28	批发数量	300	800	份
29				
30		决策		
31	批发报纸数量	400	份	
32				
33	总利润	99014	元	
34				

图 4-58　定义效果

其中，图 4-57 中标示的第 2 和第 3 步的操作过程如图 4-59 所示，单击第 2 步所示的按钮后，会弹出对话框（见图 4-59），选择订购数量最小值所在单元格后单击“确定”按钮，即可回到图 4-57 所示的界面，此时，“Lower”部分会出现数值，“Upper”的定义同理。

接下来定义总利润对应的单元格 B33，首先，在单元格 B33 中输入公式：

=SUM(G36:G400)

其表示 365 天销售仿真所得的总利润。

选中单元格 B33，单击 Excel 菜单栏“Crystal Ball”中的“Define Forecast”按钮，在弹出的对话框中定义“Units”的值为单元格 B33 对应的值，具体操作与图 4-59 同理，然后单击“OK”按钮，操作过程如图 4-60 所示，定义效果为单元格 B33 的底色变为蓝色，如图 4-61 所示。

第4章 库存系统仿真建模

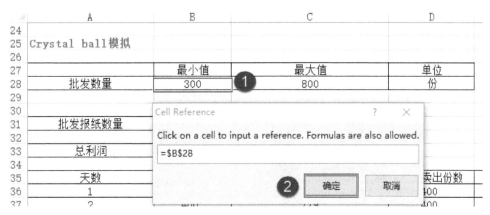

图 4-59 定义 Lower 和 Upper

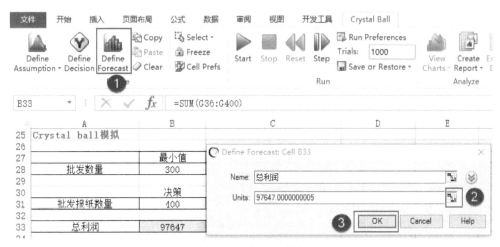

图 4-60 定义总利润

图 4-61 定义效果

单击 Excel 菜单栏"Crystal Ball"中的优化要求（OptQuest）按钮，在弹出的对话框中选择目标（Objectives），定义目标值为总利润最大，如图 4-62 所示。然后选择决策变量（Decision Variables），查看显示的数据与 Excel 中定义的是否一致，如图 4-63 所示。接下

127

来选择选项（Options），选择仅显示目标预测窗口（Show only target forecast windows），如图 4-64 所示。然后单击运行（Run）按钮，开始进行仿真。

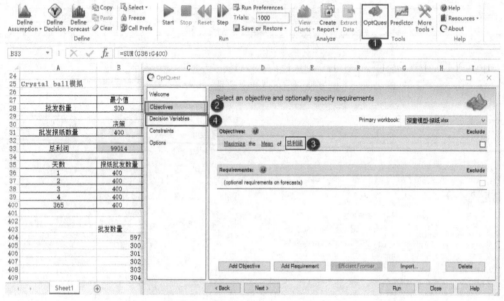

图 4-62　定义 OptQuest（1）

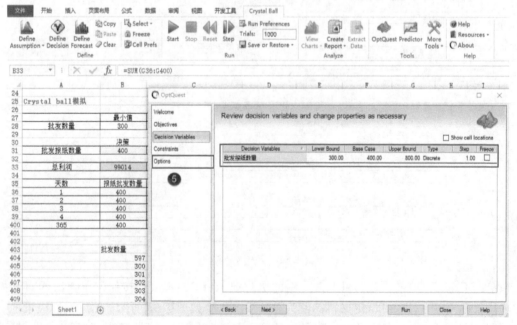

图 4-63　定义 OptQuest（2）

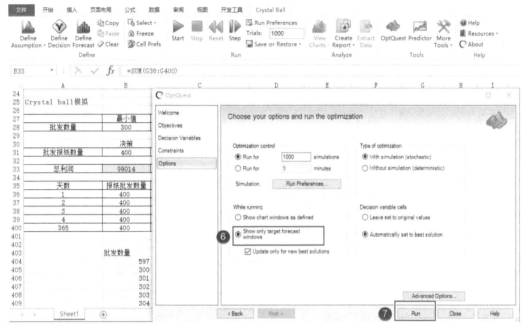

图 4-64 定义 OptQuest（3）

仿真结束后，在 Excel 中显示仿真结果。此时单元格 B31 和单元格 B33 显示仿真的最优结果，如图 4-65 所示。仿真得到的最优订购份数为 598 份，与公式计算得到的结果相同，证明报童模型是有效的。

	A	B	C	D	E	F	G
25	Crystal ball模拟						
26							
27		最小值	最大值	单位			
28	批发数量	300	800	份			
29							
30		决策					
31	批发报纸数量	598	份				
32							
33	总利润	98840	元				
34							
35	天数	报纸批发数量	报纸需求数量	报纸卖出份数	报纸销售额	报纸批发额	报纸利润
36	1	598	646	598	598	239.2	358.8
37	2	598	451	451	451	239.2	211.8
38	3	598	373	373	373	239.2	133.8
39	4	598	404	404	404	239.2	164.8
400	365	598	324	324	324	239.2	84.8

图 4-65 运行结果显示

同时，Crystal Ball 可以查看仿真输出的图形（总利润预测图），操作过程如图 4-66 ~ 图 4-68 所示。单击 Excel 菜单栏“Crystal Ball”中的查看图表（View Charts）按钮，在下拉菜单中选择预测图表（Forecast Charts），弹出的对话框如图 4-67 所示，在弹出的对话框中选择“总利润”后单击打开（Open）按钮，即可调出总利润预测图，如图 4-68 所示。

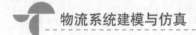

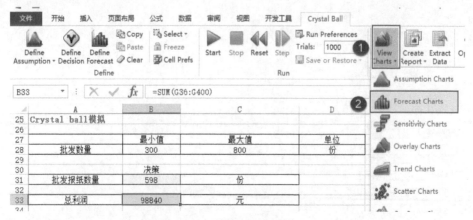

图 4-66 查看总利润预测图（1）

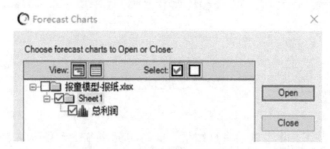

图 4-67 查看总利润预测图（2）

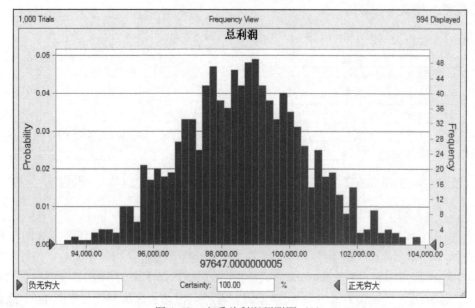

图 4-68 查看总利润预测图（3）

单击 Excel 菜单栏"Crystal Ball"中的"View Charts"按钮,在下拉菜单中选择优化要求图表(OptQuest Charts),即可得到优化要求(OptQuest)的仿真结果,如图 4-69 及图 4-70 所示(图 4-70 本页未显示完,见下页)。

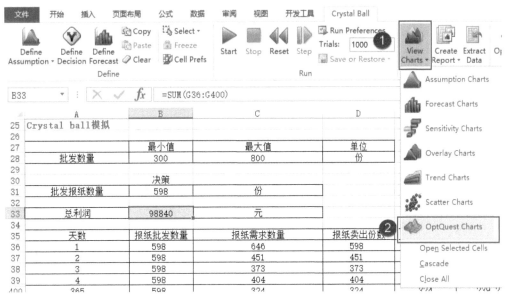

图 4-69 查看 OptQuest 图表(1)

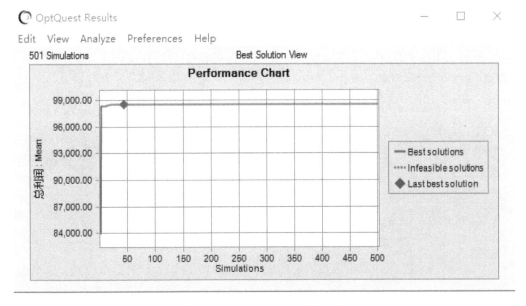

图 4-70 查看 OptQuest 图表(2)

Best Solution:

Objectives	Value
Maximize the Mean of 总利润	98,581.21

Requirements	Value

Constraints	Left Side	Right Side

Decision Variables	Value
批发报纸数量	598.00

图 4-70　查看 OptQuest 图表（2）（续）

在此基础上采用模拟运算表进行计算，将该结果与模拟运算进行比较，再次检验仿真结果的准确性。

首先，在单元格 B404 处输入公式：

$$=B31$$

在单元格 C404 处输入公式：

$$=B33$$

其次，从单元格 B405 开始，顺序填充 300~800 的自然数，共 501 个。接下来选中单元格区间 B404：C905，在菜单栏"数据"下选择"模拟分析"中的"模拟运算表"，如图 4-71 所示。单击"模拟运算表"后进入模拟运算表的设置界面，由于前文是按"列"填

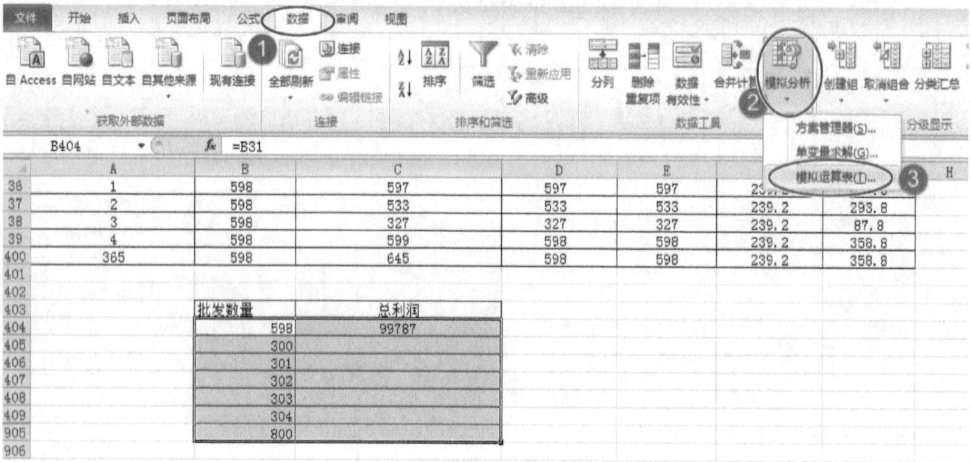

图 4-71　选择模拟运算表

充的 300～800 的自然数，因此此处选择设置的是"输入引用列的单元格"，在此设置"输入引用列的单元格"的值为单元格 B31 的值，如图 4-72 所示。单击"确定"后即完成了模拟运算表的设置，此时也得到了模拟运算的结果。

	A	B	C	D	E	F	G
30		决策					
31	批发报纸数量	598	份				
32							
33	总利润	99787	元				
34							
35	天数	报纸批发数量	报纸需求数量	报纸卖出份数	报纸销售额	报纸批发额	报纸利润
36	1	598	597	597	597	239.2	357.8
37	2	598	533	533	533	239.2	293.8
38	3	598	327	327	327	239.2	87.8
39	4	598	599	598	598	239.2	358.8
400	365	598	645	598	598	239.2	358.8
401							
402							
403		批发数量	总利润				
404		598	99787				
405		300					
406		301					
407		302					
408		303					
409		304					
905		800					

图 4-72　设置模拟运算表

最后，为了直观地看出产生最大利润时的报纸批发数量，将单元格区间 C405：C905 的数据绘制成折线图，如图 4-73 所示，横轴代表报纸批发数量，纵轴代表总利润。由该图可以看出，总利润最大时的报纸批发数量对应在 600 稍靠前的位置，可以大致判断由 Crystal Ball 计算得到的数据为最优值。

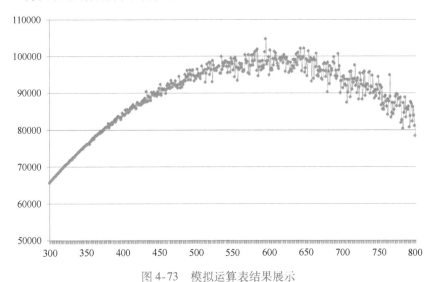

图 4-73　模拟运算表结果展示

4.9 随机库存模型（二）：(R, Q) 模型

许多需求随机的库存问题并不是单周期的，而与 EOQ 模型的库存模式十分类似。由于需求量是随机变量，所以库存量的减少并不像 EOQ 模型那样呈直线下降，而是呈曲线下降，如图 4-74 所示。同时，需求量的不断变化导致了在提前期内的实际需求量也是一个随机变量，因此模型中再订货点也不像 EOQ 模型中再订货点那样可以保证满足提前期内的实际需求量，并使得库存水平在订货周期末为 0，所以在此类模型中再订货点不仅影响库存费用的大小（当实际需求量小于再订货点时，期末库存不为 0，因而产生了比 EOQ 模型多的库存费用），而且影响缺货费用的大小（当实际需求量大于再订货点时，在此订货周期内就产生了缺货）。

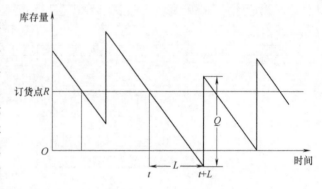

图 4-74 (R, Q) 模型

因而此类模型中再订货点是一个非常主要的变量，所以就常把此类随机库存模型称为 (R, Q) 模型，R 是再订货点，Q 是每次的订货批量，它属于库存策略中的连续盘点、规定量策略。

1. 模型的参数和参数关系

(R, Q) 模型的最优订货量 Q 虽然可以用 EOQ 模型中 Q^* 的计算公式近似求出，但本节通过以下案例首先介绍 (R, Q) 模型一种较为简单的求解方法——规划求解方法。

例：某商店出售照相机，该照相机的年需求量 D 服从 $N(1200, 70^2)$ 的正态分布（期望为 1200，标准差为 70），照相机的每次订货费用为 35 元，每年每台照相机的库存费用为 10 元，照相机从订单发出到照相机入库需要 7 天，试求该商店该何时订货？每次的订货量是多少？

(1) 模型参数

D——年需求量。本例中年需求量服从正态分布。

L——提前期。本例照相机的提前期为 7 天，即一个星期。

D_L——提前期内的需求量。已知年需求量可以计算出提前期内的需求量分布，本例中因为 D 服从 $N(1200, 70^2)$ 分布，所以提前期内的需求量 D_L 也服从正态分布，即

$$D_L \sim \left(\frac{E(D)}{52}, \sqrt{\frac{1}{52}} \sigma_D \right) \tag{4-54}$$

R——再订货点。在 (R, Q) 模型中,可以把再订货点 R 表示为

$$R = E(D_L) + k\sigma_L \tag{4-55}$$

代入数据,$E(D_L) = \dfrac{E(D)}{52} = 1200/52$ 台 ≈ 23 台;$\sigma_L = \sqrt{\dfrac{1}{52}}\sigma_D = \sqrt{\dfrac{1}{52}} \times 70$ 台 ≈ 9.7 台,所以照相机的再订货点可以表示为

$$R = 23 + 9.7k \tag{4-56}$$

s——需求能够及时得到满足的百分比。它表示商店的照相机服务水平,在上述案例中,商店照相机管理人员要求必须有98%的顾客到达商店时均能购买到照相机。

B——一个周期内的缺货量。由于提前期内的需求量是随机变量,因而在提前期内的缺货量也是一个随机变量,B 的分布函数由再订货点 R 和提前期内需求量的分布函数决定。

C_0——订购费用。照相机的订购费用为35元/次。

C_h——单位库存费用。一台照相机的库存费用为10元/年。

(2)模型中参数的关系

1)提前期内的需求量大于再订货点的概率,$P(D_L > R)$,由式(4-55)及图4-75得

$$P(D_L > R) = P(D_L > E(D_L) + k\sigma_L) = P\left[\dfrac{D_L - E(D_L)}{\sigma_L} > k\right] = P(Z > k) \tag{4-57}$$

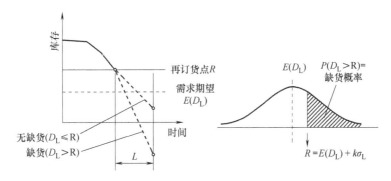

图4-75 缺货概率与其他变量的关系

2)s 和 B 的关系。由于 s 代表的是服务水平,而 B 代表的是周期内的缺货量,因此

$$s = [1 - E(B)/Q] \times 100\% \tag{4-58}$$

式中,$E(B)$ 为周期内的期望缺货量,当 $D_L \leq R$ 时,$B = 0$;当 $D_L > R$ 时,$B = D_L - R$。

前面假设在提前期 L 内,需求 D_L 服从正态分布,现用 $f(x)$ 表示其概率密度函数(pdf),$F(x)$ 表示其累计概率函数(cdf)。照相机缺货量期望 $E(B)$(有的教材中用 $n(R)$ 表示,其含义是再订货点为 R 时的缺货期望),其计算公式为

$$E(B) = n(R) = \int_0^R 0 f(x)\,dx + \int_R^\infty (x-R)f(x)\,dx$$
$$= \int_R^\infty (x-R)f(x)\,dx$$

将 $R = E(D_L) + k\sigma_L$ 带入上式，并用 $\phi(x)$ 表示标准正态分布概率密度函数，$\phi(x) = \dfrac{1}{\sqrt{(2\pi)}}\mathrm{Exp}\left(-\dfrac{x^2}{2}\right)$；用 $\Phi(x)$ 表示标准正态分布累计概率密度函数，$\Phi(x) = \int_{-\infty}^x \phi(t)\,dt$。积分后，可得到如下结果：

$$E(B) = n(R) = \sigma_L\{\phi(k) - k[1-\Phi(k)]\}$$

通常，可以用损失函数 $L(k) = \phi(k) - k[1-\Phi(k)]$ 来简化上式，即得到

$$E(B) = n(R) = \sigma_L L(k)$$

为了便于 Excel 运算，对于损失函数 $L(k)$ 还是需要写成展开形式，此外，$P(Z>k) = 1-\Phi(k)$，所以，最后用于 Excel 计算的缺货量期望公式为

$$E(B) = \sigma_L\left[\frac{1}{\sqrt{2\pi}}e^{\frac{-k^2}{2}} - k\cdot P(Z>k)\right] \tag{4-59}$$

2. (R, Q) 库存模型的规划求解

（1）目标函数

应用 Excel 规划求解的一个重要步骤就是写出正确的目标函数，订货量 Q 和 k 为规划求解的可变变量，(R, Q) 模型的总费用函数为

$$TC = 年订购费用 + 年库存费用 \tag{4-60}$$

1）年订购费用为

$$年订购费用 = 年订购次数 \times C_0 \tag{4-61}$$

$$年订购次数 = \frac{E(D)}{Q} \tag{4-62}$$

由式（4-61）和式（4-62）得

$$年订购费用 = \frac{E(D)C_0}{Q} \tag{4-63}$$

2）年库存费用。在任何一个订货周期内，库存量的期望最小值为 $k\sigma_L$，而商品进库时库存量达到最大，期望最大值为 $Q + k\sigma_L$，所以平均库存水平为

$$平均库存水平 = [k\sigma_L + (Q + k\sigma_L)]/2 \tag{4-64}$$

因而

$$年库存费用 = \frac{k\sigma_L + (Q + k\sigma_L)}{2}C_h = \left(\frac{Q}{2} + k\sigma_L\right)C_h \tag{4-65}$$

3）总费用 TC。由式（4-60）、式（4-63）和式（4-65）得

$$TC = \frac{E(D)C_0}{Q} + \left(\frac{Q}{2} + k\sigma_L\right)C_h \tag{4-66}$$

因此，规划求解的目标函数为

$$\min\left(\frac{E(D)C_0}{Q} + \left(\frac{Q}{2} + k\sigma_L\right)C_h\right) \tag{4-67}$$

（2）约束条件

1）非负约束。

2）满足服务水平要求，照相机的服务水平要求 $s=98\%$，即

$$1 - E(B)/Q = 1 - \frac{\sigma_L}{Q}\left[\frac{1}{\sqrt{2\pi}}e^{\frac{-k^2}{2}} - kP(Z>k)\right] = 0.98 \tag{4-68}$$

3. 用 Excel 求解 (R, Q) 库存模型

Excel 求解过程如图 4-76 所示。

	A	B	C
1	(R，Q）库存模型计算		
2			
3	已知		
4	订购费用(C_0)：	35	元/次
5	年库存费用(C_h)：	10	元/台
6	平均需求量(E(D))：	1200	台
7	需求量偏差(σ_D)：	70	台
8	提前期(L)：	0.019231	年
9	服务水平(s)：	0.98	
10			
11	规划求解		
12	提前期内的需求量均值(E(D_L))：	23.07692	台
13	提前期内需求量偏差(σ_L)：	9.707253	台
14	最优订货批量Q^*：	98.12541	台
15	K：	0.485953	
16	Kσ_L：	4.717265	
17	P(Z>k)：	0.3135	
18	1-E(B)/Q：	0.98	
19	再订货点(R)：	27.79419	台
20	年订货成本：	428.0237	元
21	年库存成本：	537.7997	元
22	总成本(TC)：	965.8234	元

图 4-76 单周期库存模型 Excel 求解

单元格 B4：B9 是模型规划求解的已知数，其中，提前期以年为单位，B8 = 1/52。
B14、B15 是模型规划求解的可变单元格。

单元格 B22 是模型规划求解的目标函数。

约束条件：B18 = B9，B15 ≤ 1，B15 ≥ 0。

在单元格中输入如下函数：

B12 = B8 * B6

B13 = SQRT(B8) * B7

B16 = B15 * B13

B17 = 1 - NORMSDIST(B15)

B18 = 1 - B13 * (NORMDIST(B15,0,1,FALSE) - B15 * B17)/B14

B19 = B12 + B16

B20 = B6/B14 * B4

B21 = 0.5 * B14 * B5 + B5 * B16

B22 = B20 + B21

由此可得，该商店应在照相机库存量为 28 台的时候开始订货，每次的订货量为 98 台。

库存模型求解的要点在于能够准确地描述总费用函数，最优的库存策略就是使总费用最低的策略。本章介绍的大部分库存模型，在总费用分析之后都可以采用 Excel 的规划求解来得出最优订货批量和再订货点。但是，由于计算公式可以简化求解过程，因而本章给出了简单的确定型库存模型和单周期库存模型最优订货批量的计算公式。

关于确定型库存模型，本章主要介绍了 EOQ 模型、允许缺货的 EOQ 模型、有数量折扣的 EOQ 模型、生产批量模型和联合补货模型。关于随机库存模型，本章主要介绍了单周期库存模型和 (R, Q) 库存模型。各种模型都是从总费用分析入手，求出使总费用最低的订货批量和再订货点。

虽然本章介绍的部分模型看起来比较复杂，如联合补货模型的目标函数和 (R, Q) 库存模型中的约束条件，然而本章介绍的库存模型依然是基本的库存模型。由于实际库存问题多种多样，因而需要许多复杂库存模型来解决多样的库存问题，一般对于复杂随机库存模型都采用计算机仿真技术求解。

4.10 不同订货批量下最佳库存水平策略仿真模型

在本章 4.3 ~ 4.4 节中介绍了 2 个 EOQ 数学模型，这 2 个模型都不是采用仿真方法求解的，本节介绍如何通过仿真建模的方法，确定最优库存策略，如订购点、订货批量、库存水平等。

第4章 库存系统仿真建模

例：某厂要确定生产所需要的一种主要原料的库存水平。据该厂有关部门核算，该原料占有成本与储存费用为每件每周 8 元，订货成本为每批 25 元，缺货成本为每件 35 元。该厂的订货时间是一周的最后一个工作日，到货是下一个周的第一个工作日，当前的库存控制政策是该原料的订货点为 20 件（即库存低于 20 件时进行订货），订购量的确定原则是保持库存水平为 30 件。例如，当周末库存为 19 件时，则需订货 11 件，以保证下周的期初库存量为 30 件；当周末库存不低于 20 件时则不订货。该厂发现，根据当前的订货政策，原料占有成本与库存储存费用较高，所以希望通过调整订货政策降低成本。根据以往资料分析，该厂每周对该原料的需求量是不确定的，其统计数据见表 4-4，并且已知当前期初库存为 25 件。

表 4-4 某厂每周的原料需求量统计表

需求量/件	次 数	概 率	累计概率	随机数区间
20	5	0.05	0.05	[0.00, 0.05)
21	10	0.10	0.15	[0.05, 0.15)
22	20	0.20	0.35	[0.15, 0.35)
23	25	0.25	0.6	[0.35, 0.60)
24	30	0.30	0.9	[0.60, 0.90)
25	6	0.06	0.96	[0.90, 0.96)
26	4	0.04	1	[0.96, 1.00)

现通过运用 Excel 对该库存系统进行模拟，以得到在当前库存水平政策和不同库存水平政策下的总成本，从而对当前订货政策的合理性进行诊断，并且得出合理的库存水平。

该仿真模型的 Excel 如图 4-77 所示。具体步骤如下：

第 1 步：输入已知数据

首先在 Excel 的工作表上输入已知数据。

在单元格 D3：D8 中分别输入原料库存费用及资金占有成本、订货成本、缺货成本、再订购点、库存水平和初期库存。

在单元格 A12：D18 中输入累计概率、根据其概率分布得到的对应随机数区间、原料需求量，其中单元格 D12：D18 为需求量的各个可能值，它们是根据表 4-4 得到的，单元格 A12：A18 为累计概率值，B12：B18 和 C12：C18 分别为各需求量对应随机数区间的下限与上限。

第 2 步：生成一系列随机数，得到不可控输入变量的抽样值

本例中的不可控输入变量是每周的原料需求量。用单元格 B24 表示第 1 周的原料需求量，在单元格 B24 中输入下述公式：

	A	B	C	D	E	F	G	H	I	J
3	原料库存费用及占有资金成本（元/件周）			8						
4	订货成本（元/批）			25						
5	缺货成本（元/件）			35						
6	再订购点（件）			20						
7	库存水平（件）			30						
8	初期库存（件）			25						
9										
10	需求量									
11	累计概率	随机数下限	随机数上限	需求量（件）						
12	0.05	0	0.05	20						
13	0.15	0.05	0.15	21						
14	0.35	0.15	0.35	22						
15	0.6	0.35	0.6	23						
16	0.9	0.6	0.9	24						
17	0.96	0.9	0.96	25						
18	1	0.96	1	26						
19										
20	模拟模型									
21										
22	周数	本周需求量(件)	期初库存(件)	期末库存(件)	订货否	平均库存(件)	库存成本(元)	订货成本(元)	缺货费用(元)	总成本(元)
23	0			25	0					
24	1	22	25	3	1	14	112	25	0	137
25	2	24	30	6	1	18	144	25	0	169
26	3	23	30	7	1	18.5	148	25	0	173
27	4	24	30	6	1	18	144	25	0	169

图 4-77　库存问题仿真模型

$$=\text{VLOOKUP}(\text{RAND}(),\$B\$12:\$D\$18,3)$$

或者

$$=\text{VLOOKUP}(\text{RAND}(),\$B\$12:\$D\$18,3,\text{TRUE})$$

于是得到按表 4-4 的概率分布的第 1 周需求量的抽样值，将 B24 中公式自动填充至单元格 B25：B1023，得到从第 2~1000 周的需求量抽样值。

第 3 步：模拟运算

模拟运算从零周开始。假定用数字"1"表示"订货"，用数字"0"表示"不订货"，用单元格 E23 表示对第 0 周周末是否订货的判断，在单元格 E23 中输入判断是否订货的公式：

$$=\text{IF}(D23<\$D\$6,"1","0") \qquad (4\text{-}69)$$

式（4-69）表明，当周末的库存小于订货点时，则订货；否则，则不订货。本例中，初始的周末库存为 25 件，由于再订货点是 20 件，所以不需要订货，即单元格 E23 = 0。

将 E23 中公式自动填充至单元格 E24：E1023，得到对于第 1~1000 周周末是否订货的判断。然后对第 1~1000 周的库存系统状况进行模拟。

第4章 库存系统仿真建模

用单元格 B24：B1023 表示 1000 周的需求量，它是不确定的，已经在第 2 步中获得。
用元格 C24：C1023 表示各周的期初库存，它们取决于上周周末是否订货，若上周周末未订货，它应等于上周周末库存，若上周周末已订货，则它应达到要求的库存水平，所以有

If(上周末订货)
  各周期初库存 = 30；
Else
  各周期初库存 = 上周末库存。

在单元格 C24 中输入下述公式：

$$=IF(E23="1",\$D\$7,D23)$$

得到第 1 周的期初库存。将 C24 中公式自动填充至单元格 C25：C1023，得到以后各期的期初库存。

用单元格 D24：D1023 表示期末库存，当需求量小于期初库存时，它应等于（期初库存 - 需求量），当需求量大于期初库存时则为零，即

If(期初库存 > 需求量)
  各周期末库存 = 期初库存 - 需求量；
Else
  各周期末库存 = 0。

在单元格 D24 中输入下述公式：

$$=IF(C24-B24>0,C24-B24,0)$$

得到第 1 周的期末库存。将 D24 中公式自动填充至单元格 D25：D1023，得到以后各周的期末库存。

用单元格 E24：E1023 表示是否需要订货，前面已输入了它的公式。
上述库存系统仿真公式如图 4-78 所示。

	A	B	C	D	E
22	周数	本周需求量(件)	期初库存(件)	期末库存(件)	订货否
23	0			=$D$8	=IF(D23<$D$6,"1","0")
24	=1+A23	=VLOOKUP(RAND(),$B$12:$D$18,3)	=IF(E23="1",$D$7,D23)	=IF(C24-B24>0,C24-B24,0)	=IF(D24<$D$6,"1","0")
25	=1+A24	=VLOOKUP(RAND(),$B$12:$D$18,3)	=IF(E24="1",$D$7,D24)	=IF(C25-B25>0,C25-B25,0)	=IF(D25<$D$6,"1","0")
26	=1+A25	=VLOOKUP(RAND(),$B$12:$D$18,3)	=IF(E25="1",$D$7,D25)	=IF(C26-B26>0,C26-B26,0)	=IF(D26<$D$6,"1","0")
27	=1+A26	=VLOOKUP(RAND(),$B$12:$D$18,3)	=IF(E26="1",$D$7,D26)	=IF(C27-B27>0,C27-B27,0)	=IF(D27<$D$6,"1","0")
28	=1+A27	=VLOOKUP(RAND(),$B$12:$D$18,3)	=IF(E27="1",$D$7,D27)	=IF(C28-B28>0,C28-B28,0)	=IF(D28<$D$6,"1","0")

图 4-78 库存系统仿真公式（1）

用单元格 F24：F1023 表示各周平均库存，为简单起见，用期初库存与期末库存的平均值计算。在单元格 F24 中输入下述公式：

$$=(C24+D24)/2$$

得到第 1 周的平均库存。将 F24 中公式自动填充至单元格 F25：F1023，得到以后各周的平均库存。

最后计算各种成本。用单元格 G24：G1023 表示原料资金成本与储存成本的总和（这里统称为库存成本），它等于单位原料的单位库存成本与平均库存的乘积。在单元格 G24 中输入

$$=\$D\$3*F24$$

得到第 1 周的库存成本。将 G24 中公式自动填充至单元格 G25：G1023，得到以后各周的库存成本。

用单元格 H24：H1023 表示订货成本，它是仅在订货时才发生的成本，即当判断是否订货的单元格 E24 为 1 时才发生的成本（当 E24 = 0 时，则订货成本 = 0）。在单元格 H24 中输入

$$=\$D\$4*E24$$

得到第 1 周的订货成本。将 H24 中公式自动填充至单元格 H25：H1023，得到以后各周的订货成本。

用单元格 I24：I1023 表示缺货费用，它是仅在缺货时才发生的费用。当期初库存小于需求量时，出现缺货，缺货费用 = 缺货成本 × 缺货量，即

If(期初库存 < 需求量)

  缺货费用 = 缺货成本 × (需求量 – 期初库存)；

Else

  缺货费用 = 0。

在单元格 I24 中输入

$$=IF(C24-B24>0,0,\$D\$5*(B24-C24))$$

得到第 1 周的缺货费用。将 I24 中公式自动填充至单元格 I25：I1023，得到以后各周的缺货成本。

用单元格 J24：J1023 表示总成本，它等于库存成本、订货成本和缺货费用之和。在单元格 J24 中输入

$$=SUM(G24:I24)$$

得到第 1 周的总成本。将 J24 中公式自动填充至单元格 J25：J1023，得到以后各周的总成本。

上述库存系统仿真公式如图 4-79 所示。

第 4 步：统计分析

本题模拟得到了 1000 周的库存成本、订货成本和缺货成本与总成本。下面对这些运行结果进行统计分析。

第4章 库存系统仿真建模

	F	G	H	I	J
22	平均库存(件)	库存成本(元)	订货成本(元)	缺货费用(元)	总成本(元)
23					
24	=(C24+D24)/2	=$D$3*F24	=$D$4*E24	=IF(C24-B24>0, 0, $D$5*(B24-C24))	=SUM(G24:I24)
25	=(C25+D25)/2	=$D$3*F25	=$D$4*E25	=IF(C25-B25>0, 0, $D$5*(B25-C25))	=SUM(G25:I25)
26	=(C26+D26)/2	=$D$3*F26	=$D$4*E26	=IF(C26-B26>0, 0, $D$5*(B26-C26))	=SUM(G26:I26)
27	=(C27+D27)/2	=$D$3*F27	=$D$4*E27	=IF(C27-B27>0, 0, $D$5*(B27-C27))	=SUM(G27:I27)
28	=(C28+D28)/2	=$D$3*F28	=$D$4*E28	=IF(C28-B28>0, 0, $D$5*(B28-C28))	=SUM(G28:I28)

图4-79 库存系统仿真公式(2)

（1）平均值

用单元格 G1026、H1026、I1026、J1026 分别表示库存成本、订货成本、缺货成本与总成本的平均值。在单元格 G1026 中输入下述公式：

$$=AVERAGE(G24:G1023)$$

得到库存成本的平均值。将 G1026 中公式自动填充至单元格 H1026：J1026，分别得到订货成本、缺货成本与总成本的平均值。

（2）标准方差

用单元格 G1027、H1027、I1027、J1027 分别表示库存成本、订货成本、缺货成本与总成本的标准方差。在单元格 G1027 中输入下述公式：

$$=STDEV(G24:G1023)$$

得到库存成本的标准方差。将 G1027 中公式自动填充至单元格 H1027：J1027，分别得到订货成本、缺货成本与总成本的标准方差。

（3）各种成本占总成本的比例

用单元格 G1028、H1028、I1028、J1028 分别表示库存成本、订货成本、缺货成本占总成本的比例。在单元格 G1028 中输入下述公式：

$$=G1026/\$J\$1026$$

得到库存成本占总成本的比例。将 G1028 中公式自动填充至单元格 H1028：J1028，分别得到订货成本、缺货成本占总成本的比例。

库存系统成本的统计量计算公式如图4-80所示。

统计分析结果如图4-81所示。

从图4-81可知，在现有订货政策下，库存成本占总成本的比例高达86%左右，而缺货未发生。为寻找合理的库存水平，下面采用不同的订货政策进行模拟，并计算不同政策下的成本，从中找出使得总成本最小的政策。

	F	G	H	I	J
1025		库存成本(元)	订货成本(元)	缺货费用(元)	总成本(元)
1026	平均值	=AVERAGE(G24:G1023)	=AVERAGE(H24:H1023)	=AVERAGE(I24:I1023)	=AVERAGE(J24:J1023)
1027	标准方差	=STDEV(G24:G1023)	=STDEV(H24:H1023)	=STDEV(I24:I1023)	=STDEV(J24:J1023)
1028	占总成本比例	=G1026/$J$1026	=H1026/$J$1026	=I1026/$J$1026	

图 4-80　库存系统成本的统计量计算公式

	F	G	H	I	J
1025		库存成本(元)	订货成本(元)	缺货费用(元)	总成本(元)
1026	均值	148.18	25.00	0.00	173.18
1027	标准方差	5.43	0.00	0.00	5.43
1028	占总成本比例	0.86	0.14	0.00	

图 4-81　库存系统成本的统计结果

第 5 步：对不同库存水平下的库存系统进行模拟

当前的库存水平为 30 件，即每次订货量的确定原则是使得库存达到 30 件。为了找到最佳的库存水平，下面模拟当库存水平从 10 件变化至 50 件时的成本。使用 Excel 中的模拟运算表（Data Table）功能可以很容易地完成这一工作，其步骤如下：

（1）用 Excel 构建模拟运算表的输入变量与输出变量

首先构建模拟运算表的输入变量与输出变量。输入变量是库存水平，在单元格 B1032：B1072 中输入 41 个不同的库存水平（从 10 件至 50 件）。输出变量是各种成本，在单元格 C1031：F1031 中分别输入库存成本、订货成本、缺货成本与总成本的平均值，它们分别等于第 4 步中表示这些统计量的单元格。例如单元格 C1031 表示库存成本，它等于单元格 G1026，其他同理。模拟运算表的输入与输出变量如图 4-82 所示。为便于阅读起见，表中第 1034 至 1069 行被隐藏。

	B	C	D	E	F
1030	库存水平	库存成本	订货成本	缺货成本	总成本
1031		148.2	25.0	0.0	173.2
1032	10				
1033	11				
1070	48				
1071	49				
1072	50				

图 4-82　模拟运算表的输入与输出变量

第4章 库存系统仿真建模

输出变量的计算公式如图 4-83 所示。

	B	C	D	E	F
1030	库存水平	库存成本	订货成本	缺货成本	总成本
1031		=G1026	=H1026	=I1026	=J1026
1032	10				
1033	11				
1070	48				
1071	49				
1072	50				

图 4-83 模拟运算表输出变量的计算公式

（2）用模拟运算表的功能进行模拟

用鼠标选择模拟数据表所在的区域，即选择单元格 B1031：F1072 的区域，如图 4-84 所示。

	A	B	C	D	E	F
1030		库存水平	库存成本	订货成本	缺货成本	总成本
1031			147.9	25.0	0.0	172.9
1032		10	40.1	25.0	455.6	520.6
1033		11	44.1	25.0	420.1	489.1
1034		12	48.1	25.0	384.1	457.2
1070		48	199.7	12.5	2.6	214.8
1071		49	208.8	12.5	0.5	221.8
1072		50	216.3	12.5	0.0	228.9

图 4-84 鼠标选择的区域

然后在 Excel 中选择"数据"子菜单，在该子菜单中选择"模拟运算表"选项，这时会出现一个模拟运算表，如图 4-85 所示。

本例中，输入变量是"库存水平"，其相应的单元格地址是 \$D\$7，所以在模拟运算表中的"输入引入列的单元格"栏目中输入该地址"\$D\$7"。在模拟运算表中的"输入引用行的单元格"中不填入任何数据，这是因为本例中要模拟的输入变量是在单元格 B1032：B1072 这一列而不是行中的数据。然后选择"确定"，如图 4-86 所示。

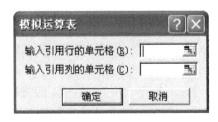

图 4-85 模拟运算表

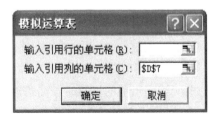

图 4-86 模拟运算表的填写

于是，得到不同订货政策下的模拟结果，如图 4-87 与图 4-88 所示。

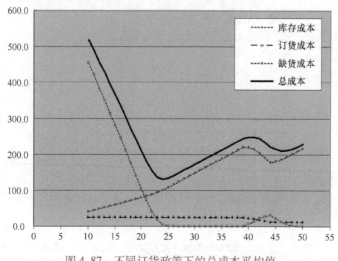

图 4-87　不同订货政策下的总成本平均值

	A	B	C	D	E	F
1030		库存水平	库存成本	订货成本	缺货成本	总成本
1031			147.9	25.0	0.0	172.9
1032		10	40.1	25.0	454.3	519.3
1033		11	44.1	25.0	420.9	490.0
1043		21	84.2	25.0	71.4	180.6
1044		22	88.8	25.0	41.5	155.2
1045		23	94.2	25.0	20.0	139.2
1046		24	100.6	25.0	4.8	130.4
1047		25	108.2	25.0	1.6	134.8
1048		26	116.1	25.0	0.0	141.1
1049		27	124.3	25.0	0.0	149.3
1050		28	132.5	25.0	0.0	157.5
1051		29	140.2	25.0	0.0	165.2
1052		30	148.1	25.0	0.0	173.1
1053		31	155.9	25.0	0.0	180.9
1061		39	220.0	25.0	0.0	245.0
1062		40	221.1	23.9	4.4	249.3
1063		41	214.3	21.5	12.4	248.1
1064		42	204.1	18.9	20.5	243.5
1071		49	208.2	12.5	0.7	221.3
1072		50	215.7	12.5	0.1	228.3

图 4-88　模拟运算表对不同订货政策的模拟结果

图 4-87 描述了总成本是如何随着库存水平的变化而变化的。图中的横坐标给出了库存水平（件），纵坐标给出了总成本平均值（元）。

图 4-88 是由模拟运算表得到的不同库存水平下的库存成本、订货成本、缺货成本与总成本。

第 6 步：结果分析

对模拟结果做出如下分析：

1）当库存水平从 10 件起逐渐增加时，缺货成本逐渐下降，库存成本逐渐上升，订货成本保持不变，其结果是总成本逐渐下降。当库存水平增加到 24 件时，每周的总成本（指总成本平均值，下同）达到最小值，为 130.4 元，比当前订货政策下的总成本节省了约 42 元。

2）当库存水平从 24 件起逐渐增加时，缺货成本下降缓慢，最终下降到零，而库存成本继续上升，订货成本保持不变，其结果是总成本逐渐上升。当库存水平为 41 件时总成本达到局部最大值。

3）据题意，需求量的变化范围是 20 ~ 26 件，库存成本为每件 8 元，订货成本为每批 25 元，缺货成本为每件 35 元，所以库存水平从 10 件至 50 件的模拟范围已经可以包括各种可能的合理库存水平了。

4）综上所述，当前的订货政策尚需改进。最合理的库存水平为 24 件，即该厂的订货政策为：当每周的期末库存低于 20 件时，进行订货，而且订货量的确定原则是使得下周的期初库存为 24 件。

第4章 库存系统仿真建模

从本例可见，采用仿真方法可以模拟库存系统的行为，从而分析其库存政策。本模型模拟了不同库存水平下的库存系统的行为。此外，应用模拟模型还可以进一步模拟不同再订货点下的库存系统行为，用以分析最佳的再订货点。

本章习题

1. 简述库存模型的基本要素。
2. 使用恒定库存量模型解释库存池（Inventory Pooling）的作用。
3. 练习使用 Excel 软件求解下列确定型库存模型：
(1) 经济订货批量模型（EOQ 模型）
(2) 允许缺货的 EOQ 模型
(3) 有数量折扣的 EOQ 模型
(4) 生产批量模型
4. 使用 Excel 的模拟运算表对本节 4.8 的单周期库存模型仿真结果进行分析，找到最优解。
5. 在本章 4.10 的模型中设置订货后库存水平为 24，使用模拟运算表改进再订购点。
6. 在本章 4.10 的模型中，如果订货提前期是 20 周，要保证每周的缺货率控制在 10% 以下，采用 (R, Q) 库存控制策略，请问订货点 R 应该为多少？订货量 Q 应为多少？请建立一个库存控制仿真模型验证你的结论。

参考文献

[1] 沃尔特斯. 库存控制与管理 [M]. 李习文，李斌，译. 北京：机械工业出版社，2005.
[2] 张文杰，李学伟，张可明. 管理运筹学 [M]. 北京：中国铁道出版社，2000.

第 5 章

Flexsim 仿真建模基础

本章简介

本章通过几个基础模型系统地介绍 Flexsim 软件的基础知识。首先介绍 Flexsim 对象的一些基本操作,包括创建对象、设置属性、连接端口、运行模型、统计数据、输出分析等。接着介绍标签(Labels)的基本应用与设置、全局工具的定义和使用、用户事件(User Events)的创建和应用以及时间表(Time Tables)的使用。本章还介绍如何编写任务序列(Task Sequence)来实现对复杂操作过程的仿真。最后,本章介绍过程流(Process Flow)的创建和使用。

本章要点

- 创建对象
- 设置属性
- 连接端口
- 输出分析
- 定义标签
- 定义全局变量、创建全局表
- 调用用户事件
- 创建时间表
- 创建任务序列
- 创建过程流

前几章所介绍的 Excel 模拟方法,其模型比较简单,功能也有限,如果用来解决实际问题就不能采用这种方法了,此时需要使用专业化的模拟软件包来建立复杂的模型。

第5章　Flexsim仿真建模基础

早期的专用模拟软件是在20世纪60年代出现的，这些模拟软件实际是一些专用仿真语言，如GPSS、SIMUULA、SIMSCRIPT等模拟软件，它们通过仿真语言来建立模型，用户可以根据实际情况，用仿真语言编写程序。这些模拟软件，提供了系统模型描述语言和控制仿真过程语言，功能齐全，但是由于编程语言复杂，用户的许多时间和精力被耗费在仿真语言的掌握和编程技巧上，影响了对模拟模型的研究，许多对计算机掌握不多的用户受到了限制。

在20世纪80年代后期，仿真语言有了进一步发展，形成了功能强大、使用灵活方便的模拟软件包。这些专用模拟软件包不仅包括建模、仿真运行和结果输出，还包括模型分析、系统规划设计和统计分析等功能。它们普遍实现了可视化建模，系统模型可以以二维、三维动画方式显示，可以对系统模拟过程进行实时跟踪和分析。由于采用了可视化建模技术，用户不需要掌握复杂的仿真语言，不需要进行复杂的编程，也不需要掌握很多的模拟理论和算法，用户可以把精力放在系统的建模和系统分析上，既有利于提高建模的效率，又有利于提高模拟的质量。具有代表性的专用模拟软件包有AutoMod、Arena、Enterprise Dynamics等，下面将介绍Flexsim仿真建模。

5.1　Flexsim基础模型

5.1.1　Flexsim基础模型（一）

本节主要介绍了建立简单模型的基本概念，主要学习如何进行简单布局、如何连接端口来设定临时对象的流向、如何在Flexsim对象中输入数据、如何运行以及如何查看每个Flexsim对象的简单统计数据。与此同时，在本节中还涉及了源（Source）、队列（Queue）、处理器（Processor）、输送机（Conveyor）和吸收器（Sink）对象的使用。

1. 模型概述

本节的模型主要研究3种产品在一个生产线进行检验的过程，如图5-1所示。该模型中有3种不同类型的工件（临时对象）将按照正态分布时间间隔到达，其中，临时对象在1、2、3三个类型之间均匀分布，当临时对象到达时，它们将进入队列等待检验。生产线有3个检验台用来检验：一个用于检验类型1对象（工件），第二个检验类型2对象（工件），第三个检验类型3对象（工件）。将检验后的临时对象送到输送机上，然后送到吸收器中，最后离开模型。

2. 分步建模

构建该模型共包括11步，现简要介绍如下：

步骤1：建立新模型

1) 首先，通过双击在桌面上的FlexSim图标来打开FlexSim，系统会弹出默认启动向

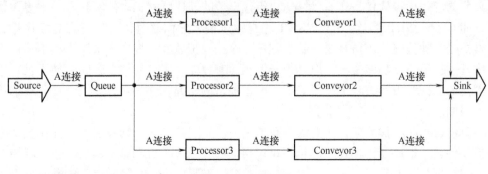

图 5-1　流程框图

导，选择建立新模型（New Model）选项，如图 5-2 所示。

2）然后，选择合适的模型单位。在默认情况下，每个新模型都会出现可以选择时间、长度和流体的模型单位对话框，一旦选择成功，这些单位在整个模型中都会适用。在这个模型中，选择以下单位（见图 5-3）：

图 5-2　建立一个新模型

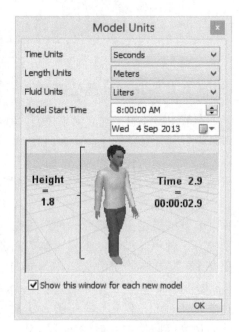

图 5-3　设置模型单位

- 时间单位：秒（Time Units：Seconds）
- 长度单位：米（Length Units：Meters）
- 流体单位：公升（Fluid Units：Liters）

步骤2：创建对象

首先，在模型中创建1个源（Source），1个队列（Queue），3个处理器（Processor），3个输送机（Conveyor），1个吸收器（Sink）。如果要命名一个对象，可以双击对象，并在属性窗口的顶端改变其名字，最后按下"Apply"或"OK"按钮即可。对象的放置及命名情况如图5-4和表5-1所示。

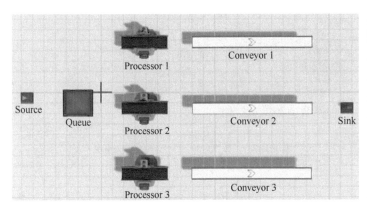

图5-4　模型对象放置情况

表5-1　实体对象名称及类型

对象名称	对象类型
Source	源（Source）
Queue	队列（Queue）
Processor1	处理器（Processor）
Processor2	处理器（Processor）
Processor3	处理器（Processor）
Conveyor1	输送机（Conveyor）
Conveyor2	输送机（Conveyor）
Conveyor3	输送机（Conveyor）
Sink	吸收器（Sink）

步骤3：连接端口

按住A键进入A连接模式。一旦进入连接模式，有2种连接方式可以用来连接2个对象：一种是单击一个对象，然后单击另外一个对象；另一种方法是选择一个对象并拖动至另外一个对象，需要注意的是连接方向将会直接影响到临时对象的流动方向。临时对象从第一个对象流向第二个被连接的对象。同时，如果想要断开连接，可以按下Q键，采用相同的方式即可断开连接。

1）将Source与Queue连接。

2）将Queue分别连接Processor1、Processor2、Processor3。

3）将Processor1、Processor2、Processor3分别与其相邻的Conveyor相连。

4）将3个Conveyor分别与Sink相连。

最后模型如图5-5和图5-6所示。

步骤4：设置产品到达时间

在这个模型中，可以通过改变到达时间间隔与临时对象类型从而产生3种产品进入系统。

1）双击源（Source），打开其属性窗口。

2）如图5-7所示，在源选项卡上，在到达间隔时间下拉列表选择统计分布，将会弹出如图5-8所示的代码模板窗口和建议性窗口。

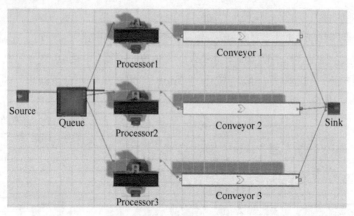

图 5-5 模型端口连接情况

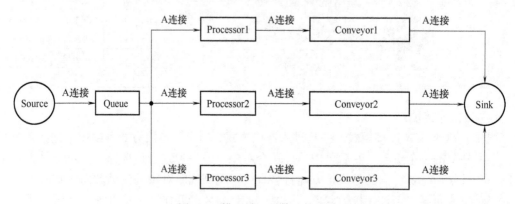

图 5-6 模型端口具体连接流程

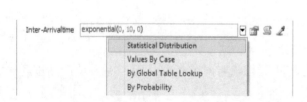

图 5-7 到达时间间隔分布函数

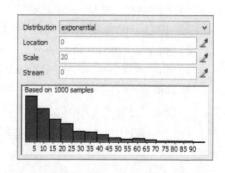

图 5-8 到达时间间隔分布函数指标

3）将分布（Distribution）设置为指数分布（exponential）。

4）将渐位线（Location）设为 0。

5)将比例(Scale)设为 20(指数分布期望值)。

6)将随机数流(Stream)设为 0。

步骤 5:设置临时的类型和颜色

为临时对象指定一个对象类型,使进入系统临时对象的类型服从(1,3)之间的均匀分布,可以在源的创建触发器(OnCreation)中改变对象类型。

1)如图 5-9 所示,单击源的触发器选项卡,为离开触发器(OnExit)增加一个函数(单击增加按钮),然后在下拉列表选择设定临时对象类型和颜色(Set Item Type and Color)选项,系统将会弹出如图 5-10 所示的参数设置窗口。

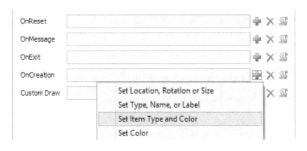

图 5-9 设置临时对象的类型和颜色

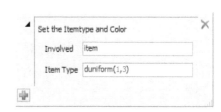

图 5-10 设置临时对象类型和颜色参数

在该模型中使用离散均匀分布,即 duniform 函数。

2)单击"OK"按钮应用更改,然后关闭参数窗口。

步骤 6:设置队列最大容量和输出路径

由于队列是在临时对象被处理器处理前存放临时对象的场所,所以需要做 2 件事:首先,要设置队列容量能够储存 25 件临时对象;其次,设置流选项,将临时对象 1 送到 Processor1,将临时对象 2 送到 Processor2,将临时对象 3 送到 Processor3。

设置队列最大容量和输出路径方法有 2 种:其一是通过单击队列的 3D 视图在快速属性窗口设置队列的最大容量;其二是打开目标对象的属性窗口,双击队列打开如图 5-11 所示的属性窗口(Queue

图 5-11 设置队列容量

Properties),将最大容量(Maximum Content)改为25,如图5-11所示。

步骤7:定义队列中的流

同样,定义队列中的流的方法有两种:其一是通过单击队列的3D视图,在快速属性窗口定义队列中的流;其二是如图5-12所示,打开目标对象的属性窗口,单击流(Flow)选项卡,在发送至端口(Send To Port)列表中选择表达式(By Expression)。

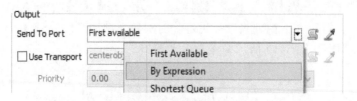

图5-12 定义队列中的流

因为前文就将对象编号定为1、2、3,所以需要根据不同的临时对象类型分配不同的端口号。默认输出端口是getitemtype(item),其不需要修改。最后,单击"OK"按钮完成设置。

步骤8:定义处理器加工时间

1)双击Processor1来打开其属性(Properties)窗口。

2)如图5-13所示,在处理器(Processor)选项卡中,在处理时间(Process Time)选项下拉列表中选择统计分布(Statistical Distribution),弹出如图5-14所示的参数设置窗口。

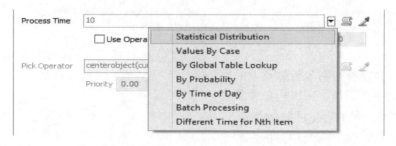

图5-13 定义处理器加工时间分布

3)将分布(Distribution)设为指数分布。

4)将渐位线(Location)设为0。

5)将比例(Scale)设为30。

6)将随机数流(Stream)设为0。

在其他两个处理器中重复以上步骤。

第5章　Flexsim仿真建模基础

因为输送机的默认速度已经被设为每时间单位1个长度，所以不需要修改参数。

步骤9：重置并运行模型

单击"Reset"按钮，重置模型参数为初始值。单击"Run"按钮开始仿真。

在模型运行过程中，临时对象进入队列，移动到处理器。从处理器出来，对象将移动到输送机上，然后进入吸收器。如果想要改变模型运行的速度，可以拖动主视窗的仿真运行速度控制条改变仿真速度。

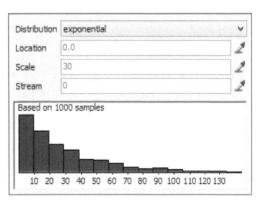

图5-14　定义处理器加工时间分布参数

步骤10：观察如图5-15所示的简单统计数据

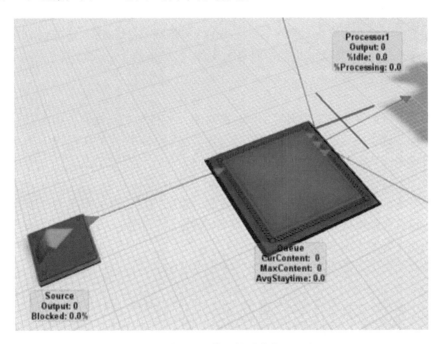

图5-15　模型统计数据

图5-15显示了每个对象的简单统计数据。如果没有显示任何数据或者仅显示名字，可以通过改变视图设置来显示统计数据。想要改变显示设置，可以在右边的快速属性窗口，将显示名字组合框改变为显示名字和统计数据。同时，可以通过单击对象并且观察

在快速属性中的统计数据标签，来观察如图 5-16 所示的统计数据。

步骤 11：保存模型

通过单击主工具栏上的保存按钮可以保存模型，系统将会弹出保存 FlexSim 模型文件窗口，可以将文件名称改为恰当的名字（如 Lesson1.fsm），最后单击保存。

5.1.2 Flexsim 基础模型（二）

图 5-16 模型详细统计数据

本节主要介绍如何在模型中加入操作员和叉车、相应实体参数和属性的修改以及 Flexsim 图形化统计结果输出功能。通过图表数据统计反映模型的运行情况，根据运行情况对模型进行改进，提高整个过程的效率。此外，本节还涉及如何在模型中添加表、图和 3D 文本等附件（Extra touch），从而使模型在运行期间显示有关数据信息。本节涉及的实体有源（Source）、队列（Queue）、处理器（Processor）、输送机（Conveyor）、吸收器（Sink）、任务分配器（Dispatcher）、操作员（Operator）以及叉车（Transporter）。

1. 模型概述

模型中采用一组操作员来为模型中的临时对象（工件）进行检验。检验工作需要一人来做准备工作，准备完成以后，就可以进行检验。检验无需操作员在场操作。操作员还必须将临时对象搬运到检验地点。检验完成后，临时对象自动转移到输送机上，无需操作员搬运。

当临时对象到达输送机末端时，将被放置到一个队列内，由叉车搬运到吸收器。观察模型的运行，可能会发现有必要使用多辆叉车。当模型完成后，可以查看默认图表和曲线图并发现瓶颈。模型流程如图 5-17 所示，模型对象连接如图 5-18 所示，模型对象连接中的对象名称及类型见表 5-2。

2. 分步建模

模型是在课程 1 中模型的基础上建立，建模共包括 16 步，现简要介绍如下：

步骤 1：运行模型 1 并更改数据

1) 打开模型 1。

2) 双击 Source 打开属性窗口，在到达时间间隔（Inter-Arrivaltime）中将指数分布期望值（Scale）更改为 12。

第5章　Flexsim仿真建模基础

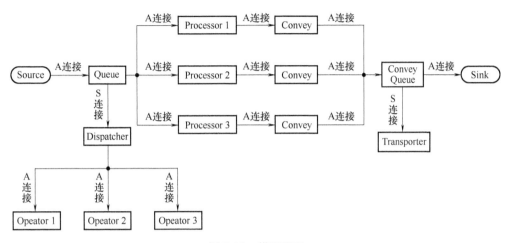

图 5-17　模型流程

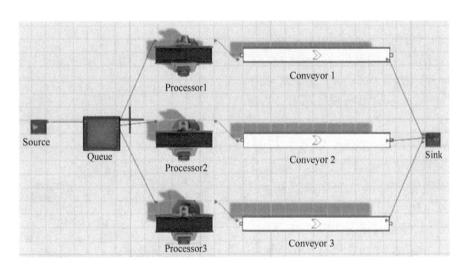

图 5-18　模型对象连接

表 5-2　对象名称及类型

对象名称	对象类型
Source	源（Source）
Queue	队列（Queue）
ConveyQueue	队列（Queue）

(续)

对象名称	对象类型
Processor1	处理器（Processor）
Processor2	处理器（Processor）
Processor3	处理器（Processor）
Conveyor1	输送机（Conveyor）
Conveyor2	输送机（Conveyor）
Conveyor3	输送机（Conveyor）
Sink	吸收器（Sink）
Dispatcher	任务分配器（Dispatcher）
Operator1	操作员（Operator）
Operator2	操作员（Operator）
Operator3	操作员（Operator）
Transporter	叉车（Transporter）

步骤2：创建任务分配器（Dispatcher）和操作员（Operator）

任务分配器（Dispatcher）为操作员（Operator）或叉车（Transporter）进行任务序列排队，两个操作员（Operator）负责将临时对象从队列（Queue）搬运到处理器（Processor）中。

1）从库中拖动一个任务分配器（Dispatcher）到视图中，命名为 Dispatcher。

2）从库中拖动两个操作员（Operator），命名为 Operator 1 和 Operator 2。

3）具体对象创建情况如图5-19所示。

步骤3：连接任务分配器（Dispatcher）与操作员（Operator）

队列（Queue）需要一个操作员（Operator）来拣取临时对象并送至处理器（Processor）。任务分配器（Dispatcher）对两个操作员（Operator）任务进行排队，并选择一个空闲的操作员（Operator）分派工作。为了使任务分配器（Dispatcher）指挥一组操作员（Operator），必须将任务分配

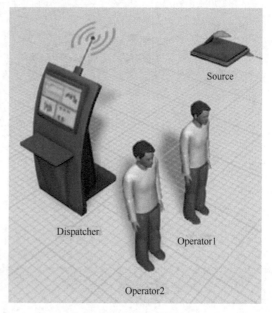

图5-19 创建任务分配器（Dispatcher）和操作员（Operator）

器（Dispatcher）连接到操作员（Operator）的中间端口上。

1）用 S 连接来连接 Queue 与 Dispatcher。

2）用 A 连接来连接 Dispatcher 与 Operator 1、Operator 2。

最终连接结果如图 5-20 所示。

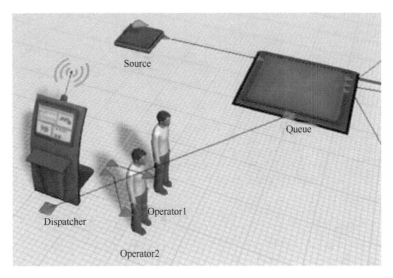

图 5-20　连接任务分配器（Dispatcher）和操作员（Operator）

步骤 4：编辑队列（Queue）

1）双击 Queue，打开属性窗口。

2）单击流（Flow）选项卡。

3）选择使用叉车（Use Transport）复选框。

4）需要叉车来源（Request Transport From）选择默认值 centerobject（current, 1），如图 5-21 所示。

5）单击"OK"按钮关闭窗口。

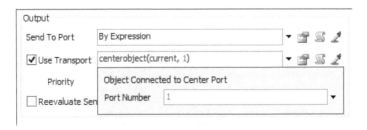

图 5-21　设置 Queue 属性

步骤 5：保存模型，运行测试

1）重置模型，单击工具栏中保存按钮保存模型。

2）运行模型，确认操作员可以把临时对象从 Queue 中移动至 Processor。

步骤 6：为处理器（Processor）配置操作员（Operator）

1）用 S 连接来连接 Dispatcher 与 Processor1、Processor2 和 Processor3，如图 5-22 所示。

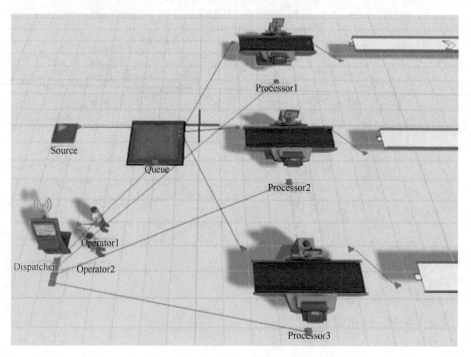

图 5-22 配置操作员（Operator）

2）双击 Processor1，打开属性窗口。

3）单击处理器（Processor）选项卡，在预置模块勾选使用操作员做准备工作，操作如图 5-23 所示。

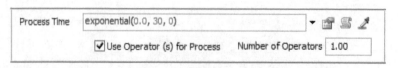

图 5-23 设置处理器（Processor）属性

4）单击"OK"按钮完成设置。

5）对 Processor2 和 Processor3 重复上面操作。

步骤7：断开输送机（Conveyor）与吸收器（Sink）
1) 分别断开所有输送机（Conveyor）与吸收器（Sink）的连接。
2) 从库中拖动一个队列（Queue）放在3个输送机的右边，命名为ConveyorQueue。
3) 用A连接来连接3个输送机和ConveyorQueue。
4) 连接ConveyorQueue和Sink。
结果如图5-24所示。

步骤8：添加叉车（Transporter）
1) 从库中拖动一个叉车（Transporter）放在ConveyorQueue旁边，命名为Transporter。
2) 用S连接来连接ConveyorQueue与Transporter，如图5-25所示。

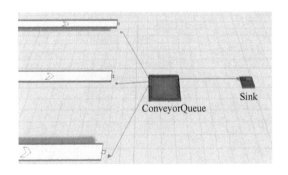

图5-24 创建输送机队列（ConveyorQueue）　　图5-25 创建叉车（Transporter）

步骤9：调整队列（Queue）参数
1) 双击ConveyorQueue，打开属性窗口。
2) 单击流（Flow）选项卡，勾选使用叉车（Use Transport）复选框，使用默认值，如图5-26所示。

图5-26 设置ConveyorQueue属性

3) 单击"OK"按钮关闭属性窗口。
4) 重置、保存模型。

步骤 10：运行模型

运行模型，检查模型运行是否正常，运行情况如图 5-27 所示。

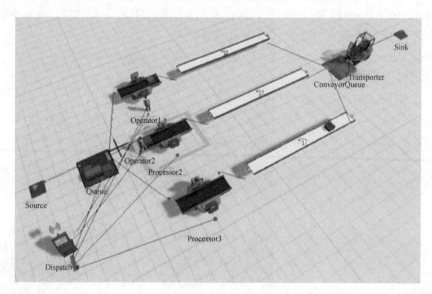

图 5-27 运行模型

步骤 11：输出分析

1）选择仪表板（Dashboards）→添加仪表板（Add a dashboard），添加仪表板，见图 5-28。

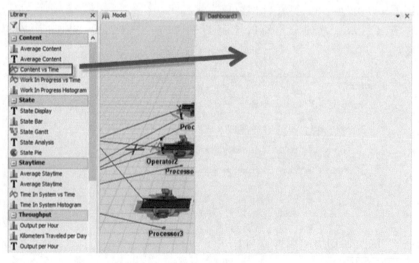

图 5-28 添加仪表板（Dashboards）

2）在左侧模型库中，将出现仪表板库，在仪表板库中找到"容量（Content）"栏，选择"容量与时间（Content vs Time）"控件，将其拖入新增加的仪表板中。

3）这时，会弹出容量与时间（Content vs Time）控件的属性窗口，在该窗口中，单击"+"按钮，在弹出菜单中，选择"选择对象（Select Objects）"，然后展开"队列（Queues）"，添加 Queue 和 ConveyorQueue，单击选择（Select）按钮，如图 5-29 所示。

4）将图表名字命名为 Queue Content vs Time。

5）单击"OK"按钮，结果见图 5-30。

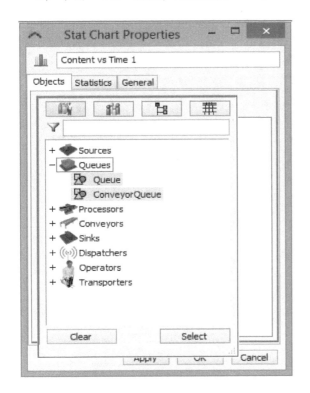

图 5-29　仪表板中增加队列容量统计图　　　图 5-30　Queue Content vs Time 运行结果

6）双击图表，选择常规（General）选项卡，勾选显示图例（Show Legend）选项，添加图例，如图 5-31 所示。

7）单击"OK"按钮返回仪表板。

8）单击按钮添加条形统计图，选择状态条（State Bar）。

9）将所有的 Processor 添加到该状态条属性中。

10）将状态条的名字改为 Processor State Bar 并且单击"OK"按钮。

11）重复上面的操作，添加一个新的状态条，将所有操作员加入该状态条属性，并将状态条命名为 Operator State Bar。

12）单击"OK"按钮。

13）重置并且运行模型，运行情况如图 5-32 所示。

步骤 12：提高模型效率

从前面仿真结果中看到，两个操作员的工作负荷太高，处理效率太低，故要增加一个操作员。

1）从库中拖出操作员（Operator），放置在紧挨着另外两个操作员（Operator）的地方，命名为 Operator3。

2）用 A 连接来连接 Dispatcher 与 Operator3。

3）双击 Operator State Bar 加入 Operator3。

4）重置、保存并运行模型，运行情况如图 5-33 所示。

图 5-31　添加图例

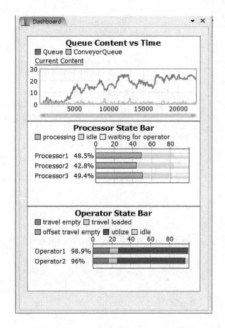

图 5-32　两个操作员的条形统计

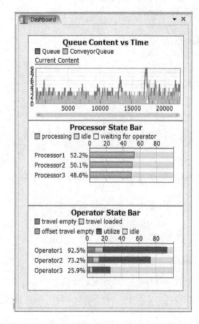

图 5-33　加入新的 Operator 后的统计图

第5章 Flexsim仿真建模基础

如图 5-31 所示，增加一个操作员（Operator）之后，处理器（Processor）的等待时间下降，队列（Queue）的临时对象数量下降，整个过程的效率提高。

步骤 13：在仪表板中添加队列平均等待时间统计图

与前面操作类似，在新仪表板对象库中拖拽 Average Staytime Bar Graph 图形控件，并将拖拽过来的控件命名为 Queue Average Staytime，见图 5-34。

步骤 14：为每个操作员（Operator）添加饼状图

与前面操作类似，为每个操作员（Operator）添加一个新的仪表板（Dashboards）图，如图 5-35 所示。从对象中拖拽 State Pie，将拖拽过来的图命名为 Operator State Pie。

重置并运行模型，结果如图 5-36 所示。

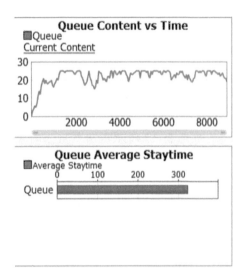

图 5-34　Queue Average Staytime 运行结果

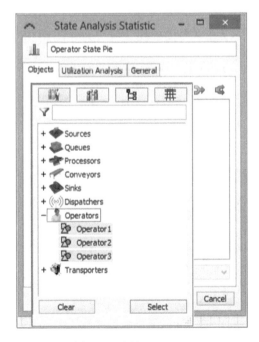

图 5-35　添加 State Pie

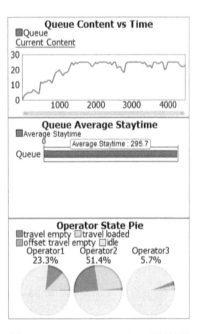

图 5-36　Operator State Pie 运行结果

165

步骤 15：为模型添加 3D 文本

除仪表板（Dashboards）之外，还有一种添加模型信息、评估模型性能的方法，即 3D 文本。将 3D 文本放置在模型的关键点上，当模型运行时，就可以对关键点变化进行观察。这种方法需要用到可视化工具（VisualTool）。在本模型中，将添加 3D 文本以显示 ConveyorQueue 中产品的平均等待时间。

1）添加一个 VisualTool。从对象库 Visual 组中，拖拽一个文本（Text）对象放入模型，如图 5-37 所示。将其放置在 ConveyorQueue 附近，并命名为 Text。

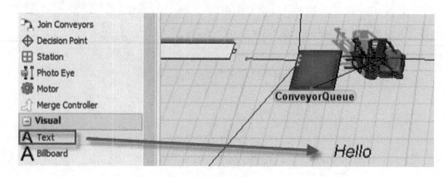

图 5-37　添加 3D 文本

2）双击 VisualTool，出现其属性窗口。

3）在文本显示（Text Display）的下拉列表中选择显示对象统计（Display Object Statistics）项，如图 5-38 所示，将会出现参数设置窗口。更改参数设置如下：

- Text：Average Conveyor Queue Staytime
- Object：ConveyorQueue
- Stat：Average Staytime

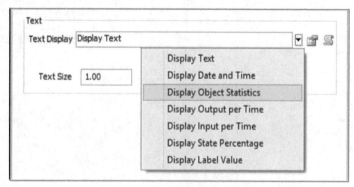

图 5-38　设置 3D 文本属性

a. 对象（Object）选项：单击绿色加号按钮，然后单击队列（Queue）前面的加号按钮，选择 ConveyorQueue。单击选择（Select），将其加入模型，如图 5-39 所示。

b. 统计（Stat）选项：单击下拉列表，选择平均停留时间（Average Staytime），如图 5-40 所示。

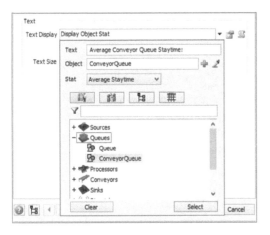

图 5-39　Object 选项设置

图 5-40　Stat 选项设置

设置文本显示格式。默认文本大小为 1，通过设置，可以调整文本大小、宽度以及设置文本立体悬挂效果。设置文本大小时，需要在 VisualTool 的属性窗口键入需要的文本大小，运行结果如图 5-41 所示。

4）双击 Text 对象，打开属性窗口。在显示（Display）选项卡中，修改文本厚度（Text Thickness）为 0.1，如图 5-42 所示。

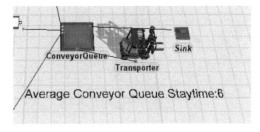

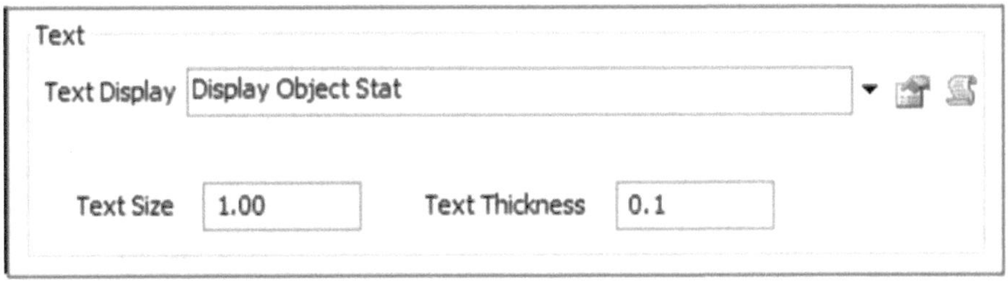

图 5-41　3D 文本运行结果

图 5-42　设置 3D 文本大小

5）单击 General 选项卡。

6）更改 X 轴的旋转（Rotation X）为 90。

7）单击"OK"按钮关闭属性窗口，如图 5-43 所示。

图 5-43 设置 3D 文本位置

文本将会在模型中旋转（见图 5-44）。用鼠标拖动文本到想要放置的位置，需要注意的是，鼠标左键或右键选中文本前后移动可以修改文本 Z 坐标，或者选中文本滚动鼠标轮上下移动文本。

步骤 16：重置、保存和运行模型

重置和保存模型。运行模型就可以看到已添加的图、表和 3D 文本效果，如图 5-45 所示。

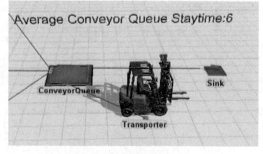

图 5-44 修改后运行结果

第5章　Flexsim仿真建模基础

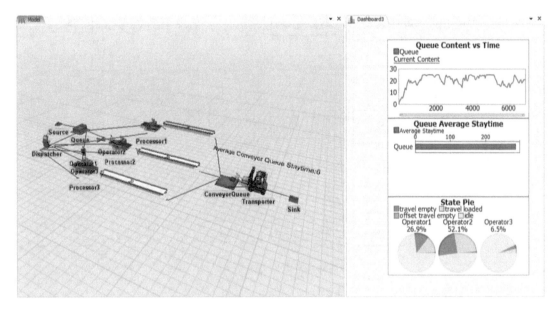

图 5-45　模型运行结果

5.1.3　Flexsim 基础模型（三）

本节主要学习如何使用全局表定义路径、为一个叉车设定行进路径网络、在一个行进路径网络中创建样条线、建立一个定制的输出报告、执行模型的多次运行。同时，本节还涉及了样条线节点（spline points）、输送机（conveyors）、高级统计（advanced statistics）、全局表（global tables）以及实验控制器（Experimenter）等对象，并用实验控制器对模型进行多次运行和多场景分析。

1. 模型概述

在本模型中，首先，将会使用 3 个货架代替吸收器，用来存储装运前的临时对象，改变输送机 1 和 3 的物理布局，使其末端弯曲以接近队列；其次，使用 1 个全局表（Global Table）作为参考，使得所有对象类型 1 的临时对象都送到货架 2，所有对象类型 2 的临时对象都送到货架 3，所有对象类型 3 的临时对象都送到货架 1；然后，采用网络节点对象（Network Node），为 1 个叉车建立一个路径网络，当叉车从输送机队列往货架搬运临时对象时使用该路径网络；最后，用实验控制器（Experimenter）设定多次仿真实验来显示统计差异，并计算关键绩效指标的置信区间。该模型的整体框架和对应的实体对象及类型如图 5-46 和表 5-3 所示。

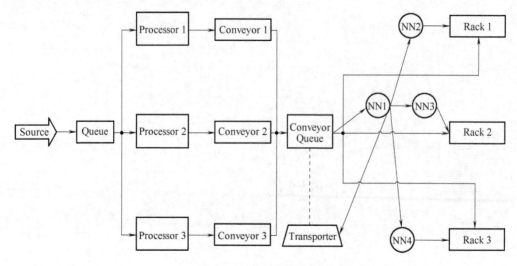

图 5-46 模型整体框架

表 5-3 对象名称及类型

对象名称	对象类型
Source	源（Source）
Queue	队列（Queue）
ConveyorQueue	队列（Queue）
Processor1	处理器（Processor）
Processor2	处理器（Processor）
Processor3	处理器（Processor）
Conveyor1	输送机（Conveyor）
Conveyor2	输送机（Conveyor）
Conveyor3	输送机（Conveyor）
Conveyor1	弯曲输送机（Curve Conveyor）
Conveyor2	弯曲输送机（Curve Conveyor）
Transporter	叉车（Transporter）
Rack1	货架（Rack）
Rack2	货架（Rack）

（续）

对象名称	对象类型
Rack3	货架（Rack）
Dispatcher	分配器（Dispatcher）
NN1	网络节点（NetworkNode）
NN2	网络节点（NetworkNode）
NN3	网络节点（NetworkNode）
NN4	网络节点（NetworkNode）

2. 分步建模

该模型是在5.1.2节中模型的基础上建立的，建模共包括11步，现简要介绍如下：

步骤1：打开模型

本节所用的模型建立在5.1.2节中模型的基础上，因而本节的模型需要对该模型进行更改，将前一节模型中的操作员（Operator）、任务分配器（Dispatcher）全部删除，并将队列（Queue）、处理器Processor1、Processor2、Processor3属性中使用叉车（User Transporter）、使用操作员（User Operator for Process）设置取消。

步骤2：重新配置Conveyors1与Conveyors3的布局

在该步骤中，需要在外侧的输送机后面增加弯曲输送机，具体操作过程如下：

1）利用Q连接取消顶端和底部两个输送机与弯曲输送机（Curved Conveyors）的连线。

2）从模型库中的输送机（Conveyors）组拖动两个弯曲输送机到模型中，并将其分别放置在顶端和底部输送机的旁边。

3）调整顶端弯曲输送机的方向。如5-47所示，先单击顶端输送机，然后单击并拖动输送机边缘的红色四向箭头，使其呈向右90°方向，同时，也可以拖动绿色箭头来调整输送机弯曲半径。

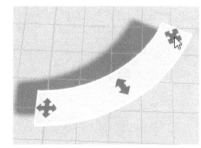

图5-47 弯曲输送机

4）移动两个弯曲输送机，使其起点与其对应输送机的终点相连，一旦松开鼠标，两个输送机就连为一体了。

5）用A连接重新创建新的输送机与输送机队列的连接。

步骤3：删除Sink

选中Sink，然后单击删除键。一旦删除该对象，所有相应的连接都同时被删除。在这步中需要注意的是，删除的连接将会影响到端口编号。

步骤4：创建3个货架（Rack）

在该步骤中，首先要创建3个货架（Rack），将其排列至输送机队列的右边，并依次命名为Rack1、Rack2和Rack3。同时，需要把Rack1、Rack2和Rack3放置到离队列ConveyorQueue足够远的地方，以便于叉车可以运行一段距离后到达Rack1、Rack2和Rack3。然后，还需要通过A连接将队列ConveyorQueue分别与Rack1、Rack2和Rack3相连接，具体货架布置及连接情况如图5-48所示。

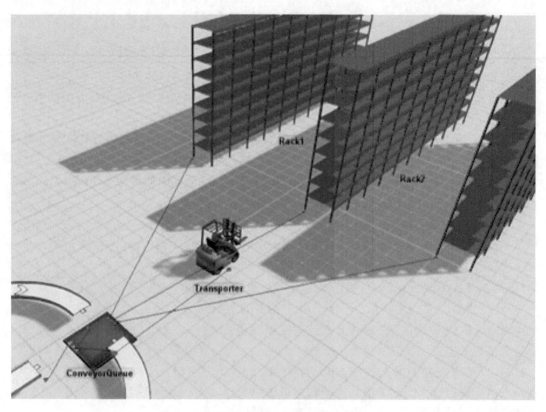

图5-48　货架布置及连接

步骤5：创建控制临时对象路径的全局表

该步骤是要创建一个全局表，用其来设定每个临时对象将被送到哪个货架（Rack）。在本节模型中，需要把所有类型为1的临时对象送到Rack2，所有类型为2的临时对象送到Rack3，所有类型为3的临时对象送到Rack1。下面是设定一个全局表的具体步骤：

1）首先，单击工具主菜单（Tools），将鼠标放置在全局表（Global Table）上，然后单击添加按钮，如图 5-49 所示。

2）其次，将名称（Name）改为 Route，行数（Rows）设置为 3，列数（Columns）设置为 1。

3）接着，双击行名称（Row1、Row2、Row3），将行命名为 Item1、Item2 和 Item3，然后填入相应临时对象要被送到的输出端口号（即货架号）。

4）最后，得出如图 5-50 所示的全局表，单击"Close"按钮，关闭表。

步骤 6：设定队列发送端口

在该步骤中，为了调整队列的发送端口，具体操作如下：

1）首先，双击队列 ConveyorQueue 对象，系统会自动弹出属性窗口。

图 5-49　添加全局表

图 5-50　编辑全局表

2）然后，单击流（Flow）选项卡，在送往端口（Send to Port）下拉列表中，选择通过全局表查询（By Global Table Lookup），系统将会弹出参数窗口。将参数编辑为如图 5-51 和图 5-52 所示的状态。

3）最后，单击"OK"按钮，关闭参数窗口。

步骤 7：重置、保存并运行模型

在本步骤中，为了验证对模型的改动，需要重置、保存，然后运行模型。模型中会显示出用叉车往货架中搬运临时对象，送往货架的选择基于全局表中定义的对象类型。

步骤 8：为叉车添加网络节点开发一条路径

网络节点是用来为所有任务执行器对象（如运输工具、操作员、堆垛机、起重机等）开发一个路径网络的。在前面几节中，已经使用过操作员和叉车搬运模型中的临时对象，任务执行器可以在模型中的对象之间进行自由的直线移动。在本节的模型中，当叉车从队列向货架搬运临时对象时，需要将叉车的行进限制在一个特定的路径上。下面的步骤可以用来设定简单的路径。

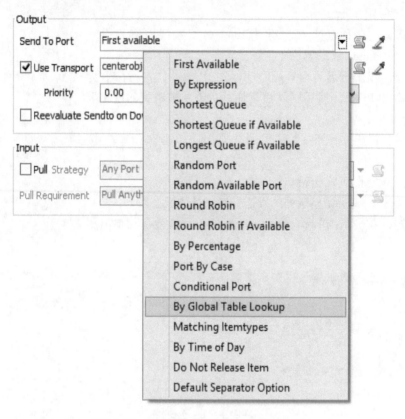

图 5-51 设置输送机队列端口全局表查询

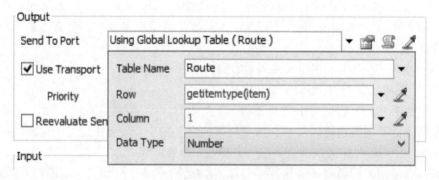

图 5-52 编辑全局表参数

1）首先，在队列 ConveyorQueue 和每个货架（Rack）旁边添加网络节点（NetworkNode），并将其命名为 NN1、NN2、NN3、NN4，这些节点将在模型中成为捡取点和放下点，如图 5-53 所示。

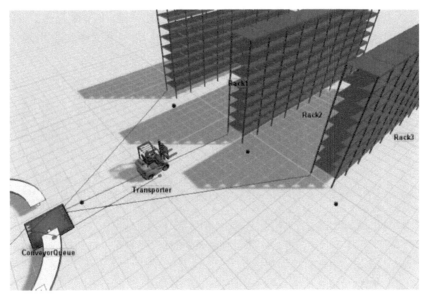

图 5-53 添加网络节点

2）其次，如图 5-54 所示，将 NN1 与 NN2、NN3、NN4 分别进行 A 连接。建立连接后，模型中将会显示出一条带有两个绿色指示方框的连线，该连线表示两个节点之间的这条路径在两个方向上都是可通行的。

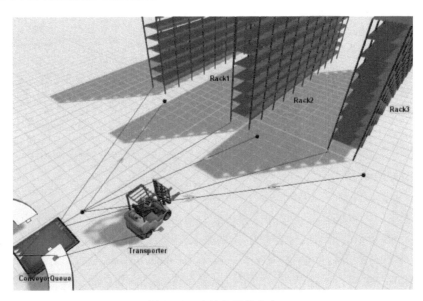

图 5-54 连接各网络节点

3) 然后，如图 5-55 所示，将网络节点与其对应的对象用 A 键连接，如将 NN1 与 ConveyorQueue 连接、NN2 与 Rack1 连接等。如果连接正确，模型中将会出现一条蓝色的线；反之，如果不出现蓝色线，则需要移动网络节点。

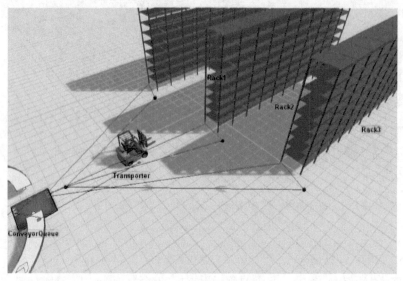

图 5-55　连接网络节点与货架

4) 最后，如图 5-56 所示，将 Transporter（叉车）连接到节点网络上。为了让 Transporter 按照固定路径行进，必须将其连接到路径网络中的某个节点上。为了实现连接，可以按住键盘"A"键然后在叉车到 NN1 之间用鼠标左键连接。所选择的那个节点将成为，Transporter 的起始位置。

最终模型如图 5-57 所示。

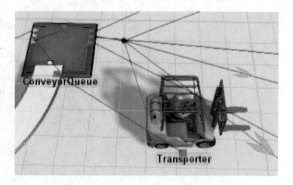

图 5-56　连接 Transporter 与网络节点

步骤 9：重置、保存并运行模型

在本步骤中，可以编译、重置和保存，然后运行模型来查看叉车是否使用路径网络。

在如图 5-58 所示的叉车属性窗口中，如果叉车参数设定了行进中旋转（Rotate while traveling）且装卸时采用行进偏移（Travel offsets for load/unload tasks）方式，则叉车在装载和卸下对象时，会离开网络节点。如要强制叉车待在网络节点而不离开路径网络，只要选择装卸对象时不偏移（Do not travel offsets for load/unload tasks）即可。同时，模型将采用 Dijkstra 算法来计算任意两个节点之间的最短路径。

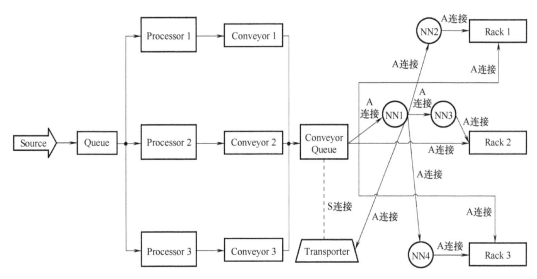

图 5-57 模型端口具体连接方式

步骤 10：使用报告查看输出结果

在模型运行一段时间以后，如果想要查看仿真的汇总报告，可以选择统计（Statistics）菜单下的报告与统计（Reports and Statistics），如图 5-59 所示。

图 5-58 叉车装卸时采用行进偏移

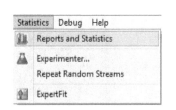

图 5-59 报告与统计

如图 5-60 所示，在报告与统计对话框中选择汇总报告（Summary Report）选项卡。

图 5-60　报告与统计对话框

要生成一个最基本的报告，只需按下生成报告按钮即可。如果需要向报告中添加其他的属性，使用此界面即可添加。报告将生成一个 csv 文档，并且自动用 Excel 来显示。在本节中，显示的最基本报告如图 5-61 所示。

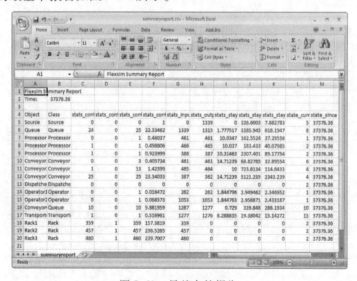

图 5-61　最基本的报告

如果要生成状态报告，可以单击报告与统计对话框中的状态报告选项卡，然后单击生成报告按钮，生成状态报告，如图 5-62 所示。

Flexsim State Report												
Time:	37376.36											
Object	Class	idle	processin	busy	blocked	generatin	empty	collecting	releasing	waiting_f	waiting_f	breakdow
Source	Source	0.00%	0.00%	0.00%	28.24%	71.76%	0.00%	0.00%	0.00%	0.00%	0.00%	0.00%
Queue	Queue	0.00%	0.00%	0.00%	0.00%	0.00%	0.22%	0.00%	99.76%	0.00%	0.03%	0.00%
Processor	Processor	54.00%	32.60%	0.00%	0.00%	0.00%	0.00%	0.00%	0.00%	1.07%	0.00%	0.00%
Processor	Processor	50.10%	37.10%	0.00%	0.00%	0.00%	0.00%	0.00%	0.00%	0.33%	0.00%	0.00%
Processor	Processor	7.59%	30.23%	0.00%	50.74%	0.00%	0.00%	0.00%	0.00%	1.05%	0.00%	0.00%
Conveyor:	Conveyor	0.00%	0.00%	0.00%	21.45%	0.00%	63.70%	0.00%	0.00%	0.00%	0.00%	0.00%
Conveyor:	Conveyor	0.00%	0.00%	0.00%	50.57%	0.00%	42.68%	0.00%	0.00%	0.00%	0.00%	0.00%
Conveyor:	Conveyor	0.00%	0.00%	0.00%	96.68%	0.00%	2.09%	0.00%	0.00%	0.00%	0.00%	0.00%
Dispatche	Dispatche	0.00%	100.00%	0.00%	0.00%	0.00%	0.00%	0.00%	0.00%	0.00%	0.00%	0.00%
Operator1	Operator	69.46%	0.00%	0.00%	0.00%	0.00%	0.00%	0.00%	0.00%	0.00%	0.00%	0.00%
Operator2	Operator	76.13%	0.00%	0.00%	0.00%	0.00%	0.00%	0.00%	0.00%	0.00%	0.00%	0.00%
Conveyor	Queue	0.00%	0.00%	0.00%	0.00%	0.00%	0.49%	0.00%	0.00%	0.00%	99.51%	0.00%
Transport	Transport	0.38%	0.00%	0.00%	0.00%	0.00%	0.00%	0.00%	0.00%	0.00%	0.00%	0.00%
Rack1	Rack											
Rack2	Rack											
Rack3	Rack											

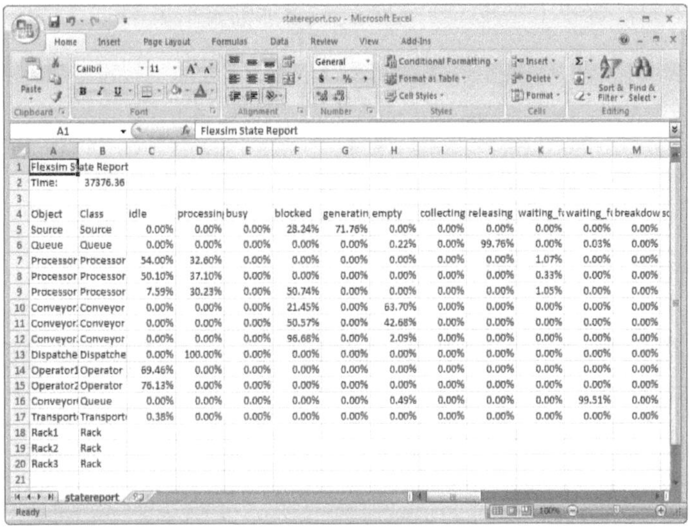

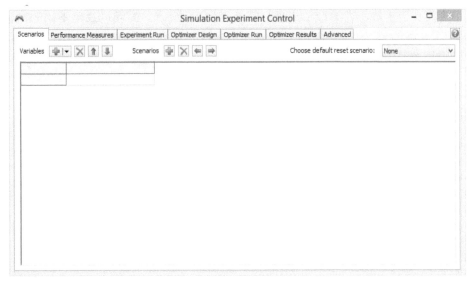

图 5-62　状态报告

步骤 11：使用实验控制器进行多次运行仿真试验

要使用 Flexsim 中的实验控制器，需要先选择统计（Statistics）主菜单，再选择实验控制器（Experimenter）子菜单，接着会弹出如图 5-63 所示的仿真实验控制窗口。

图 5-63　仿真实验控制窗口

仿真实验控制视窗口用来设定一个特定模型的多次重复和多个场景运行。当运行多场景时，可以声明几个实验变量，然后对每个场景下想要运行的各个变量的取值，系统将会计算并显示在绩效指标选项卡中定义的每个绩效指标的置信区间。

5.2 标签（Labels）

本节主要介绍标签的基本应用与设置。标签既可以作为识别实体流动的标志，又可以存储实体数据。本节模型中涉及的实体有源（Source）、队列（Queue）和处理器（Processor），详细的对象名称及类型见表5-4。

表5-4 对象名称及类型

对象名称	对象类型
Source1	源（Source）
Queue2	队列（Queue）
Queue3	队列（Queue）
Queue4	队列（Queue）
Queue6	队列（Queue）
Processor5	处理器（Processor）

1. 模型概述

本节模型中有3种不同类型的临时对象（工件），用不同的颜色表示不同的对象（便于区分），并设置过程令不同的对象存放在不同的队列中，还要追溯3种临时对象的数量。模型流程图与布局图如图5-64和图5-65所示。

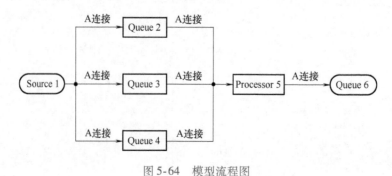

图5-64 模型流程图

2. 建模步骤

建立模型共需要10个步骤，现简要介绍如下：

第5章 Flexsim仿真建模基础

步骤1：创建对象

从实体库中拖出对象，建立如图5-65所示的模型，并按如下方式连接所有对象：

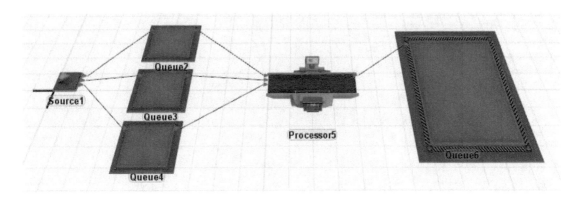

图5-65 Labels模型对象布局图

1）连接Source1和Queue2、Queue3、Queue4。

2）连接Processor5和Queue2、Queue3、Queue4。

3）连接Processor5和Queue6。

步骤2：设置源（Source）属性

1）双击Source打开属性窗口。

2）进入标签（Labels）选项卡。

3）勾选自动重置标签（Automatically Reset Labels）。

4）单击添加数字标签（Add Number Label）并且双击新标签名字（newlabelname）重命名，重命名标签为itemsproduced，如图5-66所示，这个源就加上了一个标签。

步骤3：设置对象颜色

按照以下步骤设置对象颜色，使带有不同标签的对象颜色不同，便于区分。

1）选择触发（Triggers）选项卡。

2）单击创建触发器（OnCreation）选项右侧增加按钮，选择设置对象类型和颜色（Set the Item type and Color）选项并选择默认参数。

3）对象（Involved）和对象类型（Item Type）保持默认值，如图5-67所示。

步骤4：追溯对象数量

1）选择触发（Triggers）选项卡。

2）在退出（OnExit）触发器中单击"+"按钮，并且选择增量值（Data/Increment Value）选项。

3）在增量（Increment）的编辑框中，将 label（item，"labelname"）修改为 label（current，"itemsproduced"）（该函数第一个参数表示选择当前设备，第二个参数表示标签名称）。

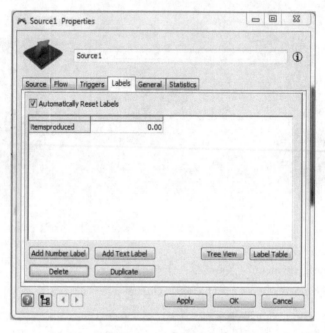

图 5-66　重命名标签

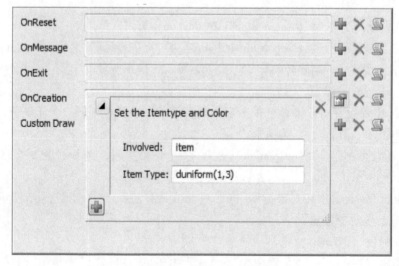

图 5-67　设置对象颜色

4)将递增系数(by)设置为1。如图5-68所示,这样设置后每当新生成一个临时实体时,源的标签值就加1。

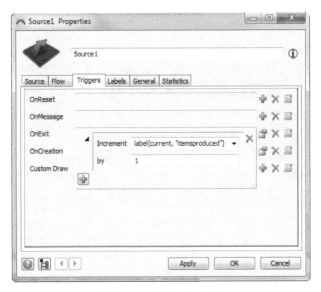

图5-68 追溯对象数量

步骤5:设定对象流向

1)在源(Source)的属性窗口中,选择流(Flow)选项卡。

2)在送至端口(Send to Port)选项中选择表达式(By Expression),选择默认表达式:getitemtype(item),如图5-69所示。这样就可以将不同编号的对象发送到各自相应的端口,比如编号为1的对象(itemtype为1),就发送到1号端口;编号为2的对象,发送到2号端口,以此类推。

图5-69 设定对象流向

3)单击应用(Apply)按钮,完成对源(Source)的更改。

4)重置模型,运行一段时间后暂停,打开源(Source)的属性窗口,选择标签

（Labels）选项卡，查看"itemsproduced"标签值是否实现了累计计数。

步骤6：设置处理器（Processor）属性

1）单击 Processor 打开快速属性（Quick Properties）窗口。

2）单击输入（Input）旁边的箭头。

3）勾选拖拉（Pull）复选框并设置拖拉策略（Pull Strategy）为最长队列（Longest Queue），如图5-70所示。

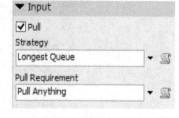

图5-70　设置处理器属性

步骤7：定义临时对象

在工具箱（Toolbox）中打开流动对象（Flowitem Bin）。

1）在盒子（Box）选项中单击属性窗口标签下的添加按钮，添加一个数字标签。

2）双击标签名字（LabelName），重新将标签命名为 itemtypeorder，如图5-71所示。

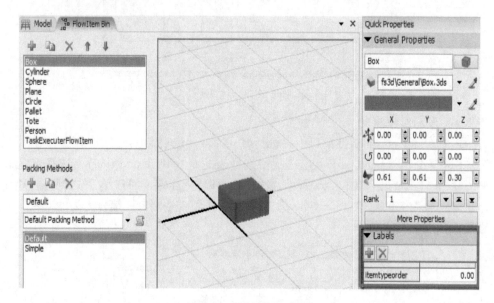

图5-71　定义临时对象

步骤8：增加新标签

1）打开 Source 的属性窗口。

2）选择标签（Labels）选项卡。

3）将标签对象产生（itemsproduced）改为 item1produced。

4）选择 item1produced 标签并单击复制（Duplicate）按钮2次。

5）将复制的两个标签对象产生（itemsproduced）命名为 item2produced 和 item3produced，

如图 5-72 所示。

图 5-72　增加新标签

步骤 9：设置标签产生条件

在源 Source 中定义退出（OnExit），产生带有标签的对象。

1）在触发（Triggers）选项卡，在离开（OnExit）触发器处打开代码编辑器（Code Editor），弹出其工作界面如图 5-73 所示。

图 5-73　Code Editor 工作界面

2）单击删除模板按钮，清除内容，并删除拣选结束（PickOption End）这一行，如图 5-74 所示。

3）输入 If 语句：

if(getitemtype(item)==1)

```
1 /**Custom Code*/
2 treenode item = parnode(1);
3 treenode current = ownerobject(c);
4 int port = parval(2);
5
6 { //************ PickOption Start ************\\
7
8
9 treenode thenode = label(item, "itemsproduced");
10 double value = 1;
11 inc(thenode,value);
12 } //******* PickOption End *******\\
13
```

图 5-74 删除代码内容

```
{
    int value = inc(label(current,"item1produced"),1);
    setlabelnum(item,"itemtypeorder",value);
}
```

4)同时要为 itemtype2 和 itemtype3 书写相同的语句,最终的代码如下(如图 5-75 所示):

```
1 /**Custom Code*/
2 treenode item = parnode(1);
3 treenode current = ownerobject(c);
4 int port = parval(2);
5
6 if (getitemtype(item) == 1)
7 {
8     int value = inc(label(current, "item1produced"), 1);
9     setlabelnum(item, "itemtypeorder", value);
10 }
11 if (getitemtype(item) == 2)
12 {
13     int value = inc(label(current, "item2produced"), 1);
14     setlabelnum(item, "itemtypeorder", value);
15 }
16 if (getitemtype(item) == 3)
17 {
18     int value = inc(label(current, "item3produced"), 1);
19     setlabelnum(item, "itemtypeorder", value);
20 }
```

图 5-75 完整的代码

/**Custom Code*/
treenode item = parnode(1);

```
treenode current = owenerobjtct(c);
int port = parval(2);

if(getitemtype(item) ==1)
{
    int value = inc(label(current,"item1produced"),1);
    setlabelnum(item,"itemtypeorder",value);
}
if(getitemtype(item) ==2)
{
    int value = inc(label(current,"item2produced"),1);
    setlabelnum(item,"itemtypeorder",value);
}
if(getitemtype(item) ==3)
{
    int value = inc(label(current,"item3produced"),1);
    setlabelnum(item,"itemtypeorder",value);
}
```

5)单击"OK"按钮关闭代码以及属性窗口。

步骤10:处理临时对象

1)打开 Processor 的属性窗口。

2)选择触发(Triggers)选项卡。

3)单击处理完成(OnProcessFinsh)触发器旁边的代码编辑按钮。

4)利用 If 语句限制每种类型的实体产生 10 个,每类实体数量到 10 个后,将实体尺寸变为 $1\times1\times1$。If 语句如下:

```
if(getlabel(item,"itemtypeorder")% 10 ==0)
{
    setsize(item,1,1,1);
}
```

5)单击"OK"按钮关闭代码编辑窗口以及属性窗口。

6)重置并运行模型。

通过以上设置,可以看到如图 5-76 所示的运行模型,不同颜色的对象分别出现在不同的队列中,经过处理器处理,最终存放在同一队列下,达到预期效果。

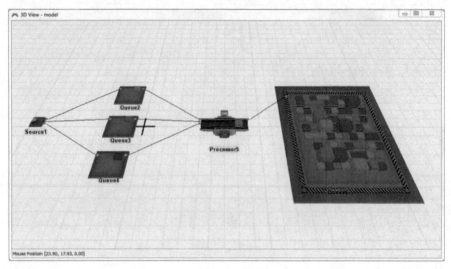

图 5-76　运行模型

5.3　全局工具（Global Modeling Tools）

1. 模型概述

本节介绍一种用于整个模型的全局工具，包括如何创建访问全局表（Global Table）、全局变量（Global Variables）和全局宏（Global Macros）。这种全局工具可以简化视图，并能使模型实现动态变化。为更好地模拟实际情况，本节将结合合成器（Combiner）和分解器（Separator）建立模型。

2. 建模步骤

该模型建模共包括13步，现简要介绍如下：

步骤1：创建对象

1）从库（Library）中拖拽对象到3D建模区中以创建模型。

2）如图5-77所示，重命名对象，在整个教程中，将根据名字引用这些对象，所创建的对象名称及类型见表5-5。

表5-5　对象名称及类型

对象名称	对象类型
Source、PalletSource	源（Source）
PartQueue、Queue1、Queue2	队列（Queue）

（续）

对象名称	对象类型
Processor1、Processor2、Painter1、Painter2	处理器（Processor）
Operator	操作员（Operator）
Combiner	合成器（Combiner）
PalletConveyor、Conveyor1、Conveyor2	输送机（Conveyor）
ForkLift	叉车（Transporter）
Separator	分解器（Separator）
Sink	吸收器（Sink）

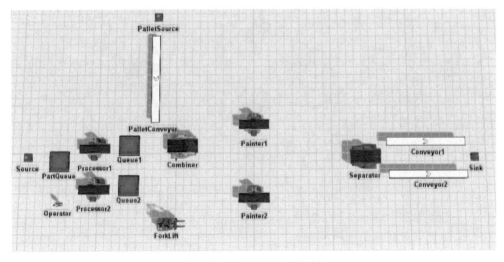

图 5-77　创建并重命名对象

步骤 2：连接端口

端口连接情况如下：

- A 连接 Source 至 PartQueue。
- A 连接 PartQueue 至 Processor1、Processor2。
- A 连接 Processor1 至 Queue1，Processor2 至 Queue2。
- A 连接 PalletSource 至 PalletConveyor。
- A 连接 PalletConveyor 至 Combiner（注意：PalletConveyor 应连接到 Combiner 的第一个输入端口）。
- A 连接 Queue1、Queue2 至 Combiner。

- A 连接 Combiner 至 Painter1、Painter2。
- A 连接 Painter1、Painter2 至 Separator。
- A 连接 Separator 至 Conveyor1、Conveyor2。
- A 连接 Conveyor1、Conveyor2 至 Sink。

模型连接结果如图 5-78 所示。其中，模型没有对操作员（Operator）和叉车（Forklift）进行连接，本节将会运用全局变量进行连接。

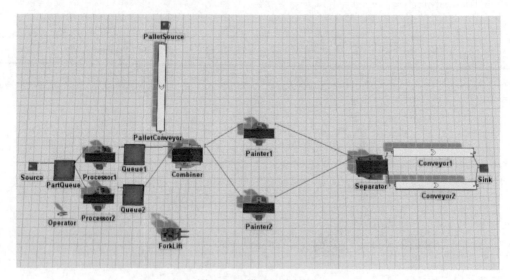

图 5-78　模型连接结果

步骤 3：设置源（Source）的属性

设置源使其形成两种类型的产品。

1）默认设置源的到达时间间隔服从指数分布（0，10，0），即 Inter-Arrivaltime 设为 exponential（0，10，0）：第一个参数代表渐近线，设置为 0，第二个参数代表比例/期望，设置为 10，第三个参数为随机数流，设置为 0。

2）在触发器（Triggers）选项卡下设置产品类型。单击创建（OnCreation）右侧的加号，选择数据（Data）/设置对象类型和颜色（Set ItemType and Color），单击脚本编辑器，在对象类型（itemtype）下选择离散均匀分布函数 duniform（1，2），其中第一个参数为下限，当前设定为 1，第二个参数为上限，当前设定为 2。

3）单击"OK"按钮，应用设置并关闭属性窗口。

步骤 4：设置托盘发生器（PalletSource）的属性

托盘在这里充当虚拟的对象，产品经过合成器 Combiner 后会用托盘打包，因此设置临时对象种类（FlowItem Class）为托盘。

托盘还被用于决定被合成器（Combiner）打包的产品类型，这是通过设置每个托盘的临时对象类型来实现的。

1）打开源 PalletSource 的属性窗口，在源（Soucre）选项卡下，设置流体类型（FlowItem Class）为 Pallet。

2）设置有无限量供给的托盘。在源（Source）选项卡下，设置到达时间间隔（Inter-Arrivaltime）为0。

3）切换到触发器（Triggers）选项卡，在创建（OnCreation）触发器中设置对象类型（Set ItemType）。

4）设置对象类型（Itemtype）为离散均匀分布 duniform（1，6），其中第一个参数为下限，当前设定为1，第二个参数为上限，当前设定为6，可以随机生成类型号为1~6的托盘。

5）单击"OK"按钮，应用并关闭属性窗口。

6）保存、重置并尝试运行模型，可以看到产品在整个模型中流动，在合成器（Combiner）处，托盘将会打包从 Queue1 中出来的一个产品和从 Queue2 中出来的一个产品，然后在分解器（Separator）处分离托盘和产品。

步骤5：连接操作员（Operator）

这里通过创建指向操作员的全局变量连接操作员，而不用接中间端口。下面将设置全局变量（Global Variables），以便定义2个处理器的处理时间。

1）打开浏览（View）菜单，选择工具箱（Toolbox），在模型左侧出现工具箱（Toolbox）的选项卡，单击加号按钮，在建模逻辑（ModelingLogic）下，添加全局变量（Global Variable），得到如图5-79所示的窗口（试用版没有此项功能）。

2）单击全局变量（Global Variables）选项卡左上方的加

图 5-79　创建全局变量

号，设置全局变量（Global Variables）的名字（Variable Name）为 Operator。

3）对应的类型（Type）为树节点（Tree Node）。

4）单击值（value）一栏右侧的加号，选择操作员（Operators）中 Operator 这一对象，如图 5-80 所示。

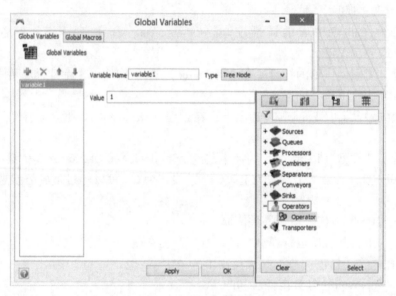

图 5-80　选择 Operator 对象

5）重复以上步骤，再为叉车（Forklift）建立一个全局变量。

6）选择全局宏（Global Macros）选项卡，输入以下代码：

#define PROCESS_TIME lognormal2（0.0，15，0.2，0）

如图 5-81 所示，该宏名为 PROCESS_TIME，该宏将调用对数正态分布随机函数 lognormal2，生成一个随机数，此函数参数为 location = 0.0，scale = 15，shape = 0.2。

7）单击"OK"按钮，应用并关闭全局变量窗口。

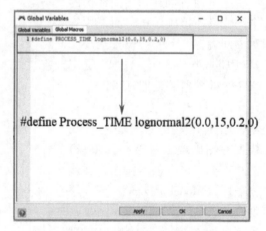

图 5-81　定义全局宏 PROCESS_TIME

步骤 6：设置队列（Queue）的属性

在模型中，需要设置 Processor1 处理所有的产品 1，Processor2 处理所有的产品 2，故需要做以下设置：

1）设置 PartQueue 的最大容量为 25。在 PartQueue 属性窗口的队列（Queue）选项卡中，设置最大容量（Maximum Content）为 25。

2）在流（Flow）选项卡，设置发送至端口（Send To Port）为指定端口（By Expression），并且设定为默认值 getitemtype（item）。

3）勾选使用运输工具（Use Transport）复选框，把右侧的默认项 centerobject（current，1）修改为 Operator。如果是试用版，可以在下拉列表中选择根据名称（By Name），然后选中 Operator。

PartQueue 属性的操作结果如图 5-82 所示。

图 5-82　PartQueue 属性的操作结果

4）单击"OK"按钮，应用并且关闭属性窗口。

5）设置 Queue1 和 Queue2 的最大容量均为 100。

步骤 7：设置处理器（Processors）的属性

这里使用全局宏（Global Macro）控制处理器（Processors）的处理时间，也就是用全局宏随机生成处理时间。

1）打开 Processor1 的属性表，在处理器（Processor）选项卡中，在处理时间（Process Time）处输入 PROCESS_TIME，如图 5-83 所示。

2）单击属性窗口左下角的三角按钮，切换到下一个处理器的属性窗口。

3）设置 Processor2 的处理时间（Process Time）也为 PROCESS_TIME。

4）单击"OK"按钮，应用并关闭属性窗口。如果是试用版，可以将处理时间直接设为对数正态分布 lognormal2（0.0，15，0.2，0）。

步骤 8：设置全局表（Global Table）

此步骤将在合成器（Combiner）上调用全局表（Global Table）。

合成器（Combiner）用于把多个临时对象组合在一起，其工作过程如下：

1）合成器（Combiner）首先从端口 1 输入 1 个对象，此对象便成为一个容器，可以把从别的端口输入的临时对象打包组合。

2）一旦接收第 1 个对象，合成器就会通过组合列表（Components List）将接收的不同端口指定的临时对象数量（产品数量）显示出来，如图 5-84 所示。

图 5-83　Processor1 属性编辑　　　　图 5-84　组合列表（Components List）

3）一旦组合完成，合成器（Combiner）就会按设置的处理时间把整个批次的货物送到下一站。

在本模型中，运用不同的组合列表来生成不同的订单或组件。因为把托盘（Pallet）连接到了合成器（Combiner）的输入端口 1，托盘（Pallet）可以决定调用哪一个组合列表。

第5章 Flexsim仿真建模基础

下面创建一个全局表以便合成器使用,并把所有不同的订单(组合列表)都放入全局表中。

① 创建一个新的全局表。在工具箱(Toolbox)选项卡中,单击加号按钮,在出现的下拉菜单中选择 Global Table 创建一个全局表。

② 把全局表重命名为 PartsList。

③ 设置全局表行数(Rows)为 2,列数(Columns)为 6。

④ 在生成的表中双击每个单元格,输入图 5-85 所示的对应数字。

	Col 1	Col 2	Col 3	Col 4	Col 5	Col 6
Row 1	3.00	5.00	4.00	2.00	5.00	4.00
Row 2	5.00	2.00	4.00	3.00	4.00	5.00

图 5-85 创建并编辑全局表

⑤ 关闭全局表窗口。

步骤 9:设置合成器(Combiner)的属性

1)打开合成器属性窗口,并选中合成器(Combiner)选项卡。

2)选中合成器运送产品(Convey Items Across Combiner Length)。

3)切换到流(Flow)选项卡,勾选使用运输工具(Use Transport)复选框。

4)在使用运输工具右侧列表框中输入 Forklift 代替默认项 centerobject(current, 1)。试用版软件可以选择根据名称(By Name)选中 Forklift。

接下来,设置组合列表的更新,使得每当有一个新托盘进入合成器的端口 1 时,合成器(Combiner)的组合列表(Components List)能够更新一次。

① 切换到触发器(Triggers)选项卡,在进入 OnEntry 触发器的下拉列表中选择更新合成器组合列表(Update Combiner Component List)。

② 单击更新合成器组合列表(Update Combiner Component List)右侧的参数设置按钮,在出现的窗口中用 PartsList 代替 tablename。

③ 单击"OK"按钮,应用并关闭属性窗口。

更新合成器组合列表(Update Combiner Component List)根据输入端口 1 的对象类型(itemtype),从全局表中查找数据来更新合成器的组合列表。因此,若输入合成器(Combiner)的托盘属于类型 4,则它将会读取 PartsList 全局表第 4 列的两个值。

步骤 10:编写自定义用户命令

Flexsim 允许编写自定义用户命令或功能并应用于整个模型。

喷涂器对所有产品喷涂的时间可以直接在 Painter1 和 Painter2 处理器中的加工时间里

编写代码,两个喷涂器的加工时间都相同,可以通过自定义的命令修改加工时间。试用版软件无此功能。

1)在工具箱 Toolbox 中添加用户命令(User Command)。

2)定义命令名称为 painttime。

3)设置参数(Parameters)为节点对象(node obj)。

4)设置返回类型(Return Type)为数值型(num)。

5)命令的描述(Description)处输入以下文字:Returns the amount of time to paint all the items on the given node(返回产品的喷涂时间)。

6)示例(Example)处输入 painttime(current)。

图 5-86 所示为设置的喷涂时间用户命令面板。

图 5-86　喷涂时间用户命令窗口

设置喷涂器每个产品 1 的平均喷涂时间为 20s,每个产品 2 的平均喷涂时间为 14s,均服从指数分布。

① 单击用户命令(User Commands)窗口右下角的代码编辑按钮。

② 输入以下代码:

```
treenode object = parnode(1);
int painttime = 0;
for(int index = 1;index < content(first(object));index + +){
if(getitemtype(rank(object,index)) == 1)  {
    painttime + = exponential(0.0,20.0,0);
    }else{
```

```
        painttime + = exponential(0.0,14.0,0);
    }
}
return painttime;
```
③ 单击"OK"按钮，应用并关闭窗口。

添加一个新的用户命令使产品一旦通过喷涂器后就变成蓝色。

① 在工具箱（Toolbox）中添加一个新的用户命令（User Command），定义命令名称为 paintitems。

② 设置参数（Parameters）为（node obj）。

③ 设置返回类型（Return Type）为 num。

④ 命令的描述处输入 Changes the colors of all items on a pallet to blue，即把托盘上的所有产品颜色变为蓝色。

⑤ 示例（Example）处输入 paintitems（current）。

图 5-87 所示为设置的喷漆产品用户命令窗口。

图 5-87　喷漆产品用户命令窗口

接下来，把所有通过喷涂器的产品变为蓝色。

① 单击用户命令窗口右下角的代码编辑按钮。

② 输入以下代码：

```
treenode object = parnode(1);
for(int index =1;index < = content(first(object));index + +){
    colorblue(rank(first(object),index));
}
```

③ 单击"OK"按钮,应用并关闭窗口。

步骤11:设置喷涂器(Painters)的属性

1) 打开Painter1的属性窗口。

2) 设置处理时间(Process Time)为painttime(current),如图5-88所示。

图5-88 设置处理时间(Process Time)

3) 切换到流(Flow)选项卡,勾选运用运输工具(Use Transport)复选框。

4) 设置运输工具为Forklift。

5) 切换到触发器(Triggers)选项卡,单击加工结束(OnProcessFinish)右侧的代码编辑按钮。

6) 在窗口最后一行输入paintitems(current)。

7) 单击"OK"按钮,应用并关闭代码窗口。

8) 单击"OK"按钮,应用并关闭属性窗口。

步骤 12：分解器（Separator）

不需要对分解器（Separator）的属性做任何改变，在默认状态下，当分解器（Separator）接收到一个流动对象时，会把容器和其他对象（产品）分开，并把容器（托盘）从输出端口 1 送出，把产品从输出端口 2 送出。

步骤 13：重置并运行模型

1）单击"Reset"按钮重置模型至初始状态。

2）单击"Run"按钮开始仿真。

运行模型可看到，产品进入队列 PartQueue 后，操作员分别把两种产品搬运到两个处理器中。红色的产品被搬运到 Processor1 上，绿色产品被搬运到 Processor2 上。Pallet 会被运输到 Combiner 上装载来自 Queue1 和 Queue2 的产品，直到按命令装载完毕。Forklift 再把托盘货物从 Combiner 上搬运到喷涂器处，离开喷涂器之前，所有的产品都会被喷成蓝色。然后，托盘货物被运输到分解器上，并把托盘和产品分离；托盘通过 Conveyor1、产品通过 Conveyor2 运输至 Sink。

5.4 用户事件（User Events）

1. 本节概述

本节将介绍如何在仿真中使用用户事件（User Events）建模，试用版无此功能。在之前章节中，已经介绍过全局变量（Global Variables）的用法，本节内容将在此基础上继续建模。本节将设计一个模型，要求：当重置模型时，重新设置操作员的位置、重新设定零件的到达时间间隔，处理器加工数量也会重新归零；当模型运行至某个设定的时间点，一些零件的到达速率（到达时间间隔）会被修改，某些空闲的处理器将被启动。

2. 建模步骤

首先需要创建新模型（Labels Model）。

创建新模型后，用户事件建模主要需要 5 步，现简要介绍其建模过程。

步骤 1：创建对象（Objects）

从库（Library）中拖拽若干对象到三维窗口中，对象名称及类型见表 5-6。

表 5-6 对象名称及类型

对象名称	对象类型
Source	源（Source）
Queue	队列（Queue）

（续）

对象名称	对象类型
Operator1、Operator2、Operator3	操作员（Operator）
Dispatcher	分配器（Dispatcher）
Processor1、Processor2、Extra Processor1、Extra Processor2	处理器（Processor）
Sink	吸收器（Sink）

将拖拽的对象按照图 5-89 所示的位置布局，并按照以下步骤连接所有的对象：

1）用 A 连接将 Source 连接到 Queue。

2）依次用 A 连接将 Queue 连接到 Processor 1、Processor 2、Extra Processor 1 和 Extra Processor 2。

3）用 A 连接分别将 Processor 1、Processor 2、Extra Processor 1 和 Extra Processor 2 连接到 Sink。

4）用 S 连接将 Queue 连接到 Dispatcher。

5）用 A 连接将 Dispatcher 连接到 Operator1、Operator2 和 Operator3。

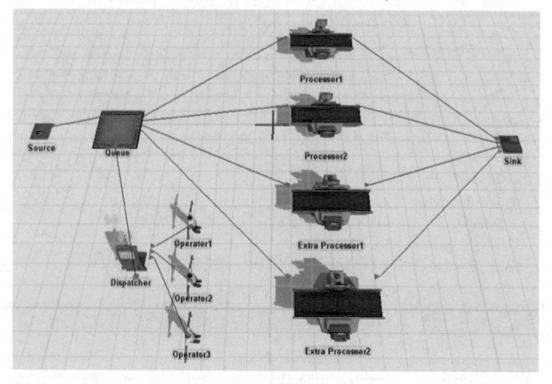

图 5-89　创建对象

步骤 2：设置全局变量

接下来为对象创建全局变量，并在用户事件中进行访问。全局变量也可以通过节点命令（node command）进行访问，节点命令为

`treenode Op1 = node("/Operator1", model());`

创建全局变量的具体步骤如下：

首先在菜单栏的视图（View）标签中选择工具箱（Toolbox）（或者直接在工具栏中单击工具（Tools）按钮），在工具箱（Toolbox）中添加一个新的全局变量，如图 5-90 所示。

分别为每一个操作员（Operator）、每个备用处理器（Extra Processor）以及源（Source）

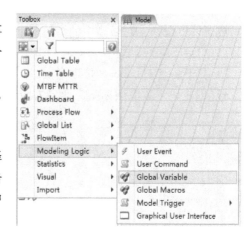

图 5-90　添加全局变量

创建全局变量，并将它们的类型都设为树节点（Tree Node），并按照表 5-7 进行命名。

表 5-7　创建全局变量

对 象 名 称	全局变量命名	类　　型
Operator1	Op1	Tree Node
Operator2	Op2	Tree Node
Operator3	Op3	Tree Node
Extra Processor1	extraProc1	Tree Node
Extra Processor2	extraProc2	Tree Node
Source	source	Tree Node

全局变量窗口如图 5-91 所示。

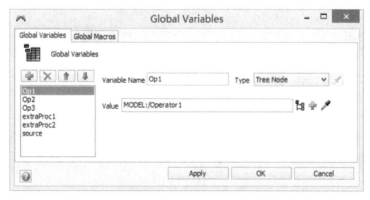

图 5-91　全局变量窗口

步骤3：设置源（Source）和队列（Queue）

按照以下操作，对模型中的源（Source）和队列（Queue）进行设置。

1）打开Source属性窗口。

2）打开标签（Label）选项卡。

3）创建一个数值型标签，命名为arrivalTime，并将其值设为0，如图5-92所示。

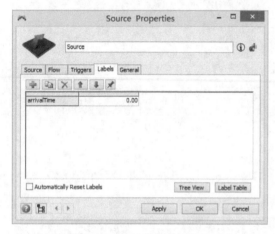

图5-92 设置到达时间标签

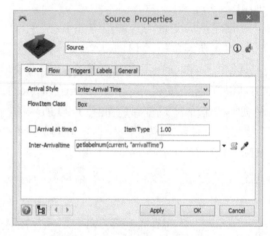

图5-93 设置到达间隔时间

4）打开源（Source）选项卡。

5）如图5-93所示，在到达间隔时间（Inter-Arrival time）中输入getlabelnum（current，"arrivalTime"）（函数为获取标签数值，其中第一个参数是对象变量，第二个参数是获取标签名）。

6）单击确定（OK）按钮，保存并关闭属性窗口。

7）打开队列（Queue）属性窗口。

8）打开流（Flow）选项卡。

9）勾选使用运输工具（Use Transport）复选框，如图5-94所示。

步骤4：创建用户事件（User Events）

图5-94 使用运输工具（Use Transport）

本模型中将创建 3 个用户事件，其中 1 个用来重置模型，另外 2 个用来改变模型的繁忙程度（busyness），具体步骤如下：

从工具箱中添加 3 个新的用户事件（在菜单栏中的视图（View）标签中选择工具箱（Toolbox），或者直接在工具栏中单击工具（Tools）按钮）。

分别将它们命名为 ResetModel、BusyTime 和 SlowTime。

（1）增加用户事件"重置模型"（ResetModel）

如图 5-95 所示，增加重置模型（ResetModel），并勾选"仅当重置时执行事件"（Execute event on reset only）复选框。重置模型将通过代码实现，单击窗口中的代码编辑按钮，编写以下代码（见图 5-96）：

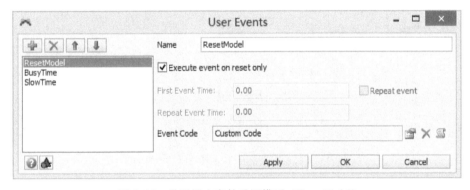

图 5-95　设置用户事件重置模型（ResetModel）

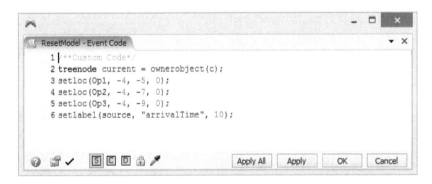

图 5-96　重置模型代码

```
setloc(Op1,-4,-5,0);
setloc(Op2,-4,-7,0);
setloc(Op3,-4,-9,0);
setlabel(source,"arrivalTime",10);
```

以上代码给定每一个操作员一个初始的坐标值，将其设置到某一固定的位置。并将源（Source）的初始标签值设为10，这样到达间隔时间也随之改变。每次单击重置模型（ResetModel）按钮，将会执行以上的代码对模型进行重置。

（2）增加用户事件忙碌时间（BusyTime）

如图5-97所示，在用户事件窗口中增加忙碌时间（BusyTime），在首次事件时间（First Event Time）处输入100，在重复事件时间（Repeat Event Time）处输入200，这表示从第100s开始，每200s模型就会进入一次忙碌时间（BusyTime）。

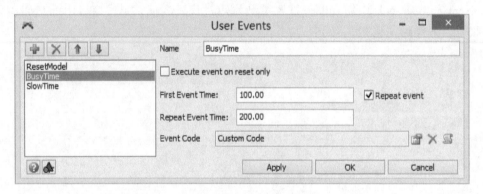

图5-97 设置用户事件忙碌时间（BusyTime）

当模型进入忙碌时间时，零件的到达时间间隔将变短，备用处理器也将投入使用，以上操作将通过代码实现。单击代码编辑按钮，编写以下代码（见图5-98）：

```
setlabel(source,"arrivalTime",5);
openinput(extraProc1);
openinput(extraProc2);
msg("Busy Time","It´s Busy Time!");
```

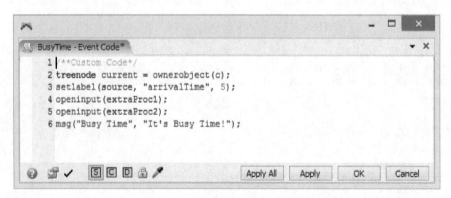

图5-98 忙碌时间（BusyTime）代码

该代码把到达时间间隔设置为5,零件的生成速度将变成原来的两倍。此时两个备用处理器将会投入使用,并且发出信息:现在是忙碌时间!(It's Busy Time!)。

(3) 增加用户事件减缓时间(SlowTime)

如图5-99所示,在用户事件窗口中选择减缓时间(SlowTime),在首次事件时间(First Event Time)处输入0,在重复事件时间(Repeat Event Time)处输入200,这表示从0s开始,每200s模型就会进入减缓时间(SlowTime)。

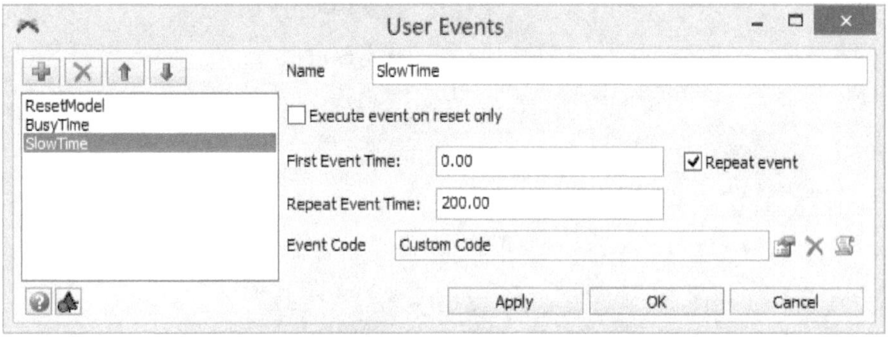

图5-99 设置用户事件减缓时间(SlowTime)

当模型进入减缓时间时,零件的到达时间间隔将变长,备用处理器也将关闭,以上操作将通过代码实现。单击代码编辑按钮,编写以下代码(见图5-100):

```
closeinput(extraProc1);
closeinput(extraProc2);
setlabel(source,"arrivalTime",10);
```

该代码把到达时间间隔设置为10,零件的生成速度将还原到初始的速度(1个/10s),此时两个备用处理器都将关闭。

图5-100 减缓时间(SlowTime)代码

步骤5：保存设置

在用户事件窗口中单击确定（OK）按钮，关闭并保存以上设置。

执行用户事件，重置并运行模型，需要注意的是，操作员总是会重置到同一个初始位置，并在忙碌时间和减缓时间之间切换。模型运行结果如图5-101所示。

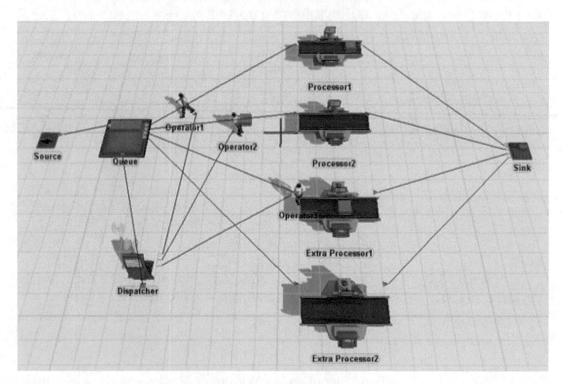

图5-101　模型运行结果

5.5　时间表（Time Tables）

1. 本节概述

时间表工具可以让固定的资源器和任务分配器按照确定的时间表运行，中间可能包含中断、维护、维修等。本模型的目的在于展示如何创建时间表并指定成员，以及如何利用时间表控制处理器和操作员的时间。

2. 分步建模

该模型建模共包括5步，现简要介绍如下：

步骤1：创建对象

从库（Library）中把模型对象拖放到3D模型区域中，如图5-102所示。模型中的对象名称及类型见表5-8。按照如下步骤连接所有对象：

- A 连接：Source1 到 Queue2。
- A 连接：Queue2 到 Processor3 和 Processor4。
- A 连接：Processor3 和 Processor4 到 Queue5。
- A 连接：Dispatcher6 到 Operator8 和 Operator9。
- S 连接：Queue2 到 Operator10。
- S 连接：Processor3 和 Processor4 到 Dispatcher6。

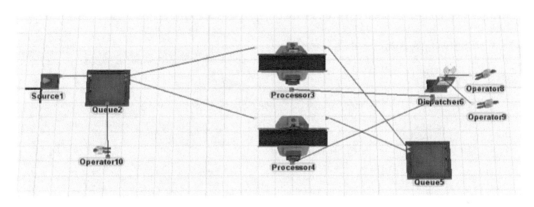

图 5-102 时间表模型

表 5-8 对象名称及类型

对象名称	对象类型
Source1	源（Source）
Queue2	队列（Queue）
Processor3	处理器（Processor）
Processor4	处理器（Processor）
Dispatcher6	分配器（Dispatcher）
Queue5	队列（Queue）
Operator8	操作员（Operator）
Operator9	操作员（Operator）
Operator10	操作员（Operator）

步骤2：设置队列和处理器

1个操作员把临时对象（工件）从 Queue2 搬运到2个处理器中；另外2个操作员在

2 个处理器上处理工件并把工件搬运到 Queue5 中。

1）单击 Queue2，打开属性窗口。

2）在流（Flow）选项卡中，勾选使用运输工具（Use Transport）复选框，并使用默认选项。

3）打开 Processor3 的属性窗口，如图 5-103 所示。

4）在操作（Processor）选项卡中，勾选使用操作员处理（Use Operatorc（s）for Process）复选框，并使用默认选项。

5）选择流（Flow）选项卡。

6）勾选使用运输工具（Use Transport）复选框，并使用默认选项。

7）选择触发选项卡，如图 5-104 所示。

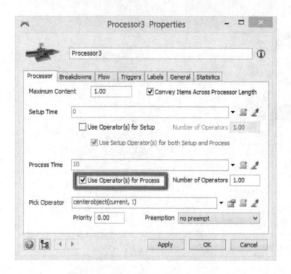

图 5-103　处理器属性窗口　　　图 5-104　操作器触发选项卡

8）单击处理完成（On Process Finish）右侧的加号按钮。

9）选择设置颜色（Set item's color）脚本，并使用默认选项。

10）单击确定（OK）按钮，应用并关闭属性窗口。

11）在 Processor4 上完成相同的操作。

12）重置并运行模型，确保操作员把工件从 Queue2 搬运到处理器上，处理器处理完成后，操作员再把工件搬运到 Queue5。工件在处理器上被处理完成后会改变颜色。

步骤 3：创建时间表

按照如下步骤给 Operator 10 创建 1 个时间表。

1）单击主工具栏中的工具按钮，用工具箱创建 1 个新的时间表（Time Table）。

2）将创建的时间表重命名为 Operator 10 Break。

3）选择成员（Members）选项卡，然后单击添加按钮添加 1 个成员，用光标选中操作员 10（Operator 10），单击选择（Select）按钮，设置过程如图 5-105 所示。

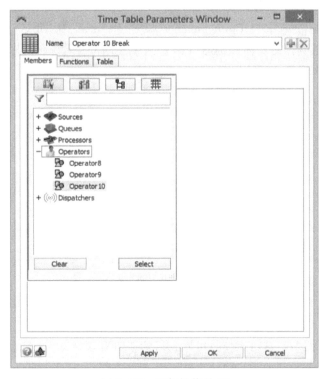

图 5-105　添加操作员 10

4）进入 Table 选项卡，在时间表的第一行，设置 Time 为 200，设置 State 为 12，设置 Duration 为 30。

5）把 Mode 设置为 CustomerRepeat（自定义重复），并将值更改为 200。这会使操作员每隔 200s 进行一次中断。

6）在 Function 选项卡中，将 Down Function（中断功能），设定为 Travel to Location, Delay Until Down Time Complete（行进到指定地点，延迟等待直到中断时间结束）。在弹出的窗口中，把坐标 X 设为 2，坐标 Y 设为 -8，坐标 Z 设为 0。将 ResumeFunction（恢复功能）设定为 DoNothing（不做任何事）。

7）单击确定（OK）按钮，关闭时间表窗口。

8）重新设置并运行模型。当运行模型时，在 200s 时，会看到程序员离开工作区域 30s，然后再返回工作。

步骤4：更新时间表

1) 在库中找到基本任务执行对象（Basic TE），将其放在3D模型区域中，并将其命名为NN1。

2) 回到名为Operator 10 Break的时间表。

3) 在Fuction选项卡中将Down Function设定为Travel To Object, Delay Until Down Time Complete（行进到指定实体，延迟等待直到中断时间结束）。把对象（Object）名字改为NN1，如图5-106所示。

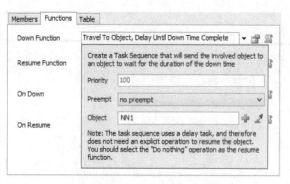

图5-106　Down Function设置

4) 离开选择列表，设置恢复功能（Resume Function）为不做任何事（Do Nothing）。

5) 单击确定（OK）按钮，然后关闭时间窗表窗口。

6) 重置并运行模型，这时操作员可回到目的地NN1。

步骤5：为处理器安排维修时间

按照如下步骤为处理器安排维修时间：

1) 添加另外一个时间表。

2) 把时间表命名为Processor Down Time。

3) 在新时间表中添加对象Processor3。

4) 在时间表第一行，时间设置为200，状态设置为12，持续时间设置为100。

5) 设置模式（Mode）为自定义重复，时间为300，这将会使处理器在初始维修后每隔300s就会停下来一次。

6) 在功能（Functions）选项卡中，设置中断功能（Down Function）为停止输入（Stop Input）。

7) 在功能（Functions）选项卡中，设置恢复功能（Resume Function）为恢复输入（Resume Input）。

上面将处理器功能设为中断并恢复，意味着处理器将处理停留在它上边的工件，但是在中断事件结束之前将不会再接收其他任何工件。如果时间表的中断/恢复为默认设置,则无论是否有工件在上边,处理器都不会做任何工作。

重置并运行模型,如图 5-107 所示。

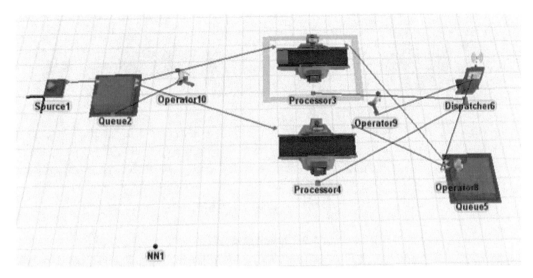

图 5-107　最终模型

5.6　任务序列(Task Sequence)

5.6.1　任务序列(Task Sequence)(一)

1. 本节概述

本节内容将介绍如何创建基本任务序列(Basic Task Sequence)。在本节模型中,要求操作员从队列中拿起 1 个临时对象(Flowitem),将其放到一张桌子上进行检查,然后将它送到一个处理器中。以上操作将通过编写任务序列来实现,并且整个任务只分配给 1 名操作员来完成。

2. 建模步骤

该模型建模共包括 4 步,现简要介绍如下:

步骤 1:设置模型

依次从库(Library)中添加 1 个源(Source)、2 个队列(Queue)、1 个基本固定实体(BasicFR)、2 个处理器(Processor)、1 个操作员(Operator)和 1 个吸收器(Sink)到模型显示窗口中,并按照如图 5-108 所示对它们进行布局和连接。对象采用默认的名称命名，具体见表 5-9。

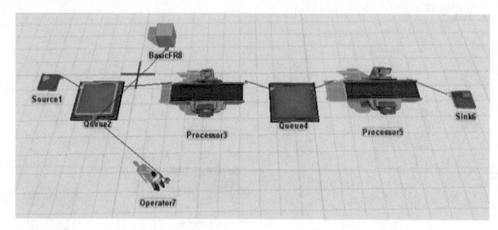

图 5-108　对象的布局和连接

表 5-9　对象名称及类型

对象名称	对象类型
Source1	源（Source）
Queue2、Queue4	队列（Queue）
Processor3、Processor5	处理器（Processor）
Sink6	吸收器（Sink）
Operator7	操作员（Operator）
BasicFR8	基本固定实体（BasicFR）

模型中的 BasicFR，仅仅作为检查临时对象所用的桌子，没有任何逻辑，也不产生任何作用，也可以使用可视化工具或其他任何固定对象代替。

按照图 5-108 所示连接对象：用 A 连接将 Source1 连接到 Queue2，将 Queue2 连接到 Processor3，将 Processor3 连接到将 Queue4，将 Queue4 连接到 Processor5，将 Processor5 连接到 Sink6；用 S 连接分别将 Operator7 和 BasicFR8 连接到 Queue2。

步骤 2：编辑对象

1）单击 Processor3，打开快捷属性（Quick Properties）窗口。

2）在处理器（Processor）模块中，将最大容量（Max Content）改为 10，如图 5-109 所示。

3）单击 Processor5，打开快捷属性窗口。

4）在处理器模块中，将加工时间（Process Time）改为 50，如图 5-110 所示。

图 5-109　修改 Processor3 的最大容量　　图 5-110　修改 Processor5 的加工时间

步骤 3：编写任务序列

为了简化整个建模过程，在模型中将选用基本任务序列示例（Basic Task Sequence Example），并按照模型的需求，对示例的代码进行修改，最终完成任务序列的编程。

1）单击 Queue2，打开它的快捷属性窗口。

2）在输出（Output）模块中，勾选使用运输工具（Use Transport）复选框，并在其下拉列表中选择任务序列示例 1（Task Sequence Example_1）。在默认情况下，这个任务序列的作用和引用 1 个操作员的作用相同，操作员行走到当前固定对象时，装载临时对象（工件），继续行走到下一个固定对象时卸载临时对象。模型将在此基础上进行修改，如图 5-111 所示。

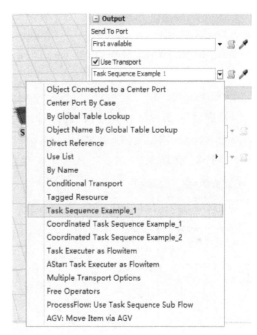

3）单击下拉列表右侧的代码编写按钮，打开代码编辑器，任务序列示例 1 的原始代码如下（不包含注释内容）：

图 5-111　选择使用交通工具和任务序列示例 1

```
treenode current = ownerobject(c);
treenode item = param(1);
int port = param(2);
treenode destination = param(3);
double priority = param(4);
int preempt = param(5);

treenode dispatcher = centerobject(current,1);
```

```
treenode ts=createemptytasksequence(dispatcher,priority,preempt);

inserttask(ts,TASKTYPE_TRAVEL,current,NULL);
inserttask(ts,TASKTYPE_LOAD,item,current,port);
inserttask(ts,TASKTYPE_BREAK,NULL,NULL);
inserttask(ts,TASKTYPE_TRAVEL,destination,NULL);
inserttask(ts,TASKTYPE_UNLOAD,item,destination,opipno(current,port));

dispatchtasksequence(ts);

return 0;
```

4）删除第 23 行中的所有代码，即删除 Break 任务：

```
inserttask(ts,TASKTYPE_BREAK,NULL,NULL);
```

如图 5-112 所示。

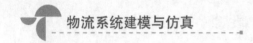

图 5-112　删除第 23 行（Break 任务）

5）在装载临时对象（工件）后，模型需要操作员走到 BasicFR，延迟 10s 后再走到下游的处理器，实现此操作需要在第 23 行输入以下代码（见图 5-113）：

inserttask(ts,TASKTYPE_TRAVEL,centerobject(current,2),NULL);

6）单击回车键到下一行。

图 5-113　在第 23 行输入代码

7）在第 24 行，输入如下代码（见图 5-114）：

inserttask(ts,TASKTYPE_DELAY,NULL,NULL,10,STATE_BUSY);

8）单击确认按钮，关闭代码窗口，完成代码的修改。

修改后的完整代码如下（不包含注释内容）：

treenode current = ownerobject(c);
treenode item = param(1);
int port = param(2);
treenode destination = param(3);
double priority = param(4);
int preempt = param(5);

```
treenode dispatcher = centerobject(current,1);
treenode ts = createemptytasksequence(dispatcher,priority,preempt);

inserttask(ts,TASKTYPE_TRAVEL, current, NULL);
inserttask (ts, TASKTYPE_LOAD, item, current, port);
inserttask (ts, TASKTYPE_TRAVEL, centerobject (current, 2), NULL);
inserttask (ts, TASKTYPE_DELAY, NULL, NULL, 10, STATE_BUSY);
inserttask (ts, TASKTYPE_TRAVEL, destination, NULL);
inserttask (ts, TASKTYPE_UNLOAD, item, destination, opipno (current, port));

dispatchtasksequence (ts);

return 0;
```

图 5-114　在第 24 行输入代码

步骤4：重置并运行模型

模型运行时，Operator7 先走到 Queue2，装载临时对象，再行走到 BasicFR8，延迟 10s 之后，前往 Processor3 卸载临时对象。

5.6.2 任务序列（Task Sequence）（二）

1. 本节概述

本节将建立和 5.6.1 节相同的模型，模型中包含的对象名称及类型见表 5-10，不同的是操作员将在开始下一个任务序列前停留在处理器处等待处理对象。

表 5-10 对象名称及类型

对象名称	对象类型
Source1	源（Source）
Queue2、Queue4	队列（Queue）
Processor3、Processor5	处理器（Processor）
Sink6	吸收器（Sink）
Operator11	操作员（Operator）
BasicFR8	基本固定实体（BasicFR）

2. 建模步骤

该模型建模共包括 3 步，现简要介绍如下：

步骤1：添加应用任务

加载在 5.6.1 节中建立的模型，即进行如下操作：

1）单击 Queue2，打开队列的属性窗口。

2）在 Flow 选项卡中，单击代码编辑（Code Edit）按钮，如图 5-115 所示。

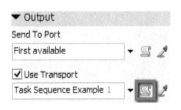

图 5-115 Code Edit 按钮

3）在第 26 行代码后边添加一行代码，即在第 27 行输入如下代码：
inserttask(ts,TASKTYPE_UTILIZE,item,outobject(current,1),STATE_UTILIZE);

最终代码如图 5-116 所示。

图 5-116　最终代码

修改后的完整代码如下（不包含注释内容）：

treenode current = ownerobject(c);
treenode item = param(1);
int port = param(2);
treenode destination = param(3);
double priority = param(4);
int preempt = param(5);

treenode dispatcher = centerobject(current,1);

treenode ts = createemptytasksequence(dispatcher,priority,preempt);

inserttask(ts,TASKTYPE_TRAVEL,current,NULL);

```
inserttask(ts,TASKTYPE_LOAD,item,current,port);
inserttask(ts,TASKTYPE_TRAVEL,centerobject(current,2),NULL);
inserttask(ts,TASKTYPE_DELAY,NULL,NULL,10,STATE_BUSY);
inserttask(ts,TASKTYPE_TRAVEL,destination,NULL);
inserttask(ts,TASKTYPE_UNLOAD,item,destination,opipno(current,
port));
inserttask(ts,TASKTYPE_UTILIZE,item,outobject(current,1),STATE_
UTILIZE);

dispatchtasksequence(ts);
return 0;
```

单击"OK"按钮关闭代码编辑窗口。

运行模型，将会发现操作员在临时对象卸载之后一直停留在操作器处。这是因为没有执行任何命令来释放操作员，操作员一直处于工作状态。处理这种情况的最好方法是设置工作结束触发器（OnProcessFinish）。

步骤2：编辑处理器（Processor）释放操作员（Operator）

在上文操作的基础上进行以下操作：

1）通过中间端口连接操作员Operator11和Processor3，如图5-117所示。

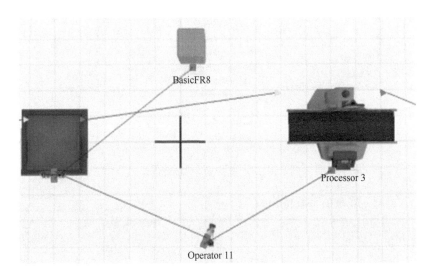

图5-117 连接操作员和处理器

2）双击Processor3打开属性窗口，选择触发（Triggers）选项卡，在操作完成触发器

（OnProcessFinish）中选择释放操作员（Free Operators），接下来需要更改参数。为了能成功释放操作员，涉及的对象必须匹配起来，将 Involved 的参数修改为 item。操作过程如图 5-118 和图 5-119 所示。

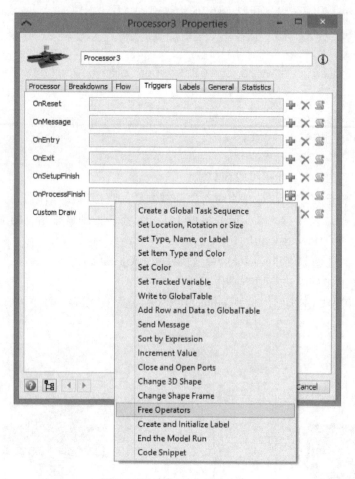

图 5-118 选择 Free Operators

3）单击"OK"按钮关闭属性窗口。

步骤 3：重置并运行模型

1）重置并运行模型。

2）操作者将会先到达 Queue2，搬起临时对象后到达 BasicFR 停留 10s，然后把临时对象送往 Processor3，把临时对象卸下来后等待临时对

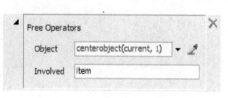

图 5-119 设置 Free Operators

象被处理完成。

3）保存模型。

下一个教程将在这一模型的基础上继续改进。

5.6.3 任务序列（Task Sequence）（三）

1. 本节概述

本节模型以 5.6.2 节所完成的模型为基础进行建模，模型中包含的对象名称及类型见表 5-11，不同的是，Operator7 需将产品从 Processor3 搬运到 Queue4 中。

表 5-11 对象名称及类型

对象名称	对象类型
Source1	源（Source）
Queue2、Queue4	队列（Queue）
Processor3、Processor5	处理器（Processor）
Sink6	吸收器（Sink）
Operator7	操作员（Operator）
BasicFR8	基本固定实体（BasicFR）

2. 建模步骤

本节模型以 5.6.2 节所完成的模型为基础进行构建，共包括 5 步，现简要介绍如下：

步骤 1：打开模型

打开 5.6.2 节中完成的模型。

步骤 2：删除 OnProcessFinish 触发器

在添加任务序列之前，需要将操作员（Operator）从使用（Utilize）任务中释放。为保证模型正常运行，需要将释放操作员动作移植到任务序列中。

1）双击 Processor3，打开属性窗口并选择 Triggers（触发器）选项卡。

2）在 OnProcessFinish 触发器处，单击删除按钮，将该触发器删除。

注意：不要关闭属性窗口。

步骤 3：编写 Flow 逻辑

为了正确地释放操作员，需要重新编写处理器（Processor）的 Flow 逻辑，尤其是使用操作员搬运工作的逻辑，从而保证处理器（Processor）实现正确的任务序列。

1）双击 Processor3，打开属性窗口并单击 Flow 选项卡。

2）选中 Use Transport 复选框，然后从其右侧下拉列表中选择 Free Operators，选用默认参数设置即可,如图 5-120、图 5-121 所示。

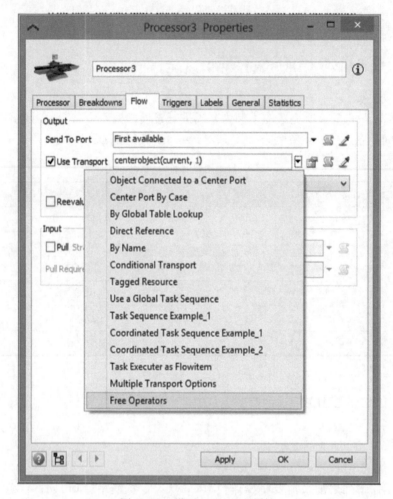

图 5-120　设置 Processor3 属性

3)单击"OK"按钮关闭属性窗口。

步骤 4：编写任务序列的剩余部分

1)单击 Queue2,打开快速属性窗口。

2)在 Flow 选项卡中,单击 Use Transport 右侧 Code Edit 按钮,如图 5-122 所示,打开代码编辑窗口。

3)为方便在任务序列中引用 Queue4,需要创建 1 个局部变量。在第 17 行新插入如下代码,如图 5-123 所示。

treenode downQueue = outobject(outobject(current,1),1);

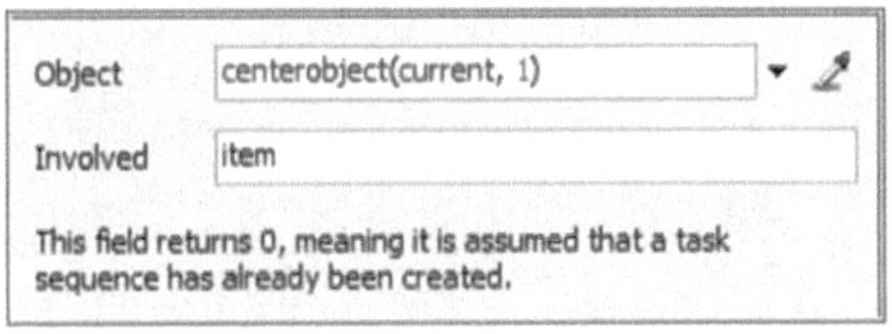

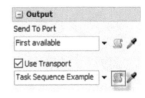

图 5-121　设置 Use Transport　　　图 5-122　Code Edit 按钮

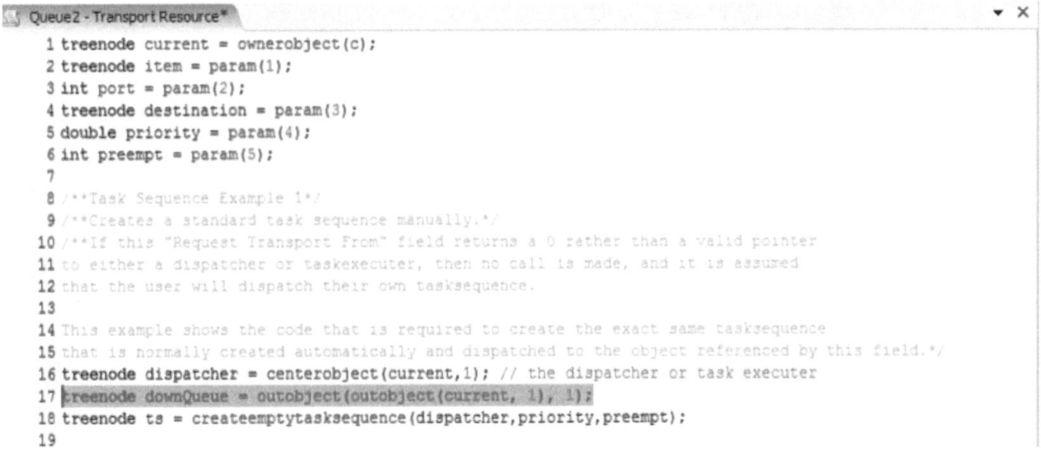

图 5-123　第 17 行代码

4) 从第 27 行开始，输入如下代码，如图 5-124 所示。

inserttask(ts,TASKTYPE_FRLOAD,item,outobject(current,1));
inserttask(ts,TASKTYPE_TRAVEL,downQueue,NULL);
inserttask(ts,TASKTYPE_FRUNLOAD,item,downQueue,1);

完整代码如下（不包含注释内容）：

treenode current = ownerobject(c);
treenode item = param(1);
int port = param(2);
treenode destination = param(3);
double priority = param(4);
int preempt = param(5);

treenode dispatcher = centerobject(current,1);
treenode downQueue = outobject(outobject(current,1),1);

treenode ts =createemptytasksequence(dispatcher,priority,preempt);

inserttask(ts,TASKTYPE_TRAVEL,current,NULL);
inserttask(ts,TASKTYPE_LOAD,item,current,port);
inserttask(ts,TASKTYPE_TRAVEL,centerobject(current,2),NULL);
inserttask(ts,TASKTYPE_DELAY,NULL,NULL,10,STATE_BUSY);
inserttask(ts,TASKTYPE_TRAVEL,destination,NULL);
inserttask(ts,TASKTYPE_UNLOAD,item,destination,opipno(current,port));
inserttask(ts,TASKTYPE_FRLOAD,item,outobject(current,1));
inserttask(ts,TASKTYPE_TRAVEL,downQueue,NULL);
inserttask(ts,TASKTYPE_FRUNLOAD,item,downQueue,1);
dispatchtasksequence(ts);

return0;

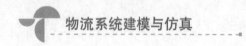

图 5-124 第 27~29 行代码

5）单击"OK"按钮关闭代码编辑窗口和属性窗口。

步骤5：重置并运行模型

1）重置并运行模型。Operator7应走向Queue2，搬起临时对象，走到BasicFR，延迟10s，再走到Processor3，将临时对象放下，等待Processor3检验，检验完成后再搬起临时对象，走到Queue4放下临时对象。

2）保存模型。

5.7 过程流（Process Flow）

5.7.1 基本介绍

1. 本节描述

本节将建立一个顾客在邮局排队等待服务的模型。在模型中，邮局只有1个窗口，顾客用令牌（tokens）来表示，每60s到达1位顾客，每位顾客在窗口接受服务的时间为45s。如果顾客等待时间超过200s，则放弃接受服务，离开邮局，并认为是不满意顾客。

2. 分步建模

本节模型的构建共包括7步，现简要介绍如下。

步骤1：增加和连接过程流活动

此步骤为创建1个过程流。若要建立一个过程流，首先必须建立1个空白的过程流（General Process Flow），一般此过程流是建立全局过程流的基础，全局过程流可通过增加和连接一些活动得到（在过程流中，一项活动就是一个逻辑操作或步骤），并且有不同的方法来增加和连接活动。此步骤将介绍增加和连接活动的方法。

1）创建新模型。如图5-125所示，在工具箱（Toolbox）中单击加号按钮，在出现的下拉菜单下选择过程流（Process Flow），然后选择常规（General），则在中间窗口创建了1个空白的过程流，并且相应左边的实体库变成了过程流所需要的对象。

2）添加一项活动产生令牌（tokens），代表顾客到达邮局。因为顾客是随机到达的，可以用时间间隔到达源（Inter-Arrival Source）代表，具体操作为：在库（Library）中的令牌创建（Token Creation）下，选择间隔到达源（Inter-Arrival Source）（以下简称源），拖此项活动到过程流中，如图5-126所示。

3）增加一项活动代表顾客排队等待直到被服务。因为邮政工作人员只有1个，是一种有限的资源，因此在模型中用获取资源（Acquire Resource）这一活动来表示。在库（Library）的资源（Resources）组下，拖1个获取资源（Acquire Resource）（以下简称获取）到过程流中，并且把它放在间隔到达源活动下。如图5-127所示，这两个活动自动连接在了一起。

图 5-125　创建新模型

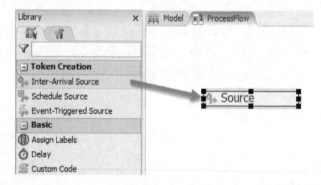

图 5-126　添加间隔到达源（Inter-Arrival Source）活动

4）下面介绍另外一种添加和连接活动的方法。在活动下方单击鼠标变成了一个连接链，继续向下拖动鼠标，连接链与活动之间会出现一个箭头，拉箭头到一定长度，释放鼠标将会出现快捷库（Quick Library），如图 5-128 所示。在基本（Basic）组下选择延迟（Delay）活动，此项活动表示邮局工作人员为每位顾客服务的时间。

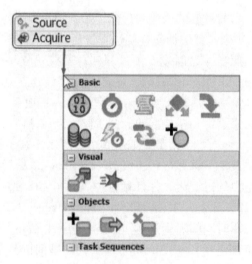

图 5-127　添加获取资源（Acquire Resource）活动　　　图 5-128　快捷库（Quick Library）

5）若要删除连接线，可单击目标并按删除键（Delete）；若要编辑连接线，可单击目标，在右侧出现的快捷属性（Quick Properties）中设置，如图 5-129 所示，还可以拖动红线改变连接线的弯曲程度。

6）把鼠标放在延迟（Delay）活动下方，出现连接链，双击鼠标也会出现快捷实体库（Quick Library）。

7）如图5-130所示，在资源（Resources）组下选择释放资源（Release Resources）（以下简称释放）。此项活动可以使工作人员去帮助下一个顾客。

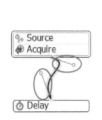

图5-129 改变连接线的弯曲度

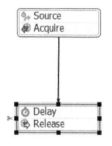

图5-130 添加释放资源（Release Resources）活动

8）在释放（Release）活动下方添加1个吸收器（Sink）活动。吸收器（Sink）会把接受完服务的顾客消除并计数。

9）接下来为由于等待时间过长而离去的顾客添加一项活动。如图5-131所示，在获取（Acquire）活动下添加第2个吸收器（Sink），此活动即指顾客等待时间过长而离去。

10）从库（Library）中拖出1个资源（Resource）放在过程流中，此活动表示工作人员服务顾客的过程，最终形成了如图5-132所示的过程流。

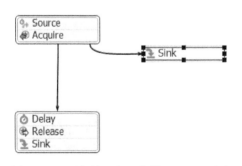

图5-131 添加第2个吸收器（Sink）活动

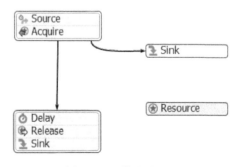

图5-132 排队过程流

步骤2：重命名和调整活动的大小

此步骤介绍两种重命名活动的方法。值得注意的是，重命名不改变活动的行为，只是使过程流更直观和易于理解。并且，有些活动框太小不足以显示它的新名称，故对其调整大小。

1）选中与获取（Acquire）连接的吸收器（Sink）。

2）在右侧的快捷属性窗口中，吸收器（Sink）标志右侧的框中显示的就是此活动的名字。如图5-133所示，删除现有的名字并输入Unhappy Customers。

3）修改第二个吸收器（Sink）的名字。双击吸收器（Sink），框中的名字被选中，修改名字为Happy Customers，然后单击回车键。

4）适当调整活动框的大小以显示修改后的名字。选择Unhappy Customers活动，相应地，其边框变为黄色，把鼠标放在右边框，把右边框向右拖拽，调整到适当大小。同样地，调整其他活动的大小。

5）见表5-12，依次重命名如下活动。调整活动框大小，得到如图5-134所示的过程流。

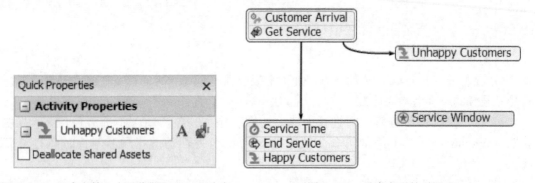

图5-133　重命名第2个吸收器（Sink）活动　　　图5-134　重命名后的过程流

表5-12　重命名活动列表

重 命 名	活　　动
Customer Arrival	源（Source）
Get Service	获取（Acquire）
Service Time	延迟（Delay）
End Service	释放（Release）
Service Window	资源（Resource）

步骤3：连接共享活动

资源（Resource）活动为一种共享活动，它的颜色不同于其他活动。共享活动不受其他活动的影响，它可通过控制资源的权限构建具有复杂逻辑的过程流。在此模型中，只有1位工作人员，这是一种有限的资源，工作人员一次只能服务1名顾客，且只有对现在的顾客服务结束才能服务下一位顾客。

当顾客到达邮局时，他们就会产生被服务的需求，故需要连接 Get Service 和 Unhappy Customers。

1）选择 Get Service，在活动右侧出现红色感叹号标志，表示此获取资源活动还没有连接相应的资源活动。

2）单击感叹号，红色标志变为吸管按钮，再单击 Service Window，连接两活动。当单击这两个活动中任意一个时，出现如图 5-135 所示蓝色连接线则表示连接成功。

如图 5-136 所示，从 Get Service 的快捷属性窗口中可以看出，其资源参考（Resource Reference）的下拉列表中出现了 Service Window。

图 5-135　为 Get Service 活动连接资源　　　　图 5-136　Get Service 属性窗口

在 FlexSim 中，释放（Release）活动可以自动释放资源，故结束服务（End Service）不需要连接到 Service Window 中。

步骤 4：编辑活动属性

此步骤将用两种不同的方法编辑活动的属性，主要包括改变顾客到达的时间表，设置顾客的最大等待时间和设置工作人员对每个顾客提供服务的时间。

1）首先设置顾客到达的频率间隔接近 1min。单击 Customer Arrival，右侧的快捷属性窗口便会出现与之同属于同一组合的所有活动的属性。如图 5-137 所示，在 Customer Arrival 活动属性下的到达时间间隔（Inter-Arrivaltime）下输入 exponential（0，60）（其中第一个参数代表为渐位线，当前设定为 0，第二个参数代表到达时间间隔的期望，当前设定为 60），也可单击下拉列表选择统计分布（Statistical Distribution），在出现的分布下选择指数分布（exponential），修改参数即可。

2）然后设置顾客的最大等待时间。如图 5-138 所示，单击 Get Service 活动中的图标（Icon），打开此活动的属性表。

3）在属性表中，选中使用最大等待时间（Use Max Wait Timer），出现对应的菜单。

在时间（Time）菜单下输入200，表示顾客的最大等待时间为200s。

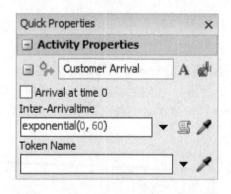

图5-137　修改顾客到达分布及参数设置

图5-138　Get Service活动标志

4）编辑等待时间激发（OnWaitTimerFired），设置顾客等待时间超过200s后发生的动作。单击脚本编辑按钮，出现设置标签（Set Label）和释放令牌（Release token）两个脚本，选择释放令牌（Release token）。

5）如图5-139所示，在端口（Connector）列表中输入2。这表示当顾客达到最大等待时间后，便从第2个输出端口至Unhappy Customers活动。

6）单击空白处，关闭并保存设置。

7）最后设置顾客接受服务的时间。打开Service Time活动的属性，单击延迟时间（Delay Time）列表旁边的脚本编辑按钮。在出现的分布（Distribution）菜单下选择对数正态分布函数（lognormal2）分布，如图5-140所示，设置相关参数。

8）设置使顾客接受服务的时间分布在91.5~93.5s之间。

步骤5：创建过程流图表

此步骤要创建图表以记录满意顾客和不满意顾客的数量。

1）打开Unhappy Customers活动的快捷属性窗口中的统计按钮，出现如图5-141所示的统计窗口。

2）单击输入（Input）列表旁边的图钉按钮，在出现的菜单下选择添加至新仪表板（Pin to New Dashboard），建立一个如图5-142所示的统计图。

3）双击统计图，打开如图5-143所示的图表属性窗口。

4）在最上方的图表名称框中删除Input，并输入Customers。

5）单击实体对象（Objects）选项卡中的吸管按钮，然后选择Happy Customers活动，如图5-144所示，此时对象（Objects）选项卡中应该有Unhappy Customers和Happy Customers两个对象。

第5章 Flexsim仿真建模基础

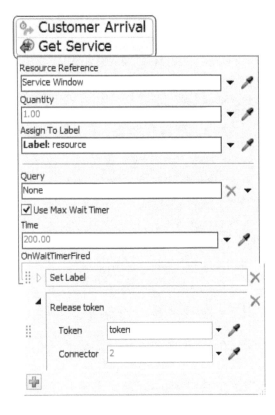

图 5-139 设置等待时间达到最大后的连接端口

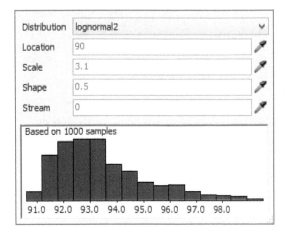

图 5-140 顾客接受服务时间分布及参数设置

图 5-141 统计窗口

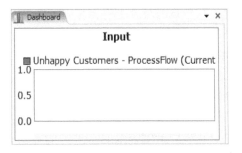

图 5-142 创建统计图

231

图 5-143　图表属性窗口

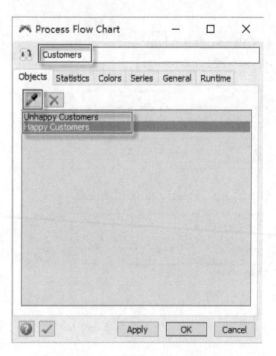

图 5-144　设置图表名称和对象属性

6）如图 5-145 所示，在统计（Statistics）选项卡中选择 Input，并设置其下方的值（Value）为 Current。

7）读者可以依照自己的意愿在颜色（Colors）和常规（General）选项卡改变图表的颜色和样式。

8）单击 OK 按钮，保存设置。因为没有运行仿真程序，故图表并没有任何信息。

9）添加一个图表以记录顾客的平均等待时间。单击 Get Service 快捷属性窗口中的统计按钮，如图 5-146 所示，出现相应的统计窗口。单击停留时间（Staytime）列表下的图钉按钮，在出现的菜单中选择添加至新仪表板（Pin to New Dashboard），便在面板中添加了一个图表。

10）双击新添加的图表，打开图表属性窗口，名称改为 Average Wait Times。

11）在统计（Statistics）选项卡中，单击停留时间（Staytime），其下方的值（Value）选择平均值（Average）。

12）取消常规（General）选项卡中的显示图例（Show Legend）。

13）图表的 Y 轴表示顾客等待的平均时间，X 轴表示仿真时间。因此，Y 轴坐标标题（Y Axis Title）处输入 Length of Wait；X 轴坐标标题（X Axis Title）处输入 Simulation Time。

14）单击"OK"按钮，保存并退出属性窗口。仪表板上的图如图 5-147 所示。

第5章　Flexsim仿真建模基础

图 5-145　设置统计（Statistics）属性

图 5-146　创建平均等待时间统计图

步骤 6：运行模型并收集信息

1）保存、重置并运行模型。

2）可以看出，在 Service Time 活动中始终只有 1 个顾客，而在 Get Service 活动中有时有多个顾客在等待。Service Window 活动中有 2 个带数字的圈。蓝圈中的数字代表正在接受服务的顾客数量，因模型设置邮局只有 1 个窗口，对应 1 个工作人员，一次只服务 1 个顾客，故蓝圈中的数字始终为 1。红圈中的数字代表排队顾客的数量。

3）设置仿真时间为 3000s，收集信息，得到如图 5-148 所示的仿真统计结果。

从图 5-148 中可以看出，满意顾客比不满意顾客稍多，但不明显，而且顾客平均等待时间也将近 200s。故需要采取措施来提高服务效率，减少不满意顾客占比，在实际中可以通过增加服务窗口等措施来实现。

步骤 7：使用标签和决策活动增加模型的复杂性

此步骤增加了顾客的决策活动，到达邮局的顾客首先看排队的长度，如果排队人数超过 5 人，他们将会直接离开邮局。

1）选中 Customer Arrival 对应的块。单击 Customer Arrival 和 Get Service 之间的剪刀按钮，如图 5-149 所示，两活动便被分离开来。

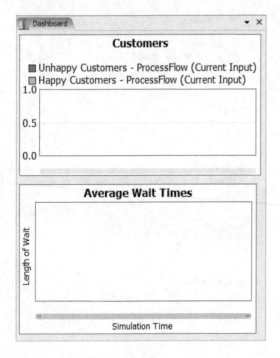

图 5-147 统计图　　　　　　　　　　图 5-148 仿真统计结果

2）在 Customer Arrival 活动下依次拖入分配标签（Assign Labels）活动和决策（Decide）活动，并分别重命名为 Check Line Size 和 Decide to Wait。

3）如图 5-150 所示，从 Decide to Wait? 下端创建两个连接，分别至 Get Service 活动和 Unhappy Customers 活动。

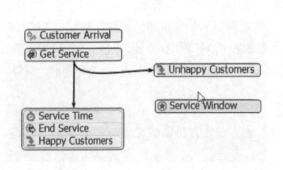
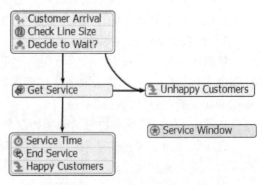

图 5-149 分离 Customer Arrival 和 Get Service 活动　　　　图 5-150 连接活动

第5章 Flexsim仿真建模基础

4）在 Check Line Size 的快捷属性窗口中，单击标签（Labels）下的加号按钮，添加标签，标签命名为 lineSize。设置值（Value）为获取活动状态（Get Activity Stat），出现如图 5-151 所示的窗口。

5）单击活动（Activity）右侧的吸管按钮，选择 Get Service 活动，对应的下拉列表中变为 Get Service；单击统计（Statistic）右侧的吸管按钮，然后单击 Get Service 活动，在出现的菜单中选择容量（Content），统计（Statistic）对应的下拉列表变为了 Content；统计类型（Stat Type）设置为当前状态（STAT_CURRENT），如图 5-152 所示。这时，在顾客执行决策活动之前，标签会给顾客传递队长信息。

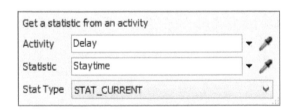

图 5-151　获取活动状态
（Get Activity Stat）窗口

图 5-152　设置获取活动状态
（Get Activity Stat）的属性

6）打开 Decide to Wait 活动属性窗口，在传送令牌（Send Token To）下拉菜单中选择条件决策（Conditional Decide），出现如图 5-153 所示的窗口。

7）在状态（Condition）列表中输入 getlabel（token，"lineSize"）<=5。真（True）为1，假（False）为2。表示当语句为真时，从端口1输出信息（连接至 Get Service 活动）；当语句为假时，从端口2输出信息（连接至 Unhappy Customers 活动）。

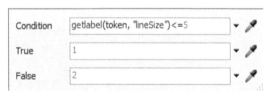

图 5-153　条件决策（Conditional Decide）窗口

8）检查 Decide to Wait 属性是否为如下信息：连接器输出（Connectors Out）为1；To 对应的下拉列表中为 Get Service。

235

9）重置并运行模型，观察统计的数据。也可尝试把检查队长改为不同数量或者改变服务窗口数量，观察统计数据的变化。

5.7.2 连接到三维模型（Link to 3D models）

1. 模型概述

本节内容将介绍如何利用事件监听（event-listening）活动，将一个过程流连接到一个简单的仿真模型。同时，在模型中还将利用子流程（sub process flow）使任务在模型运行过程中不断重复。

本模型要求前3个零件进入处理器时，处理速度较快，所需的处理时间为2s。接下来2个零件的处理速度较慢，处理时间约为10s。并且后续的零件也将依照上述的情况不断重复。

为了实现以上的逻辑要求，需要构建一个无限期循环的过程流。其中，通过创建子流程与事件监听活动，来实现对处理器处理时间的控制。

如图5-154所示，每当需要通过以上序列来控制处理器的处理时间时，过程流中的子流程就会运行。此时，在处理时间序列（Sequence of Process Times）中移动的令牌（token），会在子流程中创建一个子令牌（child token）。首先该子令牌会处于开始（Start）活动中，当子流程结束后，子令牌才会移动到下一个活动中。

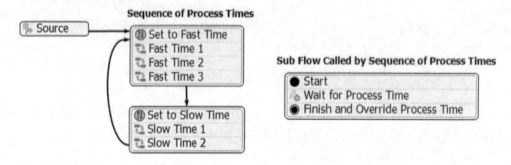

图5-154 过程流示意图

2. 分步建模

本节模型的构建共包括6步，现简要介绍如下。

步骤1：创建一个简单的3D模型

1）创建一个新的模型。

2）依次从库（Library）中添加1个源（Source）、1个队列（Queue）、1个处理器（Processor）和1个吸收器（Sink）到模型显示窗口中。模型中的对象采用默认的名称命名，具体见表5-13。

表 5-13 对象名称及类型

对象名称	对象类型
Source2	源（Source）
Queue3	队列（Queue）
Processor4	处理器（Processor）
Sink5	吸收器（Sink）

3）如图 5-155 所示，连接实体。用 A 连接将 Source2 连接到 Queue3，将 Queue3 连接到 Processor4，将 Processor4 连接到 Sink5。

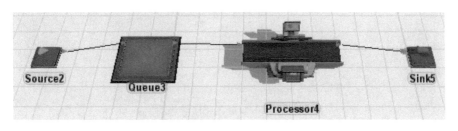

图 5-155 创建一个简单的 3D 模型

步骤 2：创建一个循环的过程流

创建一个过程流，来实现对 3D 模型中处理器处理时间的逻辑控制。

为了实现模型中处理器处理时间的循环变化（前 3 个零件的处理速度较快，后 2 个零件的处理速度较慢），需要分别为其创建单独的过程流，然后使其不断循环。具体步骤如下：

1）单击主工具栏上的过程流（Process Flow）按钮打开一个下拉菜单。选择添加一个通用的过程流（Add a general process flow），在中间窗口中将会打开一个单独的区域。为了操作方便，可以把中间的操作区域分成两部分，分别为模型窗口和过程流窗口，如图 5-156 所示。

2）在库（Library）中单击时间表源（Schedule Source），并将其添加到过程流窗口中。当仿真模型开始运行时，该时间表源（Schedule Source）将创建第 1 个（有且只有 1 个）令牌（token），该令牌（token）将在过程流中不断循环。

3）创建一系列活动，使先进入处理器的 3 个零件拥有较快的处理速度。第 1 个活动会为令牌（token）分配一个标签（Label），并触发 3 次子流程（为每个需要快速处理的零件触发一次）。

4）从库（Library）向过程流窗口中添加活动，创建一个由 1 个分配标签（Assign Labels）活动和 3 个运行子流程（Run Sub Flow）活动组成的堆块（stacked block）1，如

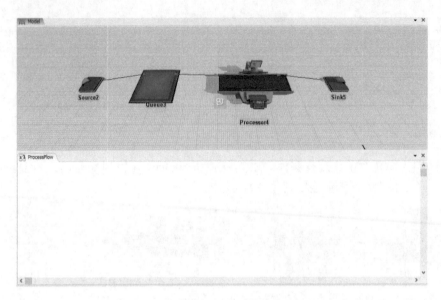

图 5-156 将中间操作区域分成两部分

图 5-157 所示。

5) 连接源（Source）活动和分配标签（Assign Labels）活动。在源（Source）的边缘按住鼠标左键，鼠标图标会变成链条的形状。在源（Source）的边缘位置按住鼠标左键后，拖拽至分配标签（Assign Labels）活动的边缘，并释放鼠标，连接即创建完成，如图 5-158 所示。

6) 创建另一个类似的系列活动，使随后进入处理器的 2 个零件拥有较慢的处理速度。从库（Library）向过程流窗口中添加活动，创建一个由 1 个分配标签（Assign Labels）活动和 2 个运行子流程（Run Sub Flow）活动组成的堆块（stacked block）2，如图 5-159 所示。

图 5-157 堆块 1　　图 5-158 连接 Source 活动和 Assign Labels 活动

7) 将堆块 1 连接到堆块 2，然后将堆块 2 连接到堆块 1，形成一个循环，如图 5-160 所示。

8) 对以上过程流中的活动进行重命名。在重命名时，双击某一个活动的名称，然后输入新的名字，重命名即完成。流程中各活动的命名见表 5-14。

第5章　Flexsim仿真建模基础

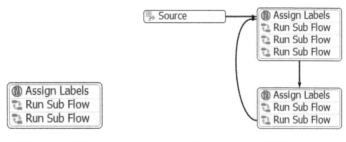

图5-159　堆块2　　　　　　图5-160　连接堆块

表5-14　对活动进行重命名

所属堆块	原　　名	修改后的名称
堆块1	Assign Labels	Set to Fast Time
堆块1	Run Sub Flow	Fast Time 1
堆块1	Run Sub Flow	Fast Time 2
堆块1	Run Sub Flow	Fast Time 3
堆块2	Assign Labels	Set to Slow Time
堆块2	Run Sub Flow	Slow Time 1
堆块2	Run Sub Flow	Slow Time 2

9）完成重命名后的过程流，如图5-161所示。

步骤3：通过设置标签来控制处理时间

在该步骤中，将通过编辑分配标签（Assign Labeles）活动的属性，来设定处理器的处理时间。在本节的模型中，使用的是静态数据，这些数字也可以用统计分布代替。

1）单击堆块1中的设置快速时间（Set to Fast Time）活动，打开快速属性（Quick Properties）窗口。

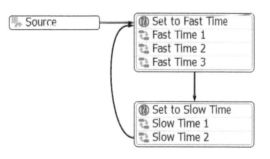

图5-161　重命名后的过程流

2）在快速属性窗口中，单击Labels下的添加（Add）按钮，添加一个新的标签。

3）删除标签名称框中现有的文本，输入processTime（处理时间）。

4）在数值框中输入数字2，表示处理时间为2个时间单位，如图5-162所示。

5）重复以上步骤，编辑设置慢速时间（Set to Slow Time）活动。除数值框中改为10以外，其他设置均与设置快速时间（Set to Fast Time）活动相同，如图5-163所示。

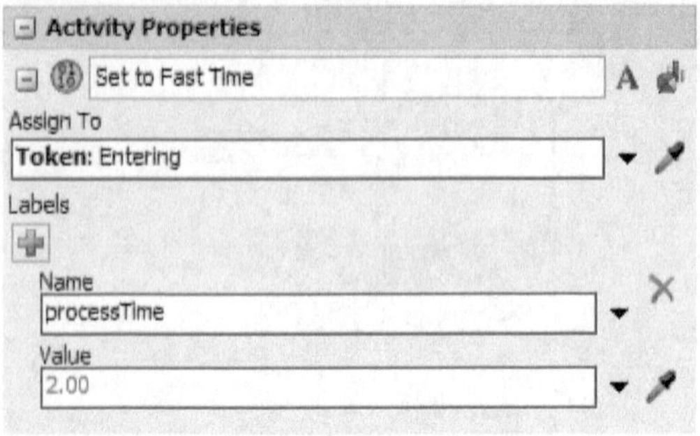

图 5-162　编辑 Set to Fast Time 活动的属性 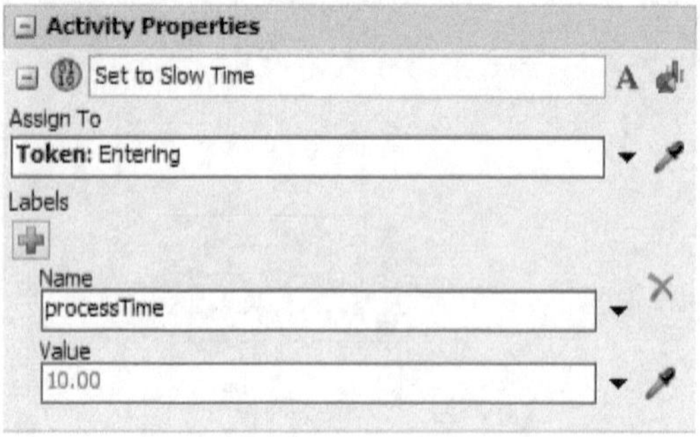　　　图 5-163　编辑 Set to Slow Time 活动的属性

步骤 4：创建和连接子流程（sub process flow）

在整个流程中，子流程需要由其他活动或者事件触发，才会开始运行。并且为了实现所设定的功能，子流程需要重复运行多次。在本模型中，每当有 1 个零件进入处理器开始处理时，子流程以及事件监听活动都会被触发。模型中的子流程处于主过程流的内部，该内部子流程（Internal Sub Flow）基本上是一个独立的活动模块，模块从开始（Start）活动开始，到结束（Finish）活动结束。

注意：本模型利用了过程流一个特有的属性，该特性允许子令牌（child token）从父令牌（parent token）中继承标签（Labels）的设置。在本模型中，首先对主过程流中父令牌（parent token）的标签进行设置，每当子流程运行时，子流程中会产生 1 个子令牌（child token），并且该子令牌（child token）会在子流程内部移动。该子令牌（child token）将从父令牌（parent token）中自动继承对处理时间标签的设置，子令牌（child token）利用这个标签来实现对操作时间的控制。

1）从库（Library）中添加活动。创建一个由开始（Start）活动、等待事件（Wait for Event）活动、完成（Finish）活动共同组成的堆块，如图 5-164 所示。

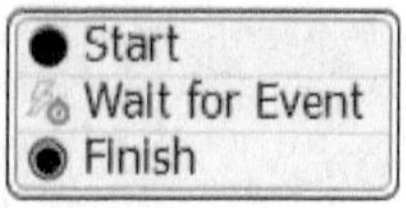

图 5-164　创建堆块

2）按照表 5-15 对子流程中的活动进行重命名。

表 5-15　对子流程中的活动进行重命名

原 名 称	修改后的名称
Wait for Event	Wait for Process Time
Finish	Finish and Override Process Time

3）将运行子流程（Run Sub Flow）活动连接到开始（Start）活动。单击并选中堆块 1，此时堆块中每一个运行子流程活动的旁边都会有 1 个感叹号图标，这表明它们均未与

子流程相连。单击感叹号图标进入连接模式,然后在子流程中单击开始(Start)活动,此时会出现一条连接运行子流程和开始(Start)活动的蓝线,表明连接成功。

4)重复该过程,直到将所有5个运行子流程活动都连接到子流程上。

完成以上操作后,得到如图5-165所示的过程流。

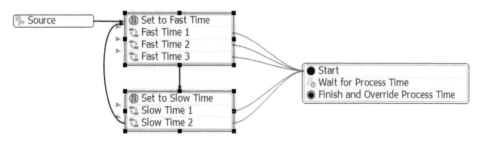

图5-165 过程流

步骤5:将过程流连接到仿真模型

将子流程中的事件监听活动等待处理时间(Wait for Process Time)连接到3D模型中的处理器,通过过程流控制处理器的处理时间。

1)单击并选中等待处理时间(Wait for Process Time)活动,此时等待处理时间(Wait for Process Time)活动的旁边会有一个感叹号图标,表明此时并未与仿真模型相连。

2)单击感叹号图标进入连接模式,然后单击仿真模型中的Processor4。

3)在连接模式下单击Processor4,将会打开一个菜单,该菜单上会显示处理器上可能发生的所有事件。选择处理器:处理时间(Processor:ProcessTime)事件。

4)此时处理器的名称会在等待处理时间(Wait for Process Time)活动的旁边显示。在快速属性窗口中,对象(Object)框中会显示处理器的名称,事件(Event)框中会显示所选择的事件的名称,如图5-166所示。

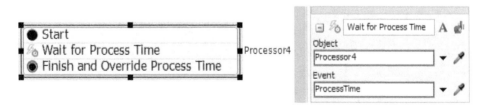

图5-166 将过程流连接到仿真模型

5)更改设置,利用令牌(token)的处理时间(ProcessTime)标签中的当前值来覆盖处理器的处理时间。在快速属性窗口中,选中覆盖返回值(Will Override Return Value)复选框,如图5-167所示。

6）在结束（Finish）活动的快速属性窗口中，单击返回值（Return Value）框，输入关键字标签：（Label:）将会打开一个包含过程流中所有可用标签的菜单，如图5-168所示。

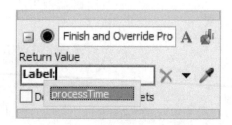

图5-167　选中覆盖返回值（Will Override Return Value）　　图5-168　设定Finish活动的返回值

7）双击选择处理时间（processTime）标签完成设置。子流程将利用该标签，自动地控制处理器的处理时间。

步骤6：运行模型

重置并运行模型。在0时刻，Source会创建1个令牌，令牌进入设置快速时间（Set to Fast Time）活动，此时处理时间标签将处理时间设置为2，然后令牌移动到Fast Time 1活动中，与此同时，在子流程中，也会在Wait for Process Time活动上产生1个子令牌，如图5-169所示。

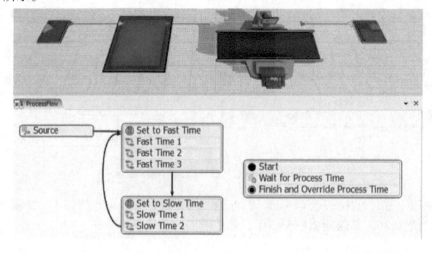

图5-169　运行模型

在模型中,每当1个零件进入处理器时,零件的处理时间都会通过令牌(token)中的数值进行设定。此时,子令牌(child token)被上一个活动释放,并移动到结束(Finish)活动中对返回到处理时间(Process Time)的返回值进行识别。然后子令牌(child token)消失,父令牌(parent token)将移动到另一个子流程活动中,并不断重复以上过程。

当下一个零件进入处理器时,以上过程将继续进行。当令牌(token)完成了Slow Time 2 活动后,将再次回到流程顶部继续运行。运用过程流,不仅在未编写任何程序的情况下,就轻松实现了上述逻辑,并且通过过程流,可以直观地观测处理器处理时间的设置过程。过程流是一个有效的、可以用来收集统计数据的调试工具,并且可以通过单独或整体地收集单个活动或整个区域的统计数据,记录处理器在各种状态下的运行时间。

5.7.3 任务序列(Task Sequences)

1. 本节概述

本节将介绍如何在处理过程流中建立任务序列,并把任务序列连接到一个3D模块中。本节建立的模型包含2个处理器,每个处理器连接1个操作员。2个操作员使用相同的任务序列来把流动件搬运到下游对象。本节将包含以下内容:

1)建立一个简单的3D模型。
2)在附属流程中建历一个任务序列。
3)把处理器和操作员连接到附属流程上。
4)编辑活动属性,增加动态参数。
5)观察仿真模型运行过程的实例。
6)在任务序列中添加更多的活动。
7)编辑新活动的属性。

2. 分步建模

本节模型的构建共包括7步,现简要介绍如下:

步骤1:建立一个简单的3D模型

利用生产流程中的任务序列建立一个简单的3D仿真模型,步骤如下:

1)建立一个新模型。
2)在对象库中添加对象:源(Source)、处理器(Processors)、吸收器(Sink)、操作员(Operators)、形状(Shape)。
3)在如下对象间建立A连接:源(Source)、处理器(Processor)、吸收器(Sink)。
4)建立从处理器到操作员的S连接。
5)移动对象到合适的位置,最终模型如图5-170所示。

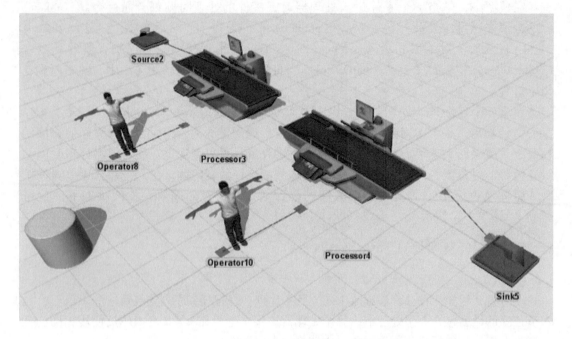

图 5-170 3D 模型

模型中用到的对象名称及类型见表 5-16。

表 5-16 对象的名称及类型

对象名称	对象类型
Source2	源（Source）
Processor3、Processor4	处理器（Processor）
Sink5	吸收器（Sink）
Operator8、Operator10	操作员（Operator）
Shape6	形状（Shape）

步骤 2：在子流程中建立任务序列

建立一个 2 个操作员在装卸过程中都能用到的简单任务序列，过程如下：

1）单击工具栏上的过程流（ProcessFlow）按钮，在打开的菜单中选择子流程（Sub Flow）。

2）在右侧过程流名称（Process Flow Name）文本框中把该子流程的名字更改为 ItemTransport。

3）单击创建实例（Instance Creation）菜单并选择单个实例（Per Instance）。

4）接下来在子流程中建立真实的任务序列，使用这个任务序列，操作员将会装卸流动件。从子流程窗口左侧在主页面添加如下活动：开始（Start）、装载（Load）、卸载（Unload）、完成（Finish）。

最终任务序列各项活动的界面如图 5-171 所示。

步骤 3：把处理器（Processor）和操作员（Operator）添加到子流程中

把子流程和仿真模型连接到一起，操作步骤如下：

1）在模型视图下，双击一个处理器打开属性窗口。

2）在流（Flow）选项卡中勾选使用交通工具（Use Transport）复选项，在其右侧的下拉列表中选择过程流：使用任务序列子流程（ProcessFlow：Use Task Sequence Sub Flow）。

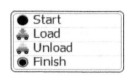

图 5-171　任务序列的各项活动

3）在所属对象（Owner Object）右侧的下拉列表中选择 centerobject（current，1）。

4）列表中其他的参数采用默认值。

Sub Flow 菜单会显示本模型刚建立的子流程，活动（Activity）文本框会默认显示开始（Start）选项。

设置过程如图 5-172 所示，另一个处理器的设置与此相同。

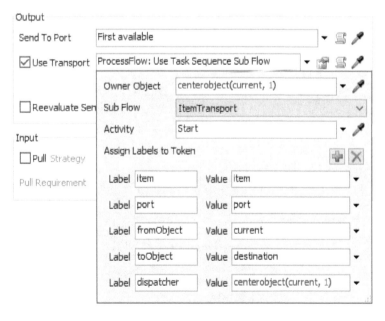

图 5-172　处理器连接子流程的操作

步骤 4：设置活动属性并添加动态参数

接下来需要编辑子流程中的各项活动，以让这些活动能够随着条件的变化而变化。需要注意的是，每次 1 个操作员搬起 1 个流动件并把流动件送往目的地的过程都能激发 1 个独立的子流程。设置活动属性并添加动态参数的过程如下：

1）在右侧的快捷属性窗口中，修改装载（Load）活动下的执行/任务序列（Executer/Task Sequence）文本框，把关键字修改为当前（current）。

2）重复上一步骤，把卸载（Unload）下的执行/任务序列（Executer/Task Sequence）关键字修改为当前（current）。

3）在快捷属性窗口的装载（Load）活动下，单击安置（Station）文本框，输入 Label：fromObject。在卸载（Unload）活动下，单击安置（Station）文本框，输入 Label：toObject。

整个设置过程如图 5-173 所示。

步骤 5：在模型运行中观察实例

为了能更好地理解实例是如何运行的，接下来将会运行模型并观察 2 个不同的工作流实例。

1）重置并运行模型。

2）能够观察到，当每次 1 个流动件需要被搬运时，在子流程中就会显示出 1 个任务，如图 5-174 所示。

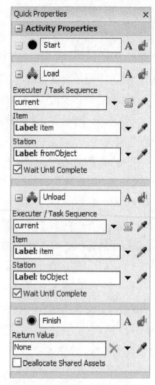

图 5-173　设置活动属性并添加动态参数

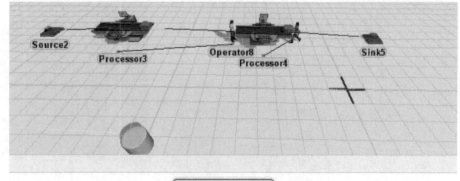

图 5-174　模型运行示意图

3）暂停模型，并单击下一步（Step）按钮，直到可以在操作流程中看到 2 个标识符，如图 5-175 所示。

4）单击工作流程页面的空白部分，在快捷属性窗口显示出工作流程的常规属性。

5）在快捷属性窗口找到连接对象（Attached Objects（instances）），注意，该列表中有 2 个连接到工作流程中的操作员，如图 5-176 所示。

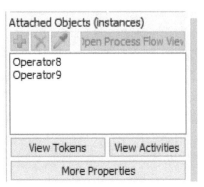

图 5-175　2 个搬运任务同时存在时的子流程示意图　　图 5-176　Attached Objects 示意图

6）单击列表中的操作员，并单击打开过程流视图（Open Process Flow View）按钮，能分别看到各个操作员的处理流程，如图 5-177 所示。

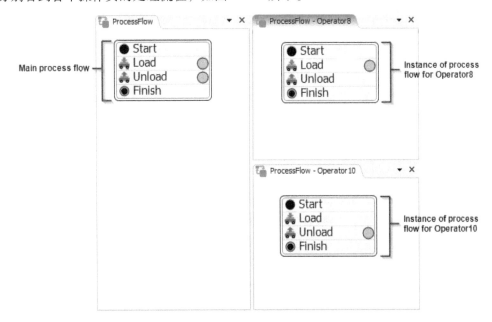

图 5-177　主工作流程及不同操作员的工作流程

步骤 6：在任务序列中添加更多的活动

接下来，在上文建立的任务序列中添加更多的活动，使之变得更为复杂。

1）单击工具栏上的重置（Reset）按钮，停止当前模型。

2）单击任务序列中的活动区块以选中这些活动。

3）单击区块左侧活动开始（Start）和活动装载（Load）之间的剪刀按钮，分开这两个活动。

4）单击区块左侧活动卸载（Unload）和活动完成（Finish）之间的剪刀按钮，分开这两个活动，操作后如图 5-178 所示。

5）在开始（Start）活动之后添加活动定制代码（Custom Code）。

6）单击并把装卸（Load）和卸载（Unload）活动模块拖到定制代码（Custom Code）活动的底部边缘，让 4 个活动连接到一起，如图 5-179 所示。

图 5-178　分开活动　　图 5-179　添加活动

7）在卸载（Unload）活动之后按顺序添加以下活动：
- 运输（Travel）。
- 请求资源（Acquire Resource）。
- 运输（Travel）。
- 延迟（Delay）。
- 定制代码（Custom Code）。
- 运输（Travel）。
- 释放资源（Release Resource）。

8）单击拖动活动，使之合并到以上活动的最后，结果如图 5-180 所示。

9）在以上模块旁边单独建立活动资源（Resource）。

10）按表 5-17 重命名所有活动，结果如图 5-181 所示。

步骤 7：编辑新加入活动的属性

接下来编辑新加入活动的属性，步骤如下：

1）单击选择活动区块。

图 5-180　合并活动　　　　　　图 5-181　重命名活动

2）首先修改 2 个定制代码（Custom Code）。在快捷属性窗口中的关闭输入端口（Close Processor Input Ports）组下单击添加按钮，接下来再在控制（Control）菜单下选择端口开关（Close and Open Ports）。

3）在打开的面板中，活动（Action）设定为关闭输入（closeinput）；并把"Label"改为"fromObject"，设置结果如图 5-182 所示。

表 5-17　活动命名表

原 名 称	修改后的名称
Custom Code	Close Processor Input Ports
Load	Load at Processor
Unload	Unload at Destination
Travel	Travel to Supplies Closet
Acquire	Get Cleaning Supplies
Travel	Travel to Processor
Delay	Cleaning Time
Custom Code	Open Processor Input Ports
Travel	Travel to Supplies Closet
Release	Return Cleaning Supplies
Resource	Cleaning Supplies

4）重复步骤 3，设置打开输入操作端口（Open Processor Input Ports）：活动（Action）设定为打开输入（openinput）；并把 getlabel（token，"label"）的标签"Label"改为从对象"fromObject"，设置结果如图 5-183 所示。

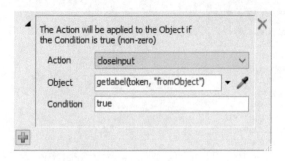

图 5-182　设置 Close Processor Input Ports

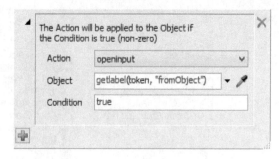

图 5-183　设置 Open Processor Input Ports

5）在快捷属性窗口中把 3 个运输（Travel）活动的执行/任务序列（Executer/Task Sequence）关键字修改为当前（current）。

6）在运输到供应区域（Travel to Supplies Closet）群组下，单击目的地（Destination）旁边的吸管按钮。

7）选择形状（Shape）对象，在打开的菜单中选择 Shape9。

8）在另一个活动运输到供应区域（Travel to Supplies Closet）上重复步骤 6）和 7）。

9）设定活动运送至处理器（Travel to Processor）的属性，单击目的地（Destination）文本框并输入 Label：fromObject。

10）最后，连接干净材料（Cleaning Material）资源到处理流程中。在堆叠活动模块被选中的情况下，单击获取干净供应材料（Get Cleaning Supplies）活动旁边的感叹号标记，然后单击干净供应材料（Cleaning Supplies）活动。

重置并运行模型，将看到操作员搬运流动件到区域（Closet）并返回处理器，在处理器旁边停留一段时间后返回到 Closet。一旦操作员返回到 Closet，处理器将重新开始处理。

5.7.4　列表和资源（Lists and Resources）

1. 本节概述

过程流（Process Flow）将用到 Flexsim 中强大的列表（Lists）功能。使用列表，可以实现以下功能：简化模型中的联系（connections）；同步令牌（tokens）或对象；创建对象组；追踪自定义统计数据；在模型中使用搜索概念，如过滤和排序，进行选择。

本节将介绍如何在过程流中使用列表。此外，还将介绍在过程流模块中另一种共享方式——资源（Resources）。本节中需要建立模型，模型设定为操作员将队列中的物品运送至下游，这些操作员偶尔需要休息饮水。

如图 5-184 所示，建立模型，模型中包含的对象名称及类型见表 5-18。

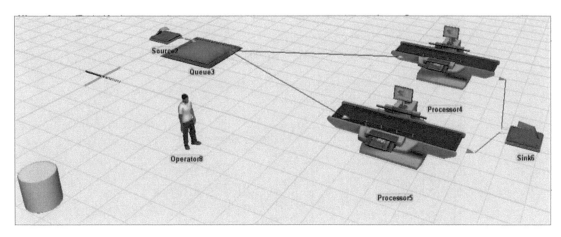

图 5-184　建立模型

表 5-18　对象的名称及类型

对象名称	对象类型
Source2	源（Source）
Queue3	队列（Queue）
Processor4、Processor5	处理器（Processor）
Sink6	吸收器（Sink）
Operator8	操作员（Operator）
Shape10	形状对象（Shape）

在模型当中，2 名操作员将物品从队列运送至 2 台检验台上。操作员的主要任务是移动物品。但是，1 位操作员每移动 100m 需要进行休息饮水。模型底部的圆筒形状代表操作员休息饮水时饮用水的位置。

驱动实体运输的过程流如图 5-185 所示。

2. 主要概念（Key Concepts）

本模型将介绍列表（Lists）的几项功能。为了更好地理解这个模型，首先对列表（Lists）的一些基本概念进行介绍。

（1）列表（Lists）

从最基本层面来讲，1 个列表就是一个数值的列表。在这个模型当中，将会使用 2 个列表：

1）需要运送的物品列表。

2）可用的操作员列表。

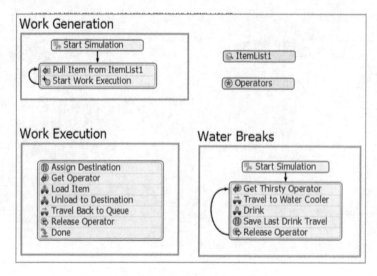

图 5-185 驱动实体运输的过程流

列表是动态的,在模拟过程中,列表内容将发生变化。例如需要运送的物品列表中仅包括那些在队列中等待的物品。当某一物品将要从队列运送到检验台时,列表中将添加该物品,过程流将移除物品,然后创建逻辑控制运输。

(2) 推/拉和后命令 (Pushing/Pulling and Back Orders)

过程里模块将会用术语推和拉来表示从列表里添加或移除数值。而拉的操作不仅仅代表移除数值,还有其他含义:

1) 拉可能会基于筛选标准和(或)优先级规则对列表进行搜索。

2) 如果拉没有找到立即删除的数值,它将在列表中创建 1 个滞后命令(Back Order)。一旦匹配的值被推到列表中,Back Order 将会执行,该值将被立即删除。

3) 拉包括返回值,即从列表中拉出的数值。

因此,拉操作的含义不仅仅是从列表中移除数值,采用术语推和拉能更准确进行表达。

(3) 列表字段 (List Fields)

列表包含字段。字段与列表中的项相关联。在拉操作中,字段可以按优先级筛选即将被拉出的物品。这个模型将使用列表字段去找到口渴的操作员,让操作员进行休息。

(4) 资源和列表 (Resources and Lists)

资源 (Resources) 代表了一些有限资源,这些资源可以被获取或释放,例如商品、服务、时间、材料和员工等。在本模型当中,将利用资源 (Resources) 对操作员的可用性进行管理。当物品需要操作员搬运时,token 将获取资源 (Resources)(操作员之一);当操作员完成 token 时，将被释放；当资源在对象模式运作时，它将在内部使用列表来管理操作的可用性。当仿真开始时，资源（Resources）会把所有操作员推到这个列表中。然后，每一次获取将从列表中拉 1 个操作员，每一次释放将把操作员推到列表中。这意味着在获取资源时，可以使用列表的过滤和优先排序功能。

3. 过程流逻辑部分（Logic Areas）

过程流主要由 3 个逻辑部分组成，分别为任务产生、任务执行和饮水休息。

（1）任务产生（Work Generation）

如图 5-186 所示，在任务产生逻辑部分，主要是产生需要执行的运输工作。在此，需添加一个全局列表，命名为 ItemList1。当物品准备从队列运输到检验台时，队列逻辑将推动物品到 ItemList1。然后，在过程流中，需将物品从 ItemList1 中拉出。一旦物品被拉出，这就意味着创建了一个单独的 token 来执行运输任务（任务执行），任务执行后，将再次循环从 ItemList1 中拉出物品。

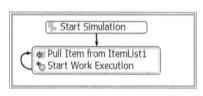

图 5-186 任务产生逻辑图

（2）任务执行（Work Execution）

如图 5-187 所示，任务执行逻辑部分是由任务生成部分派生的，并且该部分定义了操作人员运输物品的控制逻辑。该部分包括获得操作员，命令操作员从队列中搬起物品，然后走到检验台处卸下物品，最后操作员返回队列，释放操作员。

（3）饮水休息（Water Breaks）

如图 5-188 所示，饮水休息逻辑部分主要控制操作员饮水休息的时间及过程。首先，当仿真开始时，需要找到口渴的操作员，在这里将使用资源的列表功能来寻找口渴的操作员。例如 1 个操作员在上次饮水休息之后移动了至少 100m，该操作员即为口渴操作员。找到口渴操作员之后，命令该操作员去饮用水的位置喝水，喝水的动作可以延迟 30s。操作员饮水完成后，开始记录其移动的距离（以便找出其下次口渴的时间）并释放该操作员。该过程将多次循环。

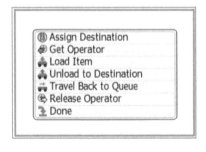

图 5-187 任务执行逻辑图

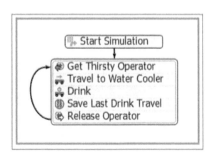

图 5-188 饮水休息逻辑图

4. 创建模型对象（Objects）

1）从库（Library）中拖拽 1 个资源（Source）、1 个操作员（Operator）、2 个检验台（Processor）、1 个形状对象（Shape）和 1 个吸收器（Sink），如图 5-189 所示进行连接。

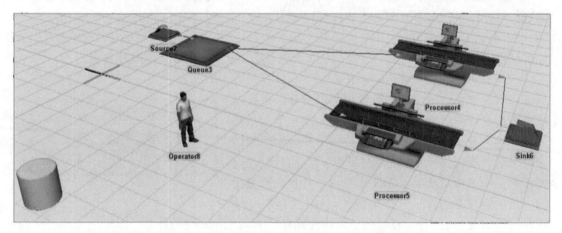

图 5-189 模型布局

2）打开队列属性，在 Flow 选项卡中选中 Use Transport 复选框，然后，在其右侧的下拉列表中选择使用列表（Use List）>推送至对象列表（Push to Item List（No Task Sequence））。

3）在弹出窗口进行设置。在 List 项右侧的下拉列表中选择添加新列表（Add New List），这就添加了一个名为 ItemList1 的全局列表并弹出该列表的属性窗口，默认设置即可，关闭该窗口。Use Transport 设置如图 5-190 所示。

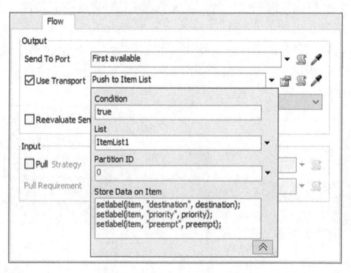

图 5-190 Use Transport 设置

4)第2步中的 Push to Item List（No Task Sequence）选项将把物品推到物品列表当中。它不会创建一个运输任务序列（任务序列创建发生在过程流中）。相反，它将把所需要的数据存储在物品的标签上，将物品推入列表当中。需要注意的是，目的地（物品将被运送到的检验台）的信息存储在物品目的地标签中（setlabel（item，"destination"，destination），在过程流中，目的地的信息将被读取使用。

5. 创建过程流（Process Flow）

接下来将定义过程流。从工具栏（Toolbox）中创建一个一般过程流（General Process Flow），这时将打开一个单独的窗格，并按图 5-191 所示创建过程流逻辑布局。

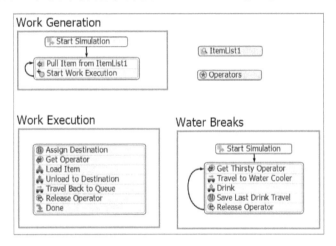

图 5-191　过程流逻辑布局

（1）共享资产（Shared Assets）

过程流需要如下共享资产：

1）列表（List）。添加一个列表，命名为 ItemList1，并对其属性进行修改。单击快捷属性窗口 List 项右侧的按钮，将光标移动到窗口中的 ItemList1 后单击鼠标左键。在快捷属性窗口的 List 项右侧的下拉列表中，选择 GlobalLists（全局列表）> ItemList1。

这使得该列表块成为全局列表的代理，在过程流中，列表的任何推/拉操作都将通过全局列表进行操作。

2）资源（Resource）。资源是用来管理操作员的。添加一个资源，命名为 Operators，并对其属性进行修改。单击快捷属性窗口参考 Reference 项右侧的按钮，然后单击 3D 模型中的操作员，资源和操作员之间将建立联系。

然后，在计数（Count）项中输入2，表示在模型中有2个操作员可用。

（2）任务产生（Work Generation）

图 5-192 所示为任务产生部分的流程图。图形并不影响模型执行，只是为了便于观

察。任务产生部分包含以下活动：

1）计划资源活动（Schedule Source activity）。添加该活动并命名为 Start Simulation，该活动默认将在模拟开始时创建 1 个单独 token。

2）列表拉活动（Pull From List activity）。添加该活动并命名为 Pull Item from ItemList1。单击红色感叹

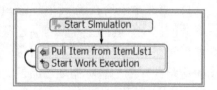

图 5-192　任务产生

号图标以及 ItemList1 将该活动连接到列表中，其他属性默认。需要注意的是拉活动的结果将传递给 token 的拉标签，在下一活动中被使用。

列表拉活动（Pull From List activity）将从列表中拉取 1 个物品并将其分配给 token 的拉标签。如果物品没有在列表中，需要创建 Back Order。直到 Back Order 被完成，活动将一直持有 token。

3）创建令牌活动（Create Tokens activity）。添加该活动并命名为 Start Work Execution。由于该活动将创建 1 个新 token 并将其传递给任务执行（Work Execution）的第一个活动，因此在本活动中需要创建任务执行（Work Execution）的第一个活动。给标签指派活动（Assign Labels activity），该活动将在任务执行（Work Execution）部分进行详细定义。单击创建令牌（Create Tokens activity）左侧图标进行如下设置：

在该创建令牌活动属性中，不需要向母令牌（parent token）返回信息，因此在快捷属性窗口创建（Create As）项中选择独立令牌（Independent Tokens）。

接下来需要将物品的信息从父令牌复制到新令牌当中。在给令牌指定标签（Assign Labels to Created Tokens）项，删除所有默认标签指派并新增。定义其 Name 为 item，Value 为 Label: pulled。这就将新令牌上名为 item 的标签指派给了父令牌（parent token）的拉标签值（pulled label value），拉标签值包含了物品在上一个活动中从列表拉出时的信息，如图 5-193 所示。

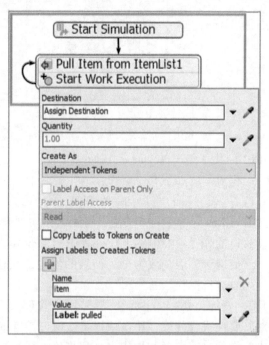

图 5-193　创建令牌活动
（Create Tokens activity）属性设置

(3) 任务执行（Work Execution）

图 5-194 所示为任务执行部分的逻辑图，任务产生部分包含以下活动：

1）指派标签活动（Assign Labels activity）。在任务生成部分就已创建该活动，将其命名为 Assign Destination。在其属性当中添加一个单独的标签任务，并进行以下设置：将 Name 设为 destination，将 Value 设为 getlabel（getlabel（token，"item"），"destination"），如图 5-195 所示。

图 5-194　任务执行（Work Execution）逻辑图

图 5-195　指派标签活动设置

该任务首先访问队列中的令牌上的物品标签，然后获得物品上的 destination 标签。在定义队列属性时，目的地信息被放在了物品的 destination 标签上。最终，将目的地值分配到令牌的 destination 标签上。

更简单地说，这个标签的任务就是将物品上的 destination 标签分配到令牌的标签上。直接存储在令牌上的标签可以使稍后的操作更简单。

2）获取资源活动（Acquire Resource activity）。添加该活动并将其命名为 Get Operator。单击活动右侧的红色感叹号按钮及 Operators 资源，将该活动与资源 Operators 相连接。

其他属性为默认值即可，需要注意的是，获取资源将分配给令牌的 resource 标签。该标签与获得操作员相连接。

3）装载活动（Load-activity）。添加该活动并将其命名为 Load Item。如图 5-196 所示，修改其属性，在执行/任务序列（Executer/Task Sequence）项中输入 Label：resource；在 Station 项，单击滴管按钮，然后单击模型中的队列，从弹出窗口中选择 Queue3；在 Item 项，输入 Label：item。

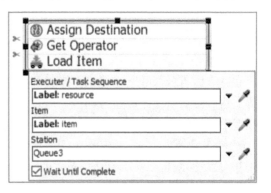

图 5-196　装载活动属性设置

装载活动将命令操作员从 Queue3 中搬起物品。

4）卸载活动（Unload activity）。添加该活动并将其命名为 Unload to Destination。如图 5-197 所示，修改其属性，在 Executer/Task Sequence 项中输入 Label：resource；在 Station 项，输入 Label：destination；在 Item 项，输入 Label：item。

卸载活动将命令操作员把物品卸到一个目的地检验台上。

5）行走活动（Travel activity）。添加该活动并将其命名为 Travel Back to Queue。如图 5-198 所示，修改其属性，在 Executer/Task Sequence 项中输入 Label：resource；在 Destination 项，单击按钮，然后单击模型中的队列，从弹出窗口中选择 Queue3。

图 5-197　卸载活动属性设置

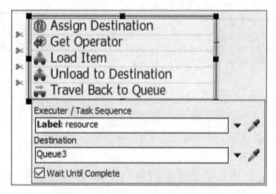

图 5-198　行走活动属性设置

行走活动将命令操作员走回队列位置。

6）释放资源活动（Release Resource activity）。添加该活动并将其命名为 Release Operator。修改其属性，在 Resource（s）Assigned To 项中输入 Label：resource。

该活动将释放操作员。

7）结束活动（Sink activity）。添加该活动并将其命名为 Done，活动完成后令牌将失效。

（4）模型试验（Test the Model）

在进行最后一部分之前，对已完成的模型进行测试。重置并运行模型，物品进入队列等待，然后被 2 个操作员搬运到目的地之一。同时，在过程流中令牌也会发生移动，移动和模型中事件的发生是同步的。

6. 操作员资源配置（Operators Resource Configuration）

在设置饮水休息部分之前，先对 Operators 资源进行配置。饮水休息的规则是只有口渴的操作员将发生饮水休息。例如一个操作员在上次饮水休息之后移动了至少 100m，该操作员即为口渴操作员，要向 Operators 资源内部列表中添加字段以筛选出口渴操作员。

1）单击过程流窗口中的 Operators 资源，设置属性。单击 Advanced 按钮，打开内部列表的属性窗口。

2）在 Fields 选项卡中单击 按钮，选择 TaskExecuter／totalTravel，即可在列表中添加 totalTravel 字段。该字段可以表示列表中操作员的总移动距离。因此，可以通过该字段查询操作员的移动距离。

需要注意的是，字段表达式为 getvarnum（value，"totaltraveldist"）。该表达式将返回名为 totaltraveldist 的变量值，第一个参数表示返回值，第二个参数表示返回变量名称。在记录操作员饮水后移动距离时也可使用该表达式。

3）在字段（Fields）选项卡中单击 按钮，选择 Label。在 Label Field 项中输入 lastDrinkTotalTravel，即在列表中添加一个标签，该标签与操作员的 lastDrinkTotalTravel 标签相同。

4）单击"OK"按钮完成属性设置。

现在建立最后一部分，饮水休息部分逻辑图如图 5-199 所示。

饮水休息部分包括以下活动：

1）计划资源活动（Schedule Source activity）。添加该活动并命名为 Start Simulation，该活动默认将在模拟开始时创建一个单独 token。

2）获取资源活动（Acquire Resource activity）。添加该活动并命名为 Get Thirsty Operator。单击 按钮，然后单击 Operators 资源，将该活动与资源连接。

修改该活动的 Query 项，输入 WHERE totalTravel - lastDrinkTotalTravel > 100。这个 Where 语句将命令活动只获得在上次饮水休息之后移动了至少 100m 的操作员，如图 5-200 所示。

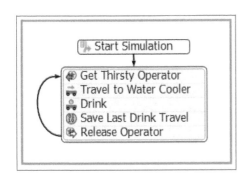

图 5-199　饮水休息逻辑图

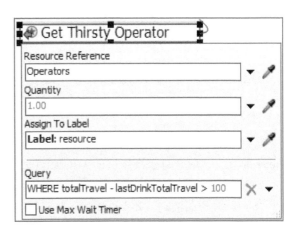

图 5-200　获取资源活动属性设置

3)行走活动（Travel activity）。添加该活动并命名为 Travel to Water Cooler。如图 5-201 所示，修改属性，在 Executer/Task Sequence 项中输入 Label：resource；在 Destination 项，单击 ![pick] 按钮，然后单击模型中圆柱物体。

该活动将命令操作员移动到饮水处。

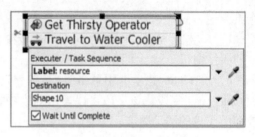

图 5-201　行走活动设置

4）任务序列延迟活动（Task Sequence Delay activity）。添加该活动并命名为 Drink。如图 5-202 所示，修改属性，在 Executer/Task Sequence 项输入 Label：resource，在 Delay Time 中输入 30。

该活动将命令操作员饮水时延迟 30s。

5）指派标签活动（Assign Labels activity）。该活动可以将操作员的总移动距离存储到 lastDrinkTotalTravel 标签中。添加该活动并命名为 Save Last Drink Travel。如图 5-203 所示，修改属性，在指派（Assign To）项中输入 Label：resource，添加一个标签任务并进行以下设置：Name 为 lastDrinkTotalTravel，Value 为 getvarnum（getlabel（token，"resource"），"totaltraveldist"）。

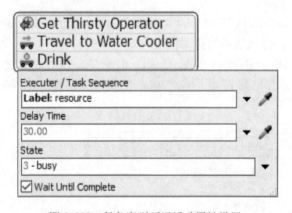

图 5-202　任务序列延迟活动属性设置

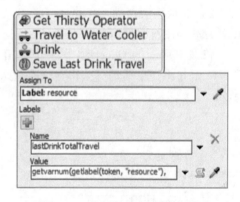

图 5-203　指派标签活动属性设置

该活动将分配给操作员一个名为 lastDrinkTotalTravel 的标签。分配值为变量 totaltraveldist 的值，该值来自于操作员的 getlabel（token，"resource"）。

当操作员被释放退回到操作员资源内部列表时，字段 lastDrinkTotalTravel 将会更新。

6）释放资源活动（Release Resource activity）。添加该活动并命名为 Release Operator，修改属性，在资源指派（Resource（s）Assigned To）项输入 Label：resource。

该活动将释放操作员。

7. 运行模型

重置并运行模型。当某操作员移动100m时，需要移动到饮水处饮水30s。

当模型运行时，单击 Operators 资源，在其属性窗口中单击查看实体（View Entries），就可以观察到目前列表中操作员各自的 totalTravel 值和 lastDrinkTotalTravel 值；同时，还可以在属性窗口中单击查看滞后命令（View Back Orders）观察 Back Orders 情况。运行结果如图 5-204 所示。

图 5-204　运行结果

本章习题

1. 在本章 5.6 节的最后一个模型中，如果操作员是 2 人，如何修改原模型才能实现相同的功能？
2. 有 1 个仓库，一批货物堆放在仓库门口，库房作业人员需要走到仓库门口，搬取 1 箱货物，将其放到另一处作业台上贴条码，然后将货物放到货架上。请采用任务序列编程，对此过程进行仿真，参数可以自定。
3. 请采用过程流（Process Flow）的方法重新构建第 3 章 3.4 节中的港口模型。

参考文献

[1] 秦天保,周向阳. 实用系统仿真建模与分析——使用 Flexsim [M]. 2 版. 北京:清华大学出版社,2016.

[2] 马向国,梁艳,杨惠惠. 现代物流系统建模、仿真及应用——基于 Flexsim [M]. 北京:机械工业出版社,2017.

第 6 章

Flexsim 建模研究

本章简介

本章介绍了几个典型的物流系统仿真应用模型，使读者进一步熟悉 Flexsim 对象库的调用、对象属性的设置、对象的连接、全局工具的使用、输出数据的统计、仿真运行结果的分析、仿真系统的改进等 Flexsim 基础知识的综合应用。

本章要点

- 任务分配器（Dispatcher）的使用
- 叉车（Transporter）路径网络的创建
- 操作员（Operator）的使用

6.1 资源限制的物流系统模型

1. 模型描述

某工厂生产 3 种类型的产品，产品按正态分布的时间间隔到达，产品类型在 3 种产品之间均匀分布。产品到达后进入队列等待检验。操作员需要将产品从队列搬运到检验台。有 3 个检验台，分别用于检验 3 种类型的产品。每个检验台在检验产品时需要 1 个操作员做预置工作。检验后的产品通过输送机到达缓冲区排队，由叉车拣取送离系统。系统运作流程如图 6-1 所示。

系统参数如下：产品到达时间间隔服从均值为 20s、标准差为 2s 的正态分布，采用 0 号随机数流。到达产品类型服从 1~3 的整数均匀分布。检验台前端队列最大容量为 25。

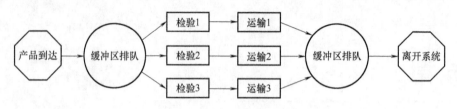

图 6-1 物料搬运系统运作流程

3 台检验台预置时间都为 10s，检验时间服从均值为 30s 的指数分布。叉车速度为 1m/s。叉车最大容量为 10。

通过这个模型，学习和熟悉 Flexsim 中操作员（Operator）、叉车（Transporter）2 种对象建立 S 连接以及设置任务分配器等操作步骤。模型中涉及的 Flexsim 对象有源、队列、处理器、输送机、吸收器、操作员和叉车等。在本模型中，操作员形成了限制资源，处理器和队列共享 2 个操作员，对物流系统产生了影响，所以需要共享任务分配器进行资源分配。

2. 建模步骤

（1）创建对象

Flexsim 模型布局如图 6-2 所示。从对象库中用鼠标拖动 1 个源（Source）、2 个队列（Queue）、1 个任务分配器（Dispatcher）、3 个处理器（Processor）、3 个输送机（Conveyor）、1 个叉车（Transporter）和 1 个吸收器（Sink）对象到模型窗体中，按图 6-2 布置好对象位置，并按图重新命名各对象名字。模型中所有对象的名称和类型见表 6-1。

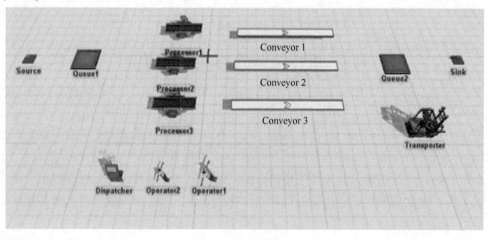

图 6-2 模型布局

表 6-1　模型对象的名称和类型

对象名称	对象类型
Source	源（Source）
Queue1	队列（Queue）
Queue2	队列（Queue）
Dispatcher	任务分配器（Dispatcher）
Processor1	处理器（Processor）
Processor2	处理器（Processor）
Processor3	处理器（Processor）
Conveyor1	输送机（Conveyor）
Conveyor2	输送机（Conveyor）
Conveyor3	输送机（Conveyor）
Transporter	叉车
Sink	吸收器（Sink）

（2）连接对象

按照产品流动的路径，从 Source 开始两两连接对象，产品将沿着连线在对象间流动，连接时注意连接方向是从起点对象到终点对象，具体连接方案如下（除特别说明外，均为 A 连接）：

1）连接 Source 到 Queue1。

2）连接 Queue1 到 Dispatcher（S 连接）。

3）分别连接 Dispatcher 到 Operator1 和 Operator2。

4）连接 Queue1 分别到 Processor1、Processor2 和 Processor3。（注：要严格按次序连接）

5）分别连接 Processor1、Processor2 和 Processor3 到 Dispatcher（S 连接）。

6）分别连接 Processor1、Processor2 和 Processor3 到 Conveyor1、Conveyor2 和 Conveyor3。

7）分别连接 Conveyor1、Conveyor2 和 Conveyor3 到 Queue2。

8）连接 Queue2 到 Transporter（S 连接）。

9）连接 Queue2 到 Sink。

连接完成后的模型如图 6-3 所示。

（3）设置产品到达间隔时间

现在设置产品到达时间间隔，它服从均值为 20s、标准差为 2s 的正态分布。双击创建产品的 Source，在弹出的属性窗口源（Source）选项卡中设置。在 Inter-Arrivaltime 右侧下拉列表中选择 Statistical Distribution，设为 normal（20，2，0），如图 6-4 所示。正态分布函数 normal（20，2，0）的第一个参数是均值（当前设定为 20），第二个参数是标准差（当前设定为 2），第 3 个参数指定使用哪个随机数流（当前设定为 0）。不要关闭属性窗口，继续做下一步。

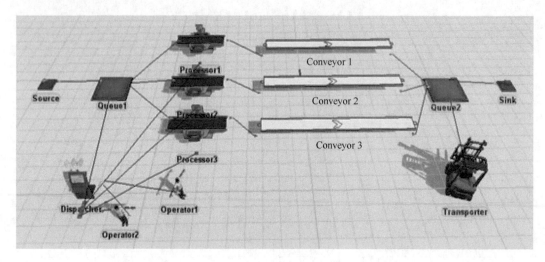

图 6-3 连接对象

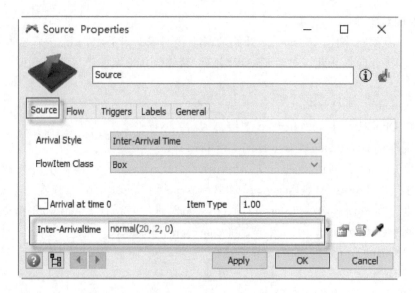

图 6-4 设置到达时间间隔

(4) 设置产品类型和颜色

在 Source 的属性窗口中选择触发器 (Triggers) 选项卡,设置产品类型和颜色。单击 OnCreation (触发器) 右边的加号按钮,在下拉列表中选择 Set Itemtype and Color,设置 ItemType 为离散均匀分布 duniform (1, 3),其中第一个参数为下限,当前设定为 1,第二个参数为上限,当前设定为 3,如图 6-5 所示。单击"OK"按钮关闭属性窗口。

第6章　Flexsim建模研究

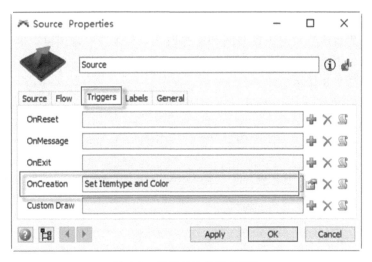

图 6-5　设置产品类型和颜色

（5）设置 Queue1 的最大容量、输出路径以及操作员

在 Queue1 的属性窗口中设置其最大容量（Maxmium Content）为 25，如图 6-6 所示。在 Flow 选项卡中，在发送到端口（Send To Port）右侧的下拉列表中选择 By Expression，无需改变代码，其含义是产品从与自己类型号一致的输出端口号输出。这样，类型 1 的产品从 1 号端口输出，进入 Processor1；类型 2 的产品从 2 号端口输出，进入 Processor2；类型 3 的产品从 3 号端口输出，进入 Processor3。设置 Queue1 使用操作员进行产品搬运，勾选 Use Transport 复选框，如图 6-7 所示。单击 OK 按钮，关闭属性窗口。

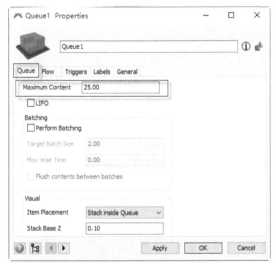

图 6-6　设置 Queue 1 最大容量

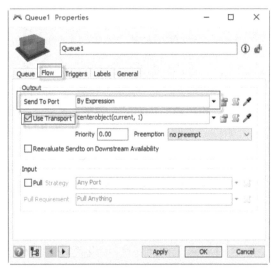

图 6-7　设置 Queue 1 输出路径和操作员

(6) 设置检验台（Processor）预置时间和检验时间

这一步设置 3 台检验台的预置时间和检验时间。3 台检验台预置时间都为 10s，检验时间都服从均值为 30s 的指数分布。双击 Processor1 调出其属性窗口，在 Processor 选项卡中进行设定，如图 6-8 所示。

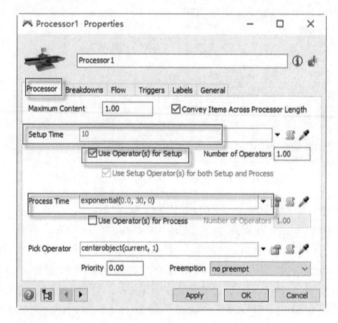

图 6-8　设置 Processor 1 参数

1）设置预置时间。将 Setup Time 设为 10。

2）设置操作员使用。勾选 Use Operator（s）for Setup 复选框。

3）设置检验时间。在 Process Time 右侧的下拉列表中选择 Statistical Distribution，设为 exponential（0，30，0），其中第一个参数代表为渐位线，当前设定为 0，第二个参数代表比例/期望，当前设定为 30，第三个参数为随机数流，当前设置为 0。

4）对 Processor2 和 Processor3 也执行同样的操作。

(7) 设置 Conveyor 速度

这一步设置 3 台输送机的速度。3 台输送机的速度都为 1m/s。双击 Conveyor1 调出其属性窗口，如图 6-9 左侧窗口所示。单击 Conveyor Type 右侧 ... 按钮，弹出图 6-9 所示右侧窗口。在行动（Behavior）选项卡中设定 Speed 为 1m/s。对 Conveyor2、Conveyor3 做同样设置。

(8) 设置 Queue2 的最大容量和叉车

在 Queue2 的属性窗口中设置其最大容量（Maxmium Content）为 10，如图 6-10 所示。在 Flow 选项卡中，勾选 Use Transport 复选框，如图 6-11 所示。

第6章 Flexsim建模研究

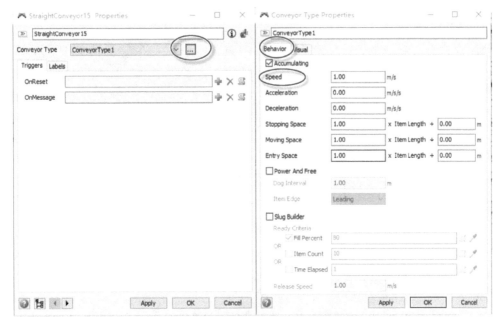

图 6-9 设置 Conveyor 速度

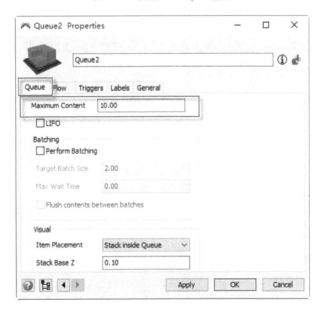

图 6-10 设置 Queue 2 最大容量

(9) 重置和运行模型

现在可以运行模型了,先单击工具栏 Reset 按钮重置系统(重置所有系统变量、清除所有流动实体），然后单击 ▶ Run 运行模型，观察系统运行状况。可以拖动工具栏的运行速度（Run Speed）滑块调节运行速度，单击 ■ Stop 可以停止模型运行。

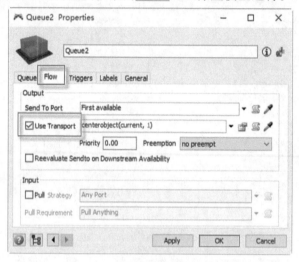

图 6-11　设置 Queue 2 运输机

3. 实验研究

（1）模型运行

假设工厂生产时间为 8h，设置仿真模型运行时间 28800s 并运行模型，如图 6-12 所示。

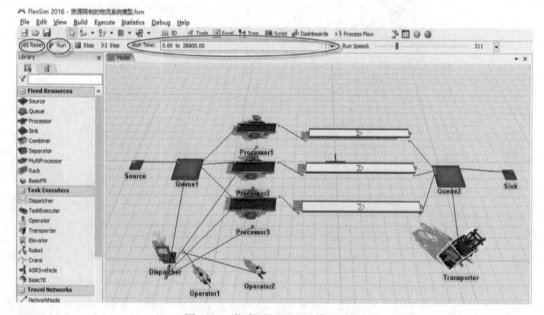

图 6-12　仿真时间设置及模型运行

第6章　Flexsim建模研究

（2）导出模型结果

单击菜单栏中 Statistics 项，选择 Reports and Statistics，弹出新对话框。在 Summary Report 选项卡中，设置 Attributes to Report，如图 6-13 所示。单击 Generate Report，数据会以 Excel 形式产生，见表 6-2。

图 6-13　生成仿真模型汇总报告

表 6-2　仿真模型汇总报告

Flexsim Summary Report									
Time：	28800								
Object（对象）	stats_contentmin（最小容量/件）	stats_contentmax（最大容量/件）	stats_contentavg（平均容量/件）	stats_input（输入/件）	stats_output（输出/件）	stats_staytimemin（最短停留时间/s）	stats_staytimemax（最长停留时间/s）	stats_staytimeavg（平均停留时间/s）
Source	0	0	0	0	1448	0	0	0
Queue1	0	17	5.37	1448	1442	2.68	623.99	106.90
Queue2	0	2	0.15	1440	1440	2.61	9.04	2.99

(续)

Object (对象)	stats_contentmin (最小容量/件)	stats_contentmax (最大容量/件)	stats_contentavg (平均容量/件)	stats_input (输入/件)	stats_output (输出/件)	stats_staytimemin (最短停留时间/s)	stats_staytimemax (最长停留时间/s)	stats_staytimeavg (平均停留时间/s)
Flexsim Summary Report								
Time:	28800							
Processor1	0	1	0.70	465	464	10.01	216.84	43.09
Processor2	0	1	0.70	497	497	10.04	203.55	40.43
Processor3	0	1	0.68	480	480	10.02	225.20	41.06
Sink	0	1	1	1440	0	0	0	0

将图 6-13 中 Summary Report 选项卡切换到 State Report 选项卡，设置报告中的状态 (State to Report)，如图 6-14 所示。单击 Generate report，数据会以 Excel 形式产生，见表 6-3。

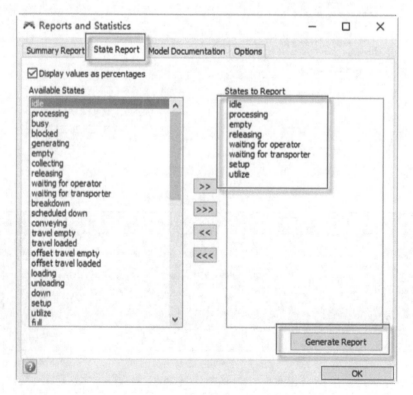

图 6-14　生成仿真模型状态报告

表 6-3　仿真模型状态报告

Flexsim State Report								
Time：	28800							
Object（对象）	idle（空闲）	processing（处理）	empty（空）	releasing（释放）	waiting for operator（等待操作员）	waiting for transporter（等待叉车）	setup（预置）	utilize（使用）
Queue1	0.00%	0.00%	1.27%	98.16%	0.00%	0.57%	0.00%	0.00%
Queue2	0.00%	0.00%	85.62%	0.00%	0.00%	14.38%	0.00%	0.00%
Operator1	55.28%	0.00%	0.00%	0.00%	0.00%	0.00%	0.00%	16.32%
Operator2	51.86%	0.00%	0.00%	0.00%	0.00%	0.00%	0.00%	33.75%
Processor1	30.42%	49.77%	0.00%	0.00%	3.66%	0.00%	16.15%	0.00%
Processor2	30.22%	50.59%	0.00%	0.00%	1.93%	0.00%	17.26%	0.00%
Processor3	31.57%	48.26%	0.00%	0.00%	3.51%	0.00%	16.67%	0.00%
Transporter	74.70%	0.00%	0.00%	0.00%	0.00%	0.00%	0.00%	0.00%

（3）模型运行结果分析

Source 在 8h 内共产生 1448 件产品。

Queue1 在 8h 内最少有 0 件产品，最多有 17 件产品，平均 5.37 件产品。每件产品在 Queue1 中最短停留时间为 2.68s，最长停留时间为 623.99s，平均停留时间为 106.9s。Queue1 仍有 1.87% 时间处于空闲状态，只有 0.57% 时间用于等待操作员，故 Queue1 可顺畅运转，操作员对其影响不大。

Queue2 在 8h 内最少有 0 件产品，最多有 2 件产品，平均 0.15 件。每件产品在 Queue2 中最短停留时间为 2.61s，最长停留时间为 9.04s，平均停留时间为 2.99s。Queue2 有 85.62% 时间处于空闲状态，故 Queue2 可顺畅运转，1 台叉车可以满足搬运需求。

Operator1 和 Operator2 的利用率分别为 16.32% 和 33.75%，这表明操作员的利用率不太高，2 名操作员可以满足 Queue1 和 3 台检验台的需求。

Processor1、Processor2 和 Processor3 的空闲率分别为 30.42%、30.22% 和 31.57%，等待操作员作业时间仅占 3.66%、1.93% 和 3.51%，这表明 3 台检验台可以满足产品的检验需求，操作员对其影响不大。

Transporter 的空闲率为 74.70%，表明 1 台叉车可以满足 Queue2 产品搬运要求。

Sink 在 8h 内共将 1440 件产品送离生产系统。

综上所述，该工厂的生产系统可以顺畅运行，操作者作为限制资源并未对生产系统造成影响。

6.2　仓储作业模型

在物流系统中，经常需要对物流路线进行规划，在 Flexsim 中，通过设置全局表

（Global Table）和网络节点（Network Node）来确定物流路径。

本节实验的目的是通过熟悉 Flexsim 中货架（Rack）和网络节点（Network Node）这 2 种对象，并使用全局表为叉车建立运输路径网络以及设置实验控制器等操作步骤。

1. 模型概述

某工厂生产 3 种产品，按正态分布的时间间隔到达，产品类型在 3 种产品之间均匀分布。产品到达后进入队列等待检验。操作员需要将产品从队列搬运到检验台。有 3 个检验台，分别用于检验 3 种类型的产品，每个检验台在检验产品时需要 1 个操作员做预置工作。检验后的产品通过传送机到达缓冲区排队，由叉车拣取送至货架。其中，产品 1 送至货架 2，产品 2 送至货架 3，产品 3 送至货架 1。系统运作流程如图 6-15 所示。

图 6-15 物料搬运系统运作流程

本节模型是在资源限制的物流系统模型基础上修改得到的：将资源限制的物流系统模型中的吸收器（Sink）改成 3 个货架（Rack），3 种产品检测完毕后分别放入对应的 3 个货架中，并且叉车只能够沿着规定路线行驶。

指定货架的存放产品：产品 1 送至货架 2，产品 2 送至货架 3，产品 3 送至货架 1。

2. 建模步骤

用 Flexsim 2016 进行仿真建模的具体步骤如下。

步骤 1：装载资源限制的物流系统模型

打开 Flexsim，单击"Open Model"按钮，选择资源限制的物流系统模型以装载原模型文件。

步骤 2：修改原模型对象

选中 Sink，对象周围出现红色边框，按〈Delete〉键删除该对象，此时 Sink 和与其连接的所有连线都同时被删除。创建 3 个货架（Rack）表示产品存储设施，分别命名为 Rack1、Rack2 和 Rack3，新创建的对象如图 6-16 所示。

步骤 3：连接对象

用 A 连接将 Queue2 连接到 Rack1、Rack2、Rack3，表示产品存放至货架。

连接对象结果如图 6-17 所示。

步骤 4：创建全局表，定义流动实体路径

1）创建新全局表。打开浏览（View）菜单，选择工具箱（Toolbox），在模型左侧出

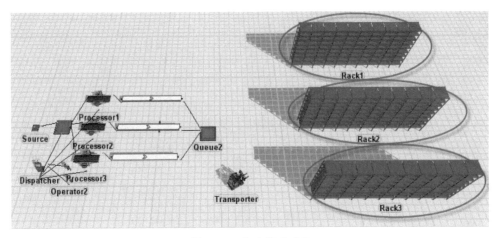

图 6-16　修改模型对象

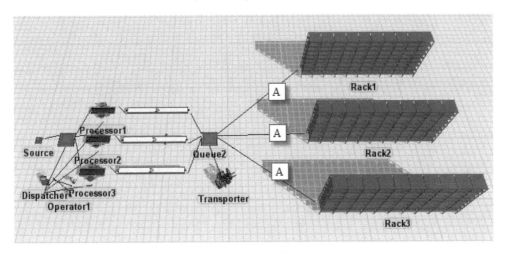

图 6-17　连接对象结果

现工具箱（Toolbox）的选项卡，单击加号按钮出现下拉菜单，如图 6-18 所示。在出现的下拉菜单中选择 Global Table 创建 1 个全局表。

2）命名该表为 Route，设置行数（Rows）为 3，列数（Columns）为 1。

3）双击修改各行列内容。分别命名各行为 Item1、Item2 和 Item3，并以对应的输出端口号填写各行的值。

设置全局表，如图 6-19 所示。

步骤 5：修改对象属性

1）调出 Queue2 的属性窗口，在流（Flow）选项卡下的发送至端口（Send To Port）下拉列表中选择 By Global Table Lookup，如图 6-20 所示。

图 6-18 创建新全局表

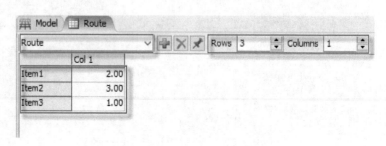

图 6-19 设置全局表

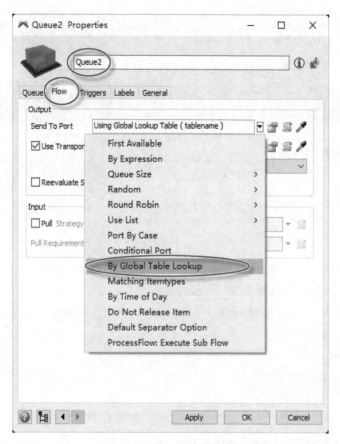

图 6-20 Queue2 参数设置

2）设置参数。选择 By Global Table Lookup 后，单击参数设置按钮，修改参数。表（Table）名字选择"Route"，行（Row）为 getitemtype（item），返回的列值（Column）为 1，数据类型（Data Type）为 Number，如图 6-21 所示。

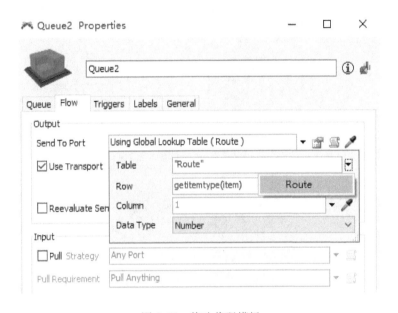

图 6-21　修改代码模板

步骤 6：使用实验管理器重置运行模型。

此时，Transporter 可以在 Queue2 和货架之间进行直线自由移动，把不同的货物运送至对应的货架上。

步骤 7：创建路径网络

1）从实体库中拖拽 4 个网络节点（Network Node）放在 Queue2 和每个货架旁边，分别命名为 NN1、NN2、NN3 和 NN4，如图 6-22 所示。

2）用 A 连接将 NN1 连接到 NN2、NN3 和 NN4。每条对应连线均带有方向相对的两个绿色箭头，如图 6-23 所示。

3）用 A 连接将 NN1 连接到 Queue2，NN2 连接到 Rack1，NN3 连接到 Rack2，NN4 连接到 Rack3。连线显示为蓝色的线。

4）用 A 连接将 NN1 连接到 Transporter，连线为 1 条红色的线。所选择的连接到叉车的那个节点将成为重置和运行模型时叉车的起始位置。

步骤 8：保存、重置及运行模型。

设置完成的模型如图 6-24 所示。

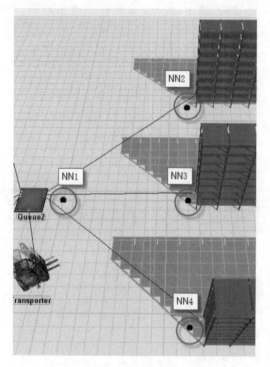

图 6-22　创建网络节点

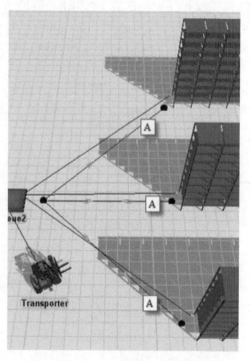

图 6-23　网络节点间的连接

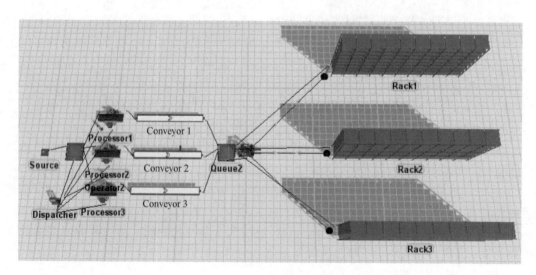

图 6-24　仓储作业模型

第6章 Flexsim建模研究

假设工厂生产时间为 8h，设置仿真模型运行时间 28800s，保存、重置、运行模型。检查叉车是否在使用路径网络。

步骤9：设置网络路径

叉车使用的路径网络不一定都是直线，可以通过编辑得到想要的路径。

1）编辑曲线路径。右击路径上的绿色箭头，弹出如图 6-25 所示的菜单，选择弯曲（Curved），路径会出现 2 个黑色曲线控制点，可以拖动控制点使路径弯曲，如图 6-26 所示。可连续添加黑色曲线控制点，直至得到理想的曲线形状。

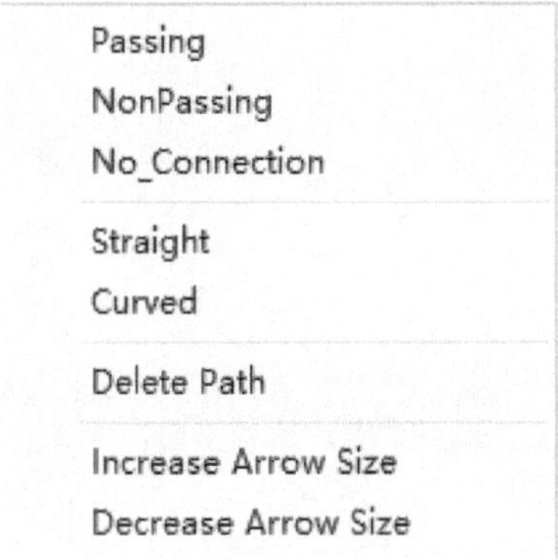

图 6-25　右击绿色箭头弹出的菜单 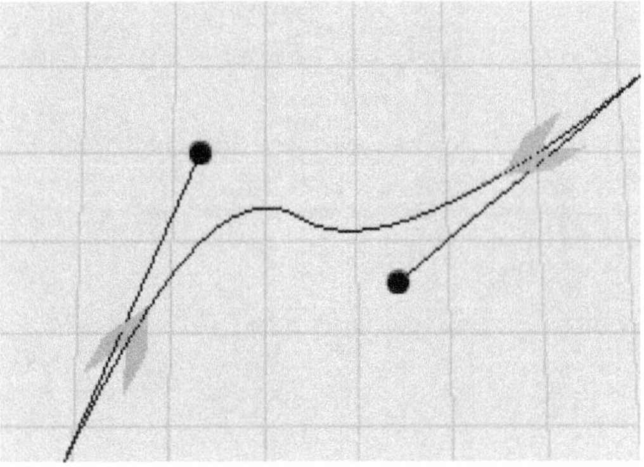　　图 6-26　曲线路径编辑

2）路径不允许超车。在如图 6-25 所示的菜单中选择禁止超车（NonPassing），可达到此效果。

3）路径不允许某方向通行。在如图 6-25 所示的菜单中选择无连接（No_Connection），绿色箭头变为红色，如图 6-27 所示，则该方向不再通行。

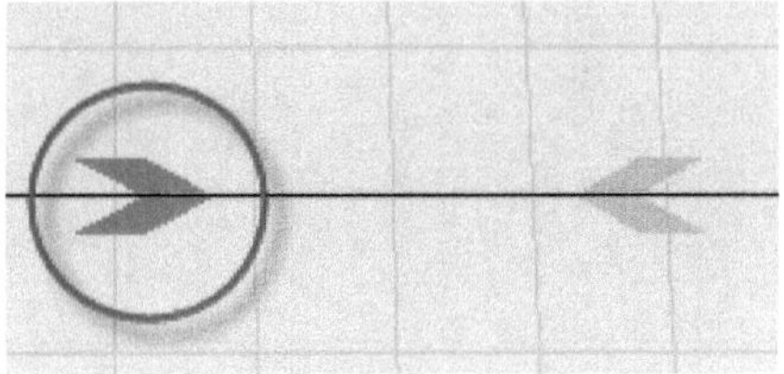

4）删除路径。在如图 6-25 所示的菜单中选择删除路径（Delete Path）即可。

图 6-27　不允许某方向通行的路径

3. 实验研究

（1）生成汇总报告（Summary Report）

单击菜单栏中统计（Statistics）按钮，选择报告和统计（Reports and Statistics），弹出新对话框。在汇总报告（Summary Report）选项卡中，设置报告属性（Attributes to Report），单击生成报告（Generate report）按钮，如图 6-28 所示，便生成汇总报告，结果见表 6-4 和表 6-5。

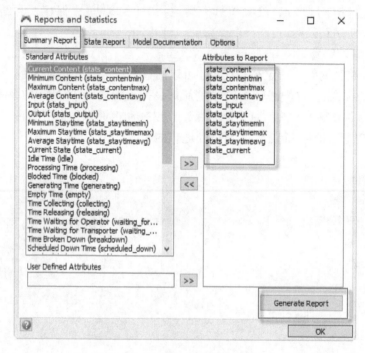

图 6-28 生成仿真模型汇总报告

表 6-4 仿真模型汇总报告（一）

Flexsim Summary Report					
Time:	28800				
Object（对象）	stats_content（容量/件）	stats_contentmin（最小容量/件）	stats_contentmax（最大容量/件）	stats_contentavg（平均容量/件）	stats_input（输入/件）
Source	0	0	0	0	0
Processor1	1	0	1	0.69	468
Processor2	0	0	1	0.69	468
Processor3	1	0	1	0.759	494
Queue1	5	0	15	5.63	1435
Queue2	454	0	454	226.92	1428
Rack1	312	0	312	157.4	312
Rack2	315	0	315	158.74	315
Rack3	347	0	347	166.74	347
Operator1	0	0	1	0.12	0
Operator2	0	0	1	0.03	0
Transporter	0	0	1	0.53	0
Dispatcher	0	0	0	0	0

表 6-5　仿真模型汇总报告（二）

Flexsim Summary Report					
Time：	28800				
Object （对象）	stats_output （输出/件）	stats_staytimemin （最短停留时间/s）	stats_staytimemax （最长停留时间/s）	stats_staytimeavg （平均停留时间/s）	state_current （当前/s）
Source	1435	0	0	0	5
Processor1	467	10.07	206.78	42.35	21
Processor2	468	10.02	298.84	42.2	1
Processor3	493	10.2	220.81	43.98	21
Queue1	1430	2.03	694.56	112.98	8
Queue2	974	1.79	9038.74	4595.33	10
Rack1	0	0	0	0	1
Rack2	0	0	0	0	1
Rack3	0	0	0	0	1
Operator1	0	0	0	0	22
Operator2	0	0	0	0	22
Transporter	0	0	0	0	14
Dispatcher	0	0	0	0	0

（2）生成状态报告（State Report）

在报告和统计（Reports and Statistics）对话框中选择状态报告（State Report）选项卡，如图 6-29 所示，便生成状态数据报告，见表 6-6。

图 6-29　生成仿真模型状态报告

表6-6 仿真模型状态数据

Flexsim State Report								
Time:	28800							
Object（对象）	idle（空闲）	processing（处理）	empty（空）	releasing（释放）	waiting for operator（等待操作员）	waiting for transporter（等待叉车）	setup（预置）	utilize（使用）
Source	0.00%	0.00%	0.00%	0.00%	0.00%	0.00%	0.00%	0.00%
Processor1	31.32%	48.81%	0.00%	0.00%	3.64%	0.00%	16.22%	0.00%
Processor2	31.43%	50.02%	0.00%	0.00%	2.30%	0.00%	16.25%	0.00%
Processor3	24.66%	54.31%	0.00%	0.00%	3.88%	0.00%	17.15%	0.00%
Queue1	0.00%	0.00%	0.99%	98.63%	0.00%	0.38%	0.00%	0.00%
Queue2	0.00%	0.00%	0.47%	0.00%	0.00%	99.53%	0.00%	0.00%
Rack1	100.00%	0.00%	0.00%	0.00%	0.00%	0.00%	0.00%	0.00%
Rack2	100.00%	0.00%	0.00%	0.00%	0.00%	0.00%	0.00%	0.00%
Rack3	100.00%	0.00%	0.00%	0.00%	0.00%	0.00%	0.00%	0.00%
Operator1	57.83%	0.00%	0.00%	0.00%	0.00%	0.00%	0.00%	16.02%
Operator2	52.06%	0.00%	0.00%	0.00%	0.00%	0.00%	0.00%	33.60%
Transporter	0.38%	0.00%	0.00%	0.00%	0.00%	0.00%	0.00%	0.00%
Dispatcher	0.00%	0.00%	0.00%	0.00%	0.00%	0.00%	0.00%	0.00%

根据表6-4~表6-6对该工厂生产系统进行分析：

1）Source在8h共产生1435件产品。

2）Processor1、Processor2和Processor3的空闲率分别为31.32%、31.43%和24.66%，等待操作员作业时间仅占3.64%、2.30%和3.88%，这表明3台检验台可以满足产品的检验需求，操作员对其影响不大。

3）Queue1在8h内最少有0件产品，最多有15件产品，平均有5.63件产品。每件产品在Queue1中的最短停留时间为2.032.03s，最长停留时间为694.56s，平均停留时间为112.98s。Queue1仍有0.99%时间处于空闲状态，只有0.38%时间用于等待操作员，故Queue1可顺畅运转，操作员对其影响不大。

4）Queue2在8h内最少有0件产品，最多有454件产品，平均有226.92件产品。每件产品在Queue2中的最短停留时间为1.79s，最长停留时间为9038.74s，平均停留时间为4595.33s。Queue2只有0.47%时间处于空闲状态，故Queue2不能顺畅运转，1台叉车不能满足搬运需求。

5）Operator1和Operator2的利用率分别为16.02%和33.60%，这表明操作员的利用率不太高，2名操作员可以满Queue1和3台检验台的需求。

6）Transporter 的空闲率为 0.38%，表明 1 台叉车不能满足 Queue2 产品的搬运要求。

7）在 8h 内，叉车将 347 件产品 1 送至 Rack3，将 312 件产品 2 送至 Rack1，将 315 件产品 3 送至 Rack2。

综上可知，1 台叉车不能满足工厂生产系统的要求。

6.3 允许返工的产品生产系统模型

本节通过一个简单排队系统的案例——允许返工的生产作业模型，介绍 Flexsim 仿真最基本的技术，引导读者学习 Flexsim 仿真的一些基本知识。本章还要介绍排队系统的一些基本概念以及离散仿真模型的组成要素。

排队系统是由顾客和为顾客提供服务的服务台组成的系统，顾客先进入等待队列排队，然后接受服务台的服务。排队系统在服务业、物流业以及生产制造等行业有着广泛的应用。如顾客到银行办理业务时先排队，然后在柜台（服务台）接受服务；在物流系统中，车辆（顾客）在装卸点排队，然后接受装卸机（服务台）的装卸服务；在生产系统中，产品（顾客）在加工机器前排队，然后接受机器（服务台）的加工服务等。最简单的排队系统是单队列、单服务台系统，而多个队列、多个服务台通过串并联组合起来可以构成复杂的排队网络系统，现实系统往往是复杂的排队网络系统。下面通过允许返工的产品生产系统来介绍如何使用 Flexsim 建立排队系统模型。

1. 模型描述

某工厂生产 3 种产品，产品按随机时间间隔到达。工厂有 3 台加工机器，每台机器加工 1 种特定类型的产品。产品完成加工后，必须在 1 个公用的检验设备中检验质量，如果质量合格，离开系统；如果发现制造缺陷，则必须返工，产品被送回至模型的起始点，然后由对应的机器重新加工。系统的运作流程如图 6-30 所示。

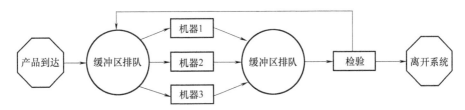

图 6-30 允许返工的产品生产系统运作流程

模型各个部件的参数设置如下：

1）产品到达时间间隔服从均值为 5s 的指数分布。

2）3 台机器的加工时间都服从均值为 10s 的指数分布。

3）检验时间为 4s。

4）产品质量合格率为 80%。

5）生产队列与检验队列的最大容量为 10 000。

2. 建模步骤

（1）创建对象

在 Flexsim 基本界面创建对象，如图 6-31 所示。首先从左侧对象库中用鼠标拖动 1 个源（Source）、2 个队列（Queue）、4 个处理器（Processor）和 1 个吸收器（Sink）对象到建模窗口中，按照图 6-31 布置好对象位置，并按图重新命名各个对象的名称（可双击对象调出其属性窗口，在属性窗口顶部可以修改对象名称）。

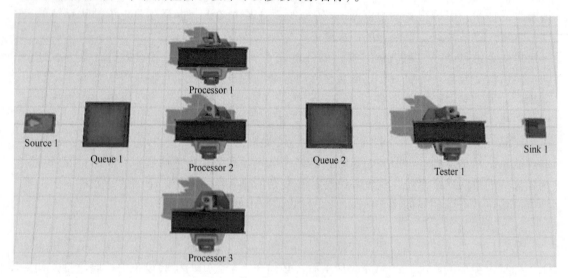

图 6-31　Flexsim 中创建对象

模型中的对象名称及类型见表 6-7。

表 6-7　模型中的对象名称及类型

对象名称	对象类型
Source1	源（Source）
Queue1	队列（Queue）
Processor1	处理器（Processor）
Processor2	处理器（Processor）
Processor3	处理器（Processor）
Queue2	队列（Queue）
Tester1	处理器（Processor）
Sink1	吸收器（Sink）

(2) 连接对象

FlexSim 中对象间的连接有 2 种，即有方向的 A 连接和无方向的 S 连接。本节涉及的连接都为有方向的 A 连接，连接方法有 2 种，一种方法是用鼠标单击工具栏上的 A 连接工具，然后单击起点对象，再单击终点对象；另一种方法是按住键盘上的 A 键，同时用鼠标从起点对象拖动到终点对象。

根据以上方法，进行以下 A 连接：

1）连接 Source 到 Queue1，表示产品到达后进入产品加工队列。

2）连接 Queue1 分别到 Processor1、Processor2 和 Processor3，表示不同类型的产品从加工队列进入到对应的机器加工。

3）分别连接 Processor1、Processor2 和 Processor3 到 Queue2，表示产品加工完成后进入产品检验队列。

4）连接 Queue2 到 Tester，表示产品从检验队列进入检验设备进行检验。

5）连接 Tester 到 Sink，表示产品合格，离开系统。

6）连接 Tester 到 Queue1 表示产品不合格，重新加工。

连接完成后的模型如图 6-32 所示。

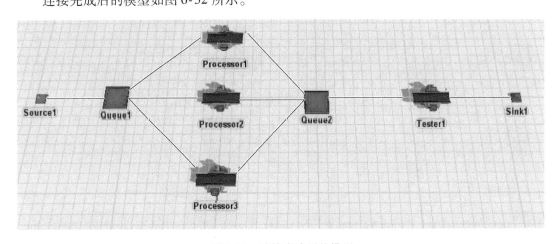

图 6-32　连接完成后的模型

(3) 设置参数

1) Source。设置 Source 属性中产品到达间隔时间为 exponential（0，5，1）（其中第一个参数代表为渐位线，当前设定为 0；第二个参数代表比例/期望，当前设定为 5；第三个参数为随机数流，当前设置为 1）；在 Trigger 的 OnCreation 触发器中设置产品的类型和颜色，3 种产品均匀产生，在 Item Type 中设置随机函数为 duniform（1，3），设置过程分别如图 6-33 和图 6-34 所示。

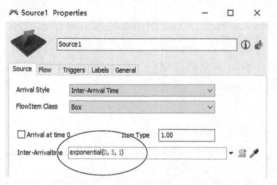
图 6-33　Source 到达时间间隔设置

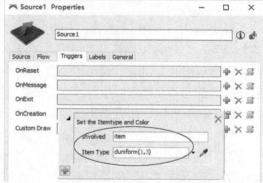
图 6-34　Source 产品类型和产品颜色设置

2）队列设置。设置等待加工队列 Queue1 的最大容量为 1000，如图 6-35 所示。把等待检验队列 Queue2 的最大容量设置为 1000，设置方法如图 6-36 所示。在队列 Queue1 中，打开 Flow 页签，将 Send to Port 设定为 By Expression。

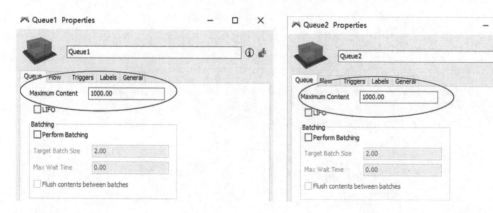

图 6-35　等待加工队列最大容量设置　　　　图 6-36　等待加工队列产品的输出端口设置

3）加工时间设置。把 3 台机器的加工时间都设置为服从均值为 10s 的指数分布，如图 6-37 所示（以 Processor1 为例）。

4）检验时间及输出路径设置。检验器（Tester）的设置如下：

● 设置检验时间为 4s。

● 设置输出路径，80% 的合格产品输出到 Sink，20% 的不合格产品输出到等待加工队列重新加工。在处理器流（Flow）选项卡中，设定发送端口（Send to Port）为按百分比（By Percentage）。

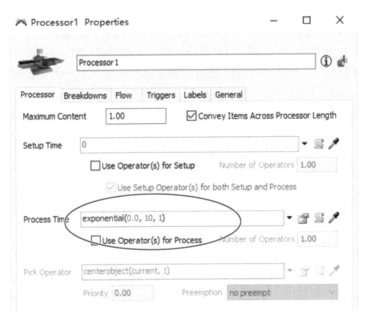

图 6-37 Processor1 加工时间设置

设置过程如图 6-38 和图 6-39 所示。

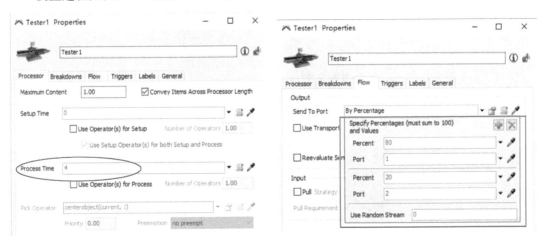

图 6-38 检验器检验时间设置　　　图 6-39 检验器产品输出路径设置

(4) 重置和运行模型

单击工具栏上面的 "Reset" 按钮重置系统（重置所有系统变量、清除所有流动实体），然后单击 "Run" 按钮运行模型，观察系统运行状况。

重置并运行模型后，能够看到 Source1 生产出 3 种不同的产品，3 种产品先到达 Queen1，然后被分别送到 3 台加工机器上，加工后被送到 Queen2，之后产品被送回检验台，检验后有 80% 的合格产品被送往 Sink 输出系统，有 20% 的不合格产品被送回 Queen1，等待被再次加工。模型运行示意图如图 6-40 所示，运行结果如图 6-41 所示。

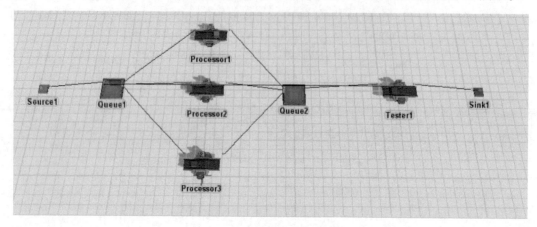

图 6-40　模型运行示意图

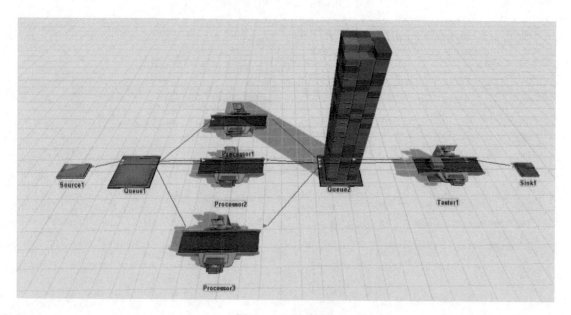

图 6-41　运行结果

（5）寻找瓶颈

有很多办法发现系统的瓶颈，一种是简单地观察队列（Queue）中产品排队的长度，如果模型中某个队列（Queue）持续地有很多产品堆积，这可能表明该队列的下游处理器就是瓶颈。运行该模型时，Queue2 堆积了很多产品，而 Queue1 产品堆积不多，如图 6-41 所示，这说明检验站 Tester 就是瓶颈。

另一种更加有效的发现瓶颈的方法是检查每个处理器的利用率，即处理器忙态占仿真总时间的比率，最忙的处理器往往就是瓶颈。在工具栏上选择 Dashaboards 按钮，并选择 Add a dashaboard，然后从中拖入 2 个饼图，分别连接 Processor1 和 Tester，运行模型，得到 Processor1 和 Tester 的状态饼图，如图 6-42 所示。

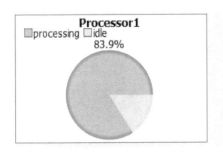
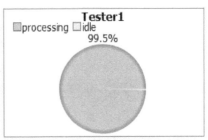

图 6-42　Processor1 和 Tester 的状态饼图

从图 6-42 能够看出处理器处于空闲状态占到总时间的 83.9%，而检查站的忙碌时间则达到了总时间的 99.5%，说明检查站是整个系统的瓶颈环节。

6.4　具有操作员的产品生产系统

1. 模型描述

某工厂生产 3 种类型的产品，3 种产品按随机的时间间隔到达，工厂有 3 台加工机器，每台机器加工一种特定类型的产品，产品完成加工后，需要由操作员搬运到后面 2 台公用的检验设备中检验质量。如果质量合格，离开仿真模型；如果发现制造缺陷，则必须返工，产品被送回至仿真模型的起始点，然后由对应的机器重新加工一遍。系统运行流程如图 6-43 所示。

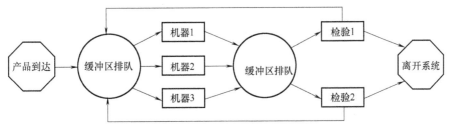

图 6-43　允许返工的产品生产系统运作流程（2 台检验设备）

系统参数如下：产品到达时间间隔服从均值为 5s 的指数分布；到达产品类型服从 1~3 的整数均匀分布；3 台机器的加工时间都服从均值为 10s 的指数分布；检验时间为 4s，产品质量合格率为 80%（80% 的产品检验为合格，20% 的产品检验为不合格）；生产队列与检验队列的最大容量为 10000。

通过该模型，学习基本的排队系统建模方法，尤其是学习任务分配器的建模，同时也练习和熟悉 Flexsim 的基本操作和基本概念，在下面的操作中，涉及的 Flxism 概念有端口、触发器、任务分配器等。

2. 建模步骤

（1）创建对象

在 Flexsim 基本界面创建对象，如图 6-44 所示。模型中的对象名称及类型见表 6-8。

表 6-8　对象名称及类型

对象名称	对象类型
Source1	Source（源）
Queue1	Queue（队列）
Processor1	Processor（处理器）
Processor2	Processor（处理器）
Processor3	Processor（处理器）
Queue2	Queue（队列）
Tester1	Processor（处理器）
Tester2	Processor（处理器）
Operator1	Operator（操作员）
Operator2	Operator（操作员）
Distpatcher	Distpatcher（任务分配器）
Sink	Sink（吸收器）

首先从库（Library）中用鼠标把涉及的对象拖到界面上，按图 6-44 所示布置好对象位置，并按图重新命名各对象名称。

1) 创建 1 个源（Source），表示产品到达，命名为 Source。

2) 创建 1 个队列（Queue），表示产品加工队列，命名为 Queue1。

3) 创建 3 个处理器（Processor），表示 3 台产品加工机器，分别命名为 Processor1、Processor2 和 Processor3。

4) 创建 1 个队列（Queue），表示产品检验队列，命名为 Queue2。

5) 创建 2 个处理器（Processor），表示 2 台产品检验设备，分别命名为 Tester1 和 Tester2。

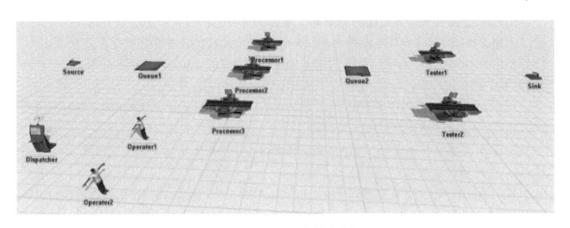

图 6-44　Flexsim 中创建对象

6）创建 1 个吸收器（Sink），表示产品离开，命名为 Sink。

7）创建 1 个任务分配器（Dispatcher），表示现场任务调度台，命名为 Dispatcher。

8）创建 2 个操作员（Operator），表示 2 个现场搬运人员，分别命名为 Operator1 和 Operator2。

（2）连接对象

按产品流动路径将创建的各对象连接起来，产品将沿着连线在对象间流动，连接时注意连接方向由起点对象到终点对象，连接完成后的模型如图 6-45 所示。

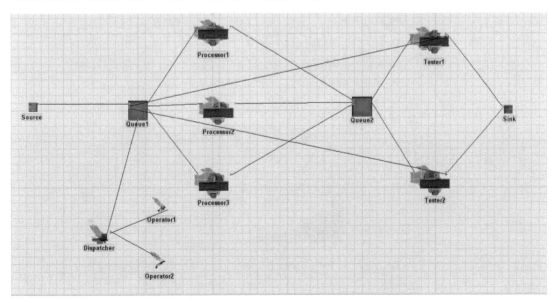

图 6-45　连接完成后的模型

1）用 A 连接将 Source 连接到 Queue1，表示产品到达后进入产品加工队列。

2）用 S 连接将 Queue1 连接到 Dispatcher，表示产品搬运任务等待调度台分配。

3）用 A 连接将 Dispatcher 分别连接到 Operator1 和 Operator2，表示调度台将搬运任务分配给操作员。

4）用 A 连接将 Queue1 分别连接到 Processor1、Processor2 和 Processor3，表示不同类型的产品从加工队列进入到对应的机器加工。

5）用 A 连接将 Processor1、Processor2 和 Processor3 连接到 Queue2，表示产品加工完成后进入产品检验队列。

6）用 A 连接将 Queue2 连接到 Tester 1 和 Tester 2，表示产品从检验队列进入检验设备进行检验。

7）用 A 连接将 Tester1 和 Tester 2 连接到 Sink，表示产品合格，离开系统。

8）用 A 连接将 Tester1 和 Tester 2 连接到 Queue1，表示产品不合格，返工。

（3）设置产品到达间隔时间

设置产品到达时间间隔，它服从均值为 5s 的指数分布。双击源（Source），在弹出的属性窗口中设置产品到达时间间隔为 exponential（0.0，5，1）（其中第一个参数代表渐位线，当前设定为 0，第二个参数代表比例/期望，当前设定为 5，第三个参数为随机数流，当前设置为 1），如图 6-46 所示。

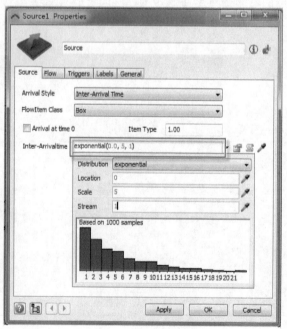

图 6-46 设置到达时间间隔

(4)设置产品类型和颜色

在 Source 的属性窗口中选择触发器(Triggers)选项卡,设置产品的类型和颜色。单击创建触发器(OnCreation)触发器右侧加号按钮,在下拉列表中选择数据>设置对象类型和颜色(Data-Set Itemtype and Color),设置产品类型(Item Type)为 1~3 的整数均匀分布(duniform(1,3)),如图 6-47 所示。

(5)设置 Queue1 的最大容量

在 Queue1 的属性窗口中设置其最大容量(Maximum Content)为 10000,如图 6-48 所示。

图 6-47 设置产品类型和颜色

图 6-48 设置 Queue1 容量

(6)设置 Queue1 的输出路径

在 Flow 选项卡中,在发送到端口(Send To Port)右侧的下拉列表中选择 By Expression,选中 Use Transport 复选框,如图 6-49 所示。其含义是产品从与自己类型号一致的输出端口号输出,这样,类型 1 的产品从 1 号端口输出,进入 Processor1;类型 2 的产品从 2 号端口输出,进入 Processor2;类型 3 的产品从 3 号端口输出,进入 Processor3。

(7)设置产品加工时间

进一步设置 3 台机器的产品加工时间,它们都服从均值为 10s 的指数分布。双击 Processor1 调出其属性窗口,在 Process Time 右侧的下拉列表中选择 Statistical Distribution,设置 exponential(0.0,10.0,1.0)(其中第一个参数代表为渐位线,当前设定为 0,第二个参数代表比例/期望,当前设定为 10,第三个参数为随机数流,当前设置为 0),如图 6-50 所示。Processor2 和 Processor3 的设置方法同 Processor1。

图 6-49 设置 Queue1 产品输出路径　　图 6-50 设置产品加工时间

（8）设置 Queue2 的最大容量

设置 Queue2 的最大容量为 10000，如图 6-51 所示。

（9）设置检验站的处理时间

双击 Tester1 调出其属性窗口，Process Time 设置为 4，表示检验时间为 4s，如图 6-52 所示。

 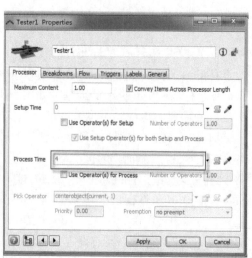

图 6-51 设置 Queue2 的最大容量　　图 6-52 设置检验时间

(10) 设置检验站的输出路径

现在设置检验站的输出路径,合格品发送到 Sink,不合格品返回到模型起始队列 Queue1 中,在前面第 2 步中已将 Tester1 通过 1 号输出端口连接到 Sink,通过 2 号输出端口连接到 Queue1,因此这里只需要设置产品向 2 条路径发送的比例。

设置 2 个 Port,如图 6-53 所示。

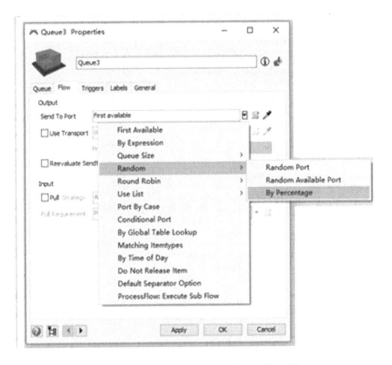

图 6-53 设置两个端口发送产品的比例

然后设置两个端口随机发送产品的比例,如图 6-54 所示,首先在第一栏中的 Port(端口)栏输入 1,在 Percent(百分比)栏输入 80。然后点击"+"按钮,设置第二个端口,Port 项输入 2,Percent 输入 20,图 6-54 的含义是 80% 的产品发送到 1 号端口(连接 Sink),20% 的产品发往 2 号端口(连接 Queue1),Tester2 的设置同 Tester1。

(11) 设置任务分配器

这里设置根据产品特性选择输出口,产品先到先服务。

双击 Dispatcher 调出其属性窗口,在 Pass To 右侧下拉列表中选择指定端口(Port By Expression),在队列策略(Queue Strategy)右侧下拉列表中选择无队列策略-先进先出策略(No Queue Strategy-Straight FIFO,如图 6-55 所示。

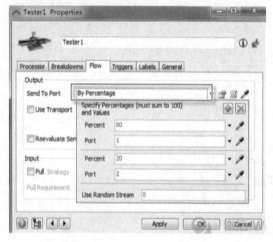

图 6-54　设置检验站的输出路径　　　　图 6-55　设置任务分配器

(12) 重置和运行模型

单击工具栏 Reset 按钮重置系统,然后单击 Run 按钮运行模型,观察系统运行状况,运行页面如图 6-56 所示。

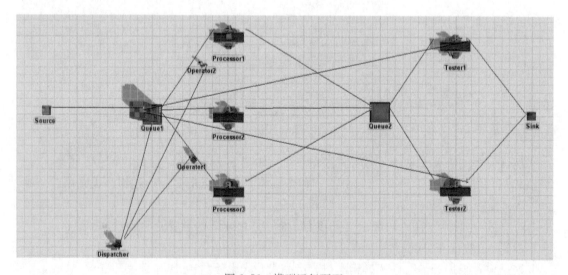

图 6-56　模型运行页面

运行模型可以发现,产品产生后形成产品队列 Queue1,2 个操作员不断地将产品按队列先后顺序运输到产品加工机器,其中,红色产品被运输到 Processor1,绿色产品被运输到 Processor2,蓝色产品被运输到 Processor3,经过产品检验,到达终点。

本章习题

1. 用 Flexsim 仿真建模：某个港口有 4 种油轮，油轮类型服从如表 6-9 所示的分布，到达时间间隔服从如表 6-10 所示的分布，油轮卸载时间见表 6-11。

表 6-9 油轮类型分布

油轮类型	概　率
A	0.20
B	0.30
C	0.45
D	0.05

表 6-10 油轮到达时间间隔

概　率	到达时间间隔/天
0.2	2
0.25	3
0.35	4
0.15	5
0.05	6

现在有 3 个泊位，其中，第 1 个泊位是新建泊位，而第 2 个和第 3 个泊位是旧的泊位。油轮到达后，优先选择泊位 1，如果泊位 1 被占用，则随机选择泊位 2 或泊位 3。

表 6-11 油轮卸载时间

泊　位	油轮类型	卸载时间/天
1	A	6
1	B	5
1	C	4
1	D	3
2、3	A	8
2、3	B	7
2、3	C	6
2、3	D	5

1) 请建立 Flexsim 仿真模型，统计油轮排队的队列长度、每个泊位的负荷率（作业时间/工作时间）。

2) 如果港口准备继续增加新的泊位，继续建设一些泊位1，请问是否有必要？如果认为有需要，需要增加到几个？

2. 有如下1个流水加工生产线（见图6-57），不考虑其流程间的工件运输，对其各道工序流程进行建模。该加工系统的流程与相关参数如下：

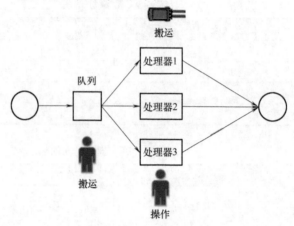

图6-57 流水加工生产线

1) 3种工件a、b、c，每种工件有1种颜色，分别以指数分布（均值为30 min）的时间间隔进入系统。
2) 在队列有1位工人将工件搬运到3台处理器，每种工件必须送到1台专用处理器上加工。
3) 3台处理器加工时间分别为指数分布（期望为10min）、指数分布（期望为15min），指数分布（期望为20min）。
4) 3台处理器由1名工人负责加工操作。
5) 操作完成后，由1台叉车将工件搬运送出系统。
建立上述流水加工生产线仿真模型，连续仿真1个月的系统运行情况。

请问：
1) 按照每天8h，一个月20个工作日的情况进行模拟，这个系统的产出量合计为多少？
2) 在当前工件到达速率不变，如果要提高系统生产率，你认为需要改进哪些环节？改进后，一个月20日（八小时工作制）系统产出量变为多少？

参考文献

[1] 尹静，马常松. Flexsim物流系统建模与仿真 [M]. 北京：冶金工业出版社，2014.
[2] 曾勇，董丽华，马建峰. 排队现象的建模、解析与模拟 [M]. 西安：西安电子科技大学出版社，2011.